深圳律师实务丛书

电子竞技与网络游戏法律实务111问

111 LEGAL Q&AS ON ESPORTS & ONLINE GAMING

组　编　深圳市律师协会电子竞技与网络游戏法律专业委员会

主　编　林泳欣

副主编　李　南　於思嘉　朱刘飞

法律出版社

LAW PRESS · CHINA

北京

图书在版编目（CIP）数据

电子竞技与网络游戏法律实务111问 / 深圳市律师协会电子竞技与网络游戏法律专业委员会组编；林泳欣主编；李南，於思嘉，朱刘飞副主编. -- 北京：法律出版社，2025. --（深圳律师实务丛书）. -- ISBN 978-7-5244-0321-0

Ⅰ. D922.165；D922.175

中国国家版本馆CIP数据核字第20258MA571号

电子竞技与网络游戏法律实务111问
DIANZI JINGJI YU WANGLUO YOUXI FALÜ SHIWU 111 WEN

深圳市律师协会电子竞技与网络游戏法律专业委员会 组　编
林泳欣 主　编
李　南　於思嘉　朱刘飞 副主编

策划编辑 朱轶佳
责任编辑 朱轶佳 周恩惠
装帧设计 鲍龙卉

出版发行 法律出版社
编辑统筹 司法实务出版分社
责任校对 王晓萍
责任印制 胡晓雅
经　　销 新华书店

开本 710毫米×1000毫米 1/16
印张 21.75　**字数** 342千
版本 2025年8月第1版
印次 2025年8月第1次印刷
印刷 三河市龙大印装有限公司

地址：北京市丰台区莲花池西里7号(100073)
网址：www.lawpress.com.cn
投稿邮箱：info@lawpress.com.cn
举报盗版邮箱：jbwq@lawpress.com.cn
销售电话：010-83938349
客服电话：010-83938350
咨询电话：010-63939796

书号：ISBN 978-7-5244-0321-0　**定价**：82.00元

凡购买本社图书，如有印装错误，我社负责退换。电话：010-83938349

深圳律师实务丛书
编 委 会

本书编委会

主　　编：林泳欣

副 主 编：李　南　於思嘉　朱刘飞

编写组成员（按姓氏笔画排序）：

程　春　方　挺　郭碧雪　谷　琛　高记源　郭　宇

何豪华　黄　琳　郝雨峰　黄雅丽　姜　诚　李　聪

刘孝璇　骆　彦　马　娟　师建杰　桑　洋　汤鹏飞

吴发良　王智超　吴智浩　肖力超　徐　秦　熊　姿

于　恒　姚茂渊

回归专业　潜心钻研
促进高质量发展

斗转星移，继往开来。深圳市律师协会自2012年启动“深圳律师实务丛书”（以下简称丛书）出版工作以来，至今已出版实务专著48部，内容涵盖诸多专业领域，全面展现了深圳律师业务的研究成果和实务经验，已成为深圳市律师协会推进行业专业化建设的品牌项目。

鼓励和引导律师著书立说是深圳市律师协会推动律师专业化的一项长期性的重点工作。丛书旨在充分发挥深圳市律师协会的业务指导作用，通过鼓励深圳律师和深圳市律师协会各专业委员会撰写实务专著，可以有效提升律师业务水平，增强律师业务能力，保证律师服务质量，以专业引领和成果共享助推深圳律师行业高质量发展。

本套丛书凝集着深圳律师的心血与经验，展现了深圳律师的专业水平。本套丛书在律师业务的众多领域，汇集了深圳律师的业务成果，总结了深圳律师的执业经验，体现了深圳律师的专业能力，彰显了深圳律师的职业精神。这一本本专著必将成为深圳律师专业化发展史上一颗颗璀璨的明珠，永远镶嵌在深圳律师专业化发展的史册上。

2023年是全面贯彻落实党的二十大精神的开局之年，深圳律师要深学细悟笃行党的二十大精神，让党的二十大精神在深圳律师行业落地生花，要以习近平法治思想为指引，大兴专业研究之风，切实回归专业，潜心研究，深挖专业和实务问题，以高品质的法律服务保障行业的高质量发展。开展业务和实务研究不能脱离实际，必须密切关注经济社会发展和法治建设，聚焦其中的热点、难点、堵点问题，深入开展有针对性的研究，进而提出应用对策与实践指引，也期待深圳律师能输出更多的法律实务研究成果，并能形成专著与同行共享，这本身也是律师业务领域的一种先行示范。

希望本套丛书成为广大实习人员、执业律师期待、必备的好工具，也希望未来能够出版更多、更好的供律师们学习提高、掌握律师实务知识与技能的好专著！

张 斌

深圳市律师协会会长

2023年1月9日

本书序

近年来，网络游戏产业蓬勃发展，已成为我国数字经济与文化产业的一大支柱。深圳，是全球游戏内容提供商和电子竞技内容平台商的聚集地，不仅有多家顶级电竞俱乐部，还有由多家头部企业和超过 4000 家游戏企业构成的完整产业链，更有覆盖研发、运营、直播、衍生领域的全生态布局。

在此背景下，第十一届深圳市律师协会首次设立电子竞技与网络游戏法律专业委员会，既是时代发展的必然，更是深圳律师行业对产业需求的积极回应。作为电子竞技与网络游戏法律专业委员会的首任主任，我深感荣幸，也深知责任之重大，任务之艰巨。庆幸，我们电子竞技与网络游戏法律专业委员会是由 30 名深耕网络游戏、电子竞技和直播行业的专业律师组成，是“懂行业，能解题”的法律实务护航者，大家共享经验，讨论疑难，群策群力，共同推动法律与游戏产业的高质量发展。

本书是电子竞技与网络游戏法律专业委员会成立以来出版的第一本著作，是凝聚了全体成员大量专业研究心得和办案经验的智慧成果。恰逢网络游戏市场监管及法律正处于逐步完善阶段，我们发现就行业当下的热点问题、疑难问题、经典问题进行总结和解答的书籍很少，一本能让读者简单明了地找到问题答案的法律实务类书籍更是缺乏。为此，本书采用问答的形式，围绕网络游戏、电子竞技、游戏直播及相关衍生行业中的实务问题，从游戏厂商、电竞俱乐部和直播平台从业人员、游戏玩家等读者视角归纳问题，依据现行法律法规和最新裁判观点，结合律师实务经验给出相应解答。希望本书能在读者遇到相关问题时提供有效指引。

鉴于律师实务工作繁重，要撰写一本兼具前沿性、理论性、实务性、可读性的书并非易事。本书体系、大纲的确定及撰写分工安排经过主任团队多次讨论，内容均来自委员会成员多年实践经验和专业积累的提炼总结，经过多轮系统性修订、统稿及校对，最终形成专业成果，这一切均离不开电子竞技与网络游戏法律专业委员会全体成员的辛勤付出，在此由衷表示感谢！

最后，我衷心希望这本法律实务工具书能够惠及广大读者。未来，电子竞技与网络游戏法律专业委员会将以本书为起点，持续深耕专业，让更多“不易”化作照亮行业前路的星光，为数字经济时代的法治建设注入更鲜活的力量。

林泳欣

2025 年 6 月 6 日

前　言

随着网络游戏多年的发展,我国的网络游戏产业已进入高速发展阶段,随之衍生出许多新兴产业,如电子竞技和游戏直播。根据中国音像与数字出版协会游戏出版工作委员会在2024年12月13日发布的《2024年中国游戏产业报告》,2024年中国国内游戏市场实际销售收入3257.83亿元,同比增长7.53%,再创新高。游戏用户规模6.74亿人,同比增长0.94%,亦为历史新高点。

网络游戏产业,作为文化创意产业的一个重要分支,不仅为游戏玩家提供了丰富多彩的娱乐体验,更在数字经济时代展现出巨大的发展潜力和广阔的市场空间。同时,随着游戏行业的繁荣发展,由此引发的纠纷与日俱增,所涉及的法律问题也日益复杂化和多样化,并贯穿网络游戏的整个生命周期,经常成为社会热点,引起广泛讨论,如发行和出版的资质问题,运营过程中引发的合作纠纷、核心知识产权被侵权导致的侵权纠纷和不正当竞争,游戏厂商与游戏用户之间的权益纠纷,甚至存在违法犯罪行为导致的刑事纠纷。除此之外,由网络游戏衍生的电子竞技与游戏直播行业,近年也出现了大量纠纷案件,如电竞俱乐部与电竞选手,直播平台与工会、游戏主播之间的纠纷,涉及侵权纠纷、税务规范问题,乃至存在刑事纠纷。

目前,对于网络游戏市场的监管及法律正处于逐步完善阶段。为了强化网络游戏管理,整顿网络游戏及衍生行业存在的不良现象,维护各方合法利益,近年来国家及相关监管部门不断完善相关的法律法规、部门规章和规范性文件,如在2023年12月22日国家新闻出版署发布《网络游戏管理办法(草案征求意见稿)》。与此同时,行业协会也积极制定相应行业准则,相关执法机构也在各自职权范围内依法查处违规行为，共同推进网络游戏行业健康有序地高质量发展。

因此，本书以网络游戏生命周期的各阶段为时间线，从游戏开发者、出版商、运营商、游戏玩家、电竞俱乐部、直播平台等角度，对网络游戏及其衍生的电子竞技、游戏直播行业发生争议较多的问题进行总结梳理，并结合目前的司法实践、业内典型案例的裁判观点，给予问题解答和法律分析，提出专业建议。

同时需要说明的是，本书所引用的案例均源于司法机关通过公开裁判网、官方渠道对外公布的司法判决，且本书以专业态度及尽量全面的角度，试图汇总网络游戏及其衍生的电子竞技、游戏直播行业经常发生的问题，但难免会存在疏漏之处。无论如何，希望通过提供简明扼要、通俗易懂的法律实务解答，帮助大家更好地了解并遵守相关法律法规，降低法律风险，为行业化解纠纷。

本书法律法规表述规范说明

1. 法律、法规、规章和规范性文件名称中的“中华人民共和国”省略。

2. 法律、法规、规章和规范性文件，没有特别说明的，一般系指本书出版时的现行有效版本。

3. 以每个具体问题为单位，裁判案例中适用的法律规定已失效或已修改，但在现行法律法规有对应规定的，已加脚注说明；未加脚注的，表示已无对应规定（针对已失效规定）或现行规定无变化（无论条码序号还是具体规定内容）。

4. 本书高频司法解释、司法文件、规范性文件，使用简称如下表所示。

（1）最高人民法院、最高人民检察院司法解释、司法文本

序号	文件全称	本书简称
1	最高人民法院《关于适用〈中华人民共和国民事诉讼法〉的解释》（2022 修正）	《最高院关于民事诉讼法的解释》
2	最高人民检察院、公安部《关于公安机关管辖的刑事案件立案追诉标准的规定（二）》（2022 修订）	《最高检、公安部关于公安机关管辖的刑事案件立案追诉标准的规定（二）》
3	最高人民法院《关于审理非法出版物刑事案件具体应用法律若干问题的解释》	《最高院关于审理非法出版物刑事案件的解释》
4	最高人民法院、最高人民检察院《关于办理侵犯公民个人信息刑事案件适用法律若干问题的解释》	《最高院、最高检关于办理侵犯公民个人信息刑事案件的解释》

续表

序号	文件全称	本书简称
5	最高人民法院《关于审理著作权民事纠纷案件适用法律若干问题的解释》(2020修正)	《最高院关于审理著作权民事纠纷案件的解释》
6	最高人民法院《关于适用〈中华人民共和国反不正当竞争法〉若干问题的解释》	《最高院关于反不正当竞争法的司法解释》
7	最高人民法院《关于审理侵害信息网络传播权民事纠纷案件适用法律若干问题的规定》(2020修正)	《最高院关于审理侵害信息网络传播权民事纠纷的规定》
8	最高人民法院印发《关于当前经济形势下知识产权审判服务大局若干问题的意见》的通知	《最高院关于当前知识产权审判服务大局的意见》
9	最高人民法院印发《关于充分发挥知识产权审判职能作用推动社会主义文化大发展大繁荣和促进经济自主协调发展若干问题的意见》的通知	《最高院关于充分发挥知识产权审判职能作用的意见》
10	最高人民法院、最高人民检察院《关于办理盗窃刑事案件适用法律若干问题的解释》	《最高院、最高检关于办理盗窃刑事案件的解释》
11	最高人民法院、最高人民检察院《关于办理危害计算机信息系统安全刑事案件应用法律若干问题的解释》	《最高院、最高检关于办理危害计算机信息系统安全刑事案件的解释》
12	最高人民法院、最高人民检察院《关于办理赌博刑事案件具体应用法律若干问题的解释》	《最高院、最高检关于办理赌博刑事案件的解释》
13	最高人民法院、最高人民检察院、公安部《关于办理网络赌博犯罪案件适用法律若干问题的意见》	《最高院、最高检、公安部关于办理网络赌博犯罪案件的意见》
14	最高人民法院、最高人民检察院、公安部《关于印发〈办理跨境赌博犯罪案件若干问题的意见〉的通知》	《最高院、最高检、公安部办理跨境赌博犯罪案件的意见》
15	最高人民法院、最高人民检察院《关于办理危害税收征管刑事案件适用法律若干问题的解释》	《最高院、最高检关于办理危害税收征管刑事案件的解释》
16	最高人民法院、最高人民检察院《关于办理侵犯知识产权刑事案件适用法律若干问题的解释》	《最高院、最高检关于办理侵犯知识产权刑事案件的解释》

（2）规范性文件

序号	文件全称	本书简称
1	原新闻出版总署、国家版权局、全国“扫黄打非”工作小组办公室《关于贯彻落实国务院〈“三定”规定〉和中央编办有关解释，进一步加强网络游戏前置审批和进口网络游戏审批管理的通知》	《加强网络游戏审批管理的通知》
2	文化和旅游部文化市场综合执法监督局《关于网络游戏市场有关执法工作的通知》	《网络游戏市场执法通知》
3	国务院《关于授权国家互联网信息办公室负责互联网信息内容管理工作的通知》	《网信办负责互联网信息内容管理的通知》
4	原国家新闻出版广电总局办公厅《关于移动游戏出版服务管理的通知》	《移动游戏出版服务管理的通知》
5	国家新闻出版署《关于防止未成年人沉迷网络游戏的通知》	《防止未成年人沉迷网络游戏的通知》
6	国家新闻出版署《关于进一步严格管理切实防止未成年人沉迷网络游戏的通知》	《进一步严防未成年人沉迷网络游戏的通知》
7	中央文明办、文化和旅游部、国家广播电视总局、国家互联网信息办公室《关于规范网络直播打赏、加强未成年人保护的意见》	《规范网络直播打赏、加强未成年人保护的意见》
8	教育部办公厅等六部门《关于进一步加强预防中小学生沉迷网络游戏管理工作的通知》	《预防中小学生沉迷网游的通知》
9	原文化部、商务部《关于加强网络游戏虚拟货币管理工作的通知》	《加强网游虚拟货币管理的通知》
10	原文化部《关于规范网络游戏运营加强事中事后监管工作的通知》（已失效）	原《规范网游运营监管的通知》
11	原文化部办公厅《网络游戏虚拟货币监管和执法要点指引》	原《网游虚拟货币监管执法指引》
12	原新闻出版总署、原信息产业部、原国家工商行政管理总局、国家版权局、全国“扫黄打非”工作小组办公室《关于开展对“私服”、“外挂”专项治理的通知》	《“私服”“外挂”专项治理通知》

续表

序号	文件全称	本书简称
13	公安部、原信息产业部、原文化部、原新闻出版总署《关于规范网络游戏经营秩序查禁利用网络游戏赌博的通知》	《规范网游经营秩序查禁网游赌博的通知》
14	国家互联网信息办公室、国家税务总局、国家市场监督管理总局印发的《关于进一步规范网络直播营利行为促进行业健康发展的意见》	《规范网络直播促进健康发展的意见》

(3)审判指引

序号	文件全称	本书简称
1	广东省高级人民法院《关于网络游戏知识产权民事纠纷案件的审判指引(试行)》	《广东省高院网游知识产权民事案件审判指引(试行)》
2	北京市高级人民法院《侵害著作权案件审理指南》	《北京高院侵害著作权审理指南》

目　录

第一编　网络游戏

第二编　电子竞技

第三编 游戏直播

第四编　其他衍生行业

第一编

网络游戏

第一章　网络游戏发行出版的监管与资质

001　网络游戏行业的政府监管部门有哪些？其职责是什么？

答 在我国，网络游戏出版经营单位（以下统称网络游戏公司）从事网络游戏出版经营活动，包括网络游戏的研发、出版、运营和网络游戏币发放及交易服务等活动，须遵守主管部门颁布的一系列行政法规、部门规章及其他规范性文件。

网络游戏监管工作由国家新闻出版署、文化和旅游部、工业和信息化部、国家互联网信息办公室、国家版权局以及公安部等多个部门共同承担，共同对网络游戏中的出版经营、市场准入、内容审查、版权保护、信息安全以及打击违法犯罪等方面进行监督和管理。前述监管部门的各自职责具体如下：

1. 国家新闻出版署

根据现行有效的相关规范性法律文件，国家新闻出版署对网络游戏的监管职责主要包括以下几个方面：

（1）《网络出版服务许可证》的审批和发放。根据《网络出版服务管理规定》，从事网络出版服务必须依法经过出版行政主管部门批准，取得《网络出版服务许可证》。所以，网络游戏出版单位从事网络游戏出版服务应当依法经国家新闻出版署批准，并取得《网络出版服务许可证》。

（2）网络游戏出版前置审批。《网络出版服务管理规定》第 27 条规定："网络游戏上网出版前，必须向所在地省、自治区、直辖市出版行政主管部门提出申请，经审核同意后，报国家新闻出版广电总局[1]审批。"《加强网络游

[1] 现为国家新闻出版总署。

戏审批管理的通知》第2条规定，网络游戏出版前置审批由新闻出版署负责。国家新闻出版署在审核网络游戏内容及出版资质后，会向申请的企业下发批准文号及《网络游戏出版物号（ISBN号）核发单》（以下简称游戏版号）。

（3）进口网络游戏审批。根据《加强网络游戏审批管理的通知》第3条的规定，网络游戏公司运营进口网络游戏的，需要向运营单位所在地的省级新闻出版局进行申报，并同时出具境外著作权人授权证明文件，省级新闻出版局核准后报国家新闻出版署审批；未经国家新闻出版署的审批，擅自在中国境内运营进口网络游戏的，或为境外网络游戏在中国境内提供运营推广服务的，国家新闻出版署有权通知地方新闻出版管理部门依法予以取缔，停止运营，并通知电信管理部门取消其互联网接入服务，关闭其网站。

（4）全国网络游戏出版经营活动事前、事中、事后的全面监管。根据《网络游戏市场执法通知》第1条、第4条的规定，网络游戏执法部门应当依据《网络出版服务管理规定》查办网络游戏案件。由各地文化和旅游行政部门或者文化市场综合执法机构负责网络游戏市场举报办理工作，有关线索及时转交当地新闻出版行政管理部门。根据前述规定可知，国家新闻出版署作为网络游戏行业主管部门，负责全国网络游戏出版经营活动的监督管理工作。

2. 文化和旅游部

根据现行有效的相关规范性法律文件，文化和旅游部在网络游戏监管方面的具体职责如下：

（1）按照《网络出版服务管理规定》查办网络游戏案件。《网络游戏市场执法通知》第1条规定："擅自上网出版网络游戏（含境外著作权人授权的网络游戏）、出版传播含有禁止内容的网络游戏等违法违规网络出版行为，文化和旅游行政部门或者文化市场综合执法机构应当依据《网络出版服务管理规定》予以查处。"中共中央《深化党和国家机构改革方案》第52项亦规定，文化市场综合执法队伍统一行使出版市场行政执法职责，由文化和旅游部指导。

（2）网络游戏直播执法。《网络游戏市场执法通知》第3条规定："各地文化和旅游行政部门或者文化市场综合执法机构要加强对网络游戏技法展示的执法检查，密切关注市场动向，防止未取得网络出版物号的非法网络游戏通过网络直播平台进行宣传推广,严查含有禁止内容的网络游戏技法展示活动。发现网络直播平台提供违法违规网络游戏直播的,参照《网络表演经营活动管理办法》予以查处。”

(3)网络游戏市场举报办理工作。《网络游戏市场执法通知》第4条规定:“各地文化和旅游行政部门或者文化市场综合执法机构要继续做好网络游戏市场举报办理工作,有关线索及时转交当地新闻出版行政管理部门。对不存在违反现行法律法规情形的网络游戏市场举报,要及时答复举报人,做好解释说明工作。对发现存在违法违规经营行为的网络游戏经营单位,要严格依法依规予以查处,进一步规范网络游戏市场秩序。”

3.工业和信息化部

根据现行有效的相关规范性法律文件,工业和信息化部在网络游戏监管方面主要负有以下职责:

(1)对网络游戏出版服务的监管。《网络出版服务管理规定》第4条第1款规定:“工业和信息化部作为互联网行业主管部门,依据职责对全国网络出版服务实施相应的监督管理。”据此,网络游戏产品和服务属于互联网服务类型之一,应当符合工业和信息化部对于互联网行业的相关管理要求。

(2)对增值电信业务经营许可证的审批及发放,对非经营性互联网信息服务的备案。根据《互联网信息服务管理办法》第4条、第7条的规定,网络游戏行业从事经营性互联网信息服务,应当向省、自治区、直辖市电信管理机构或国务院信息产业主管部门申请办理互联网信息服务增值电信业务经营许可证(下一个问题中会有详细介绍),从事非经营性互联网信息服务应当进行增值电信业务经营许可证备案。目前,网络游戏运营商在提供网络游戏服务时,通常会覆盖两个或以上省、自治区、直辖市,甚至覆盖全国范围,根据《电信条例》第9条的规定,须经国务院信息产业主管部门审查批准,取得《跨地区增值电信业务经营许可证》。

4.国家互联网信息办公室

根据《网信办负责互联网信息内容管理的通知》的规定,国务院授权国家互联网信息办公室负责全国互联网信息内容管理工作,负责监督管理执法。国家互联网信息办公室相继制定了一系列管理规定,其中,《互联网用户公众账号信息服务管理规定》《移动互联网应用程序信息服务管理规定》《常见类型移动互联网应用程序必要个人信息范围规定》等规定均涉及对网络游戏账号、游戏应用程序信息服务、个人信息安全等的监管内容。

5. 国家版权局

《加强网络游戏审批管理的通知》第3条规定:“所有在中国境内运营的进口网络游戏必须事先依法取得著作权人的授权,并办理著作权认证手续,在取得著作权行政管理部门出具的《著作权合同登记批复》后,由运营单位向所在地省级新闻出版局申报,经省级新闻出版局审核同意后报新闻出版总署审批。……从事未经境外著作权人合法授权的进口网络游戏运营,属于侵权盗版行为,国家版权局将会同电信、工商等管理部门依据《中华人民共和国著作权法》,以及国务院《信息网络传播权保护条例》等法律法规,立案查处。”因此,国家版权局负责进口网络游戏的著作权合同登记,并联合电信、工商等管理部门查处网络游戏侵权盗版行为。

6. 公安部

公安机关在网络游戏领域的刑事执法权,主要涉及预防工作和对网络游戏中的违法犯罪行为进行侦查和打击,具体涵盖以下几个方面:

第一,打击网络游戏中的诈骗行为,包括虚假交易、盗号、骗取虚拟货币等。

第二,打击利用网络游戏进行的赌博活动,如网络赌博、开设赌场等。

第三,保护网络游戏知识产权,包括打击盗版游戏、外挂和私服等侵犯知识产权的行为。

第四,打击侵犯用户个人信息的行为,如通过网络游戏窃取、泄露用户个人信息等违法行为。

第五,打击侵犯网络游戏正常运行秩序的行为,如恶意破坏游戏服务器、利用外挂作弊等行为。

法律依据

《网络出版服务管理规定》

第二条 在中华人民共和国境内从事网络出版服务,适用本规定。

本规定所称网络出版服务,是指通过信息网络向公众提供网络出版物。

本规定所称网络出版物,是指通过信息网络向公众提供的,具有编辑、制作、加工等出版特征的数字化作品，范围主要包括：

（一）文学、艺术、科学等领域内具有知识性、思想性的文字、图片、地图、游戏、动漫、音视频读物等原创数字化作品；

……

第四条 国家新闻出版广电总局作为网络出版服务的行业主管部门，负责全国网络出版服务的前置审批和监督管理工作。工业和信息化部作为互联网行业主管部门，依据职责对全国网络出版服务实施相应的监督管理。

地方人民政府各级出版行政主管部门和各省级电信主管部门依据各自职责对本行政区域内网络出版服务及接入服务实施相应的监督管理工作并做好配合工作。

第七条 从事网络出版服务，必须依法经过出版行政主管部门批准，取得《网络出版服务许可证》。

第二十七条 网络游戏上网出版前，必须向所在地省、自治区、直辖市出版行政主管部门提出申请，经审核同意后，报国家新闻出版广电总局审批。

《加强网络游戏审批管理的通知》

二、将网络游戏内容通过互联网向公众提供在线交互使用或下载等运营服务是网络游戏出版行为，必须严格按照国家法规履行前置审批。新闻出版总署是中央和国务院授权的唯一负责网络游戏前置审批的政府部门。

未经新闻出版总署前置审批并获得具有网络游戏经营范围的互联网出版许可证，任何机构和个人不得从事网络游戏运营服务。否则新闻出版管理部门将依法予以取缔，同时通知电信管理部门取消其相应增值电信业务经营许可证，通知工商行政管理部门依法变更登记或注销登记。

未经新闻出版总署前置审批的网络游戏，一律不得上网，电信运营企业也不得为其提供互联网接入服务。对经新闻出版总署前置审批过的网络游戏，可以上网使用，任何部门不再重复审查，文化、电信等管理部门应严格按新闻出版总署前置审批的内容管理。

未经新闻出版总署前置审批上网运营或审批后擅自改变内容的网络游戏，新闻出版总署将通知有关地方新闻出版管理部门责令其停止运营服务，并依法予以查处。

三、新闻出版总署负责进口网络游戏审批。所有在中国境内运营的进口网络游戏必须事先依法取得著作权人的授权，并办理著作权认证手续，在取得著作权行政管理部门出具的《著作权合同登记批复》后，由运营单位向所在地省级新闻出版局申报，经省级新闻出版局审核同意后报新闻出版总署审批。

对未经新闻出版总署审批，擅自在中国境内提供进口网络游戏运营服务，或为境外网络游戏在中国境内提供运营推广服务的，新闻出版总署将通知有关地方新闻出版管理部门依法予以取缔，停止其运营，并通知电信管理部门取消其互联网接入服务，关闭相关网站。

从事未经境外著作权人合法授权的进口网络游戏运营，属于侵权盗版行为，国家版权局将会同电信、工商等管理部门依据《中华人民共和国著作权法》，以及国务院《信息网络传播权保护条例》等法律法规，立案查处。涉嫌犯罪的将移交公安机关依法追究刑事责任。

《网络游戏市场执法通知》

一、适用《网络出版服务管理规定》查办网络游戏案件《网络出版服务管理规定》明确网络出版物包括游戏等原创数字化作品。擅自上网出版网络游戏（含境外著作权人授权的网络游戏）、出版传播含有禁止内容的网络游戏等违法违规网络出版行为，文化和旅游行政部门或者文化市场综合执法机构应当依据《网络出版服务管理规定》予以查处。

三、加强网络游戏直播执法工作在网络直播平台进行网络游戏技法展示，属于《互联网文化管理暂行规定》规定的互联网文化产品。各地文化和旅游行政部门或者文化市场综合执法机构要加强对网络游戏技法展示的执法检查，密切关注市场动向，防止未取得网络出版物号的非法网络游戏通过网络直播平台进行宣传推广，严查含有禁止内容的网络游戏技法展示活动。发现网络直播平台提供违法违规网络游戏直播的，参照《网络表演经营活动管理办法》予以查处。

四、做好网络游戏市场举报办理工作。各地文化和旅游行政部门或者文化市场综合执法机构要继续做好网络游戏市场举报办理工作，有关线索及时转交当地新闻出版行政管理部门。对不存在违反现行法律法规情形的网络游戏市场举报，要及时答复举报人，做好解释说明工作。对发现存在违法违规经营行为的网络游戏经营单位，要严格依法依规予以查处，进一步规范网络游戏市场秩序。

《电信条例》

第九条　经营基础电信业务，须经国务院信息产业主管部门审查批准，取得《基础电信业务经营许可证》。

经营增值电信业务，业务覆盖范围在两个以上省、自治区、直辖市的，须经国务院信息产业主管部门审查批准，取得《跨地区增值电信业务经营许可证》；业务覆盖范围在一个省、自治区、直辖市行政区域内的，须经省、自治区、直辖市电信管理机构审查批准，取得《增值电信业务经营许可证》。

运用新技术试办《电信业务分类目录》未列出的新型电信业务的，应当向省、自治区、直辖市电信管理机构备案。

律师建议

自2019年7月文化和旅游部废止《网络游戏管理暂行办法》后，新的网络游戏管理规范一直未能落地。时隔四年，国家新闻出版署在2023年12月22日终于发布了《网络游戏管理办法（草案征求意见稿）》。此征求意见稿清晰界定了国家出版主管部门在网络游戏领域的综合监管角色。尽管正式的《网络游戏管理办法》还在酝酿之中，但监管部门发布正式的网络游戏管理规范性文件已成为必然趋势，这预示着网络游戏业将面临更加严密的监管。鉴于监管部门、监管职责以及网络游戏法规的动态演变，建议网络游戏经营主体考虑以下方面，以确保其业务运营合法合规。

第一，加强法律合规意识，深入学习网络游戏相关法律文件，了解其中的规定和要求，并根据实际情况自查、自纠，确保公司业务和产品符合相关法律法规的要求。

第二，面对新的监管要求，积极调整经营策略，拓展更多市场，如海外市场等，降低对单一市场的依赖；关注玩家权益保护、青少年健康成长，加强实名认证系统的建设，限制未成年人游戏时间；加强游戏内容审核，加强用户个人信息保护等。

第三，积极主动关注监管部门发布的各项规章、通知、规范性文件及监管动态，及时了解和应对政策变化，加强与政府部门的沟通，了解政策制定的背景和目的，积极参与行业讨论和反馈，共同推动网络游戏行业健康发展。

002 经营网络游戏需要哪些资质?

答 在国内发行、出版和运营网络游戏所必需的资质是"三证",即增值电信业务经营许可证(ICP许可证或ICP备案)、网络出版服务许可证和网络游戏出版审批(游戏版号)。

1. 增值电信业务经营许可证(ICP许可证或ICP备案)

增值电信业务经营许可证,在业界常被称作ICP(Internet Content Provider)许可证,是企业提供经营性互联网信息服务的重要凭证。根据《互联网信息服务管理办法》的相关规定,任何从事经营性网络信息服务的企业,都需要向工信部门申请此证。而对于从事非经营性质的互联网信息服务的企业,则实行备案制度。

具体而言,经营性互联网信息服务,是指通过互联网向上网用户有偿提供信息或者网页制作等服务活动。非经营性互联网信息服务,是指通过互联网向上网用户无偿提供具有公开性、共享性信息的服务活动。[1] 因此,若网络游戏服务中包含收费或广告等经营性业务,则需要办理ICP许可证;若网络游戏服务不存在经营性业务,则需进行ICP备案。

提供非经营性网络游戏服务的企业,应当向本企业住所地省通信管理局履行备案手续,并通过工业和信息化部备案管理系统如实填写《非经营性互联网信息服务备案登记表》。[2]

经营增值电信业务,业务覆盖范围在两个以上省、自治区、直辖市的,须经国务院工业和信息化主管部门审查批准,取得《跨地区增值电信业务经营许可证》;业务覆盖范围在一个省、自治区、直辖市行政区域内的,须经省、自治区、直辖市电信管理机构审查批准,取得《增值电信业务经营许可证》。[3]

经营增值电信业务,应当具备下列条件:(1)经营者为依法设立的公司;(2)有与开展经营活动相适应的资金和专业人员;(3)有为用户提供长期服务的信誉或者能力;(4)在省、自治区、直辖市范围内经营的,注册资本最低限额为100万元;在全国或者跨省、自治区、直辖市范围经营的,注册资本最

---

〔1〕 相关规定见《互联网信息服务管理办法》第3条。

〔2〕 相关规定见《非经营性互联网信息服务备案管理办法》第3条。

〔3〕 相关规定见《电信条例》第9条。

低限额为1000万元;(5)有必要的场地、设施及技术方案;(6)公司及其主要投资者和主要经营管理人员未被列入电信业务经营失信名单;(7)国家规定的其他条件。[1]

申请办理ICP许可证的,应当向电信管理机构提交下列申请材料:(1)公司法定代表人签署的经营增值电信业务的书面申请,包括申请经营电信业务的种类、业务覆盖范围、公司名称和联系方式等内容;(2)公司营业执照副本及复印件;(3)公司概况,包括公司基本情况,拟从事电信业务的人员、场地和设施等情况说明;(4)公司章程、公司股权结构及股东的有关情况;(5)经营电信业务的业务发展和实施计划及技术方案;(6)为用户提供长期服务和质量保障的措施;(7)网络与信息安全保障措施;(8)证明公司信誉的有关材料;(9)公司法定代表人签署的公司依法经营电信业务的承诺书。[2]

网络游戏公司可以结合自身业务覆盖范围和实际情况,按照上述规定向监管部门申请ICP许可证。

在目前的实践中,网络游戏公司主要通过两种方式将网络游戏提供给用户:一种是提供收费的游戏下载服务,游戏内无充值或者广告;另一种是提供免费的游戏下载服务,但在游戏内设有商城,允许用户购买虚拟道具,或者虽然不提供道具购买服务,但会通过内置广告来获取收益。无论采用哪种运营模式,网络游戏公司都必须持有ICP许可证,以确保其服务的合法性和规范性。[3]

2. 网络出版服务许可证

《网络出版服务管理规定》第2条规定,网络出版服务是指通过信息网络向公众提供网络出版物;网络出版物是指通过信息网络向公众提供的,具有编辑、制作、加工等出版特征的数字化作品,范围主要包括文学、艺术、科学等领域内具有知识性、思想性的文字、图片、地图、游戏、动漫、音视频读物等原创数字化作品。《网络出版服务管理规定》第7条规定:"从事网络出版服务,必须依法经过出版行政主管部门批准,取得《网络出版服务许可证》。"

---

〔1〕 相关规定见《电信业务经营许可管理办法》第6条。

〔2〕 相关规定见《电信业务经营许可管理办法》第8条。

〔3〕 参见杨杰主编:《网络游戏公司合规指南》,法律出版社2019年版,第10页。

据此,网络游戏属于网络出版物,出版网络游戏应当向国家新闻出版署申请取得《网络出版服务许可证》。

根据《网络出版服务管理规定》第8条、第9条的规定,从事网络游戏出版服务,应当具备以下条件:(1)有确定的从事网络出版业务的网站域名、智能终端应用程序等出版平台;(2)有确定的网络出版服务范围;(3)有从事网络出版服务所需的必要的技术设备,相关服务器和存储设备必须存放在中国境内;(4)有确定的、不与其他出版单位相重复的,从事网络出版服务主体的名称及章程;(5)有符合国家规定的法定代表人和主要负责人,法定代表人必须是在境内长久居住的具有完全行为能力的中国公民,法定代表人和主要负责人至少1人应当具有中级以上出版专业技术人员职业资格;(6)除法定代表人和主要负责人外,有适应网络出版服务范围需要的8名以上具有国家新闻出版署认可的出版及相关专业技术职业资格的专职编辑出版人员,其中具有中级以上职业资格的人员不得少于3名;(7)有从事网络出版服务所需的内容审校制度;(8)有固定的工作场所;(9)法律、行政法规和国家新闻出版署规定的其他条件。

目前实践中,网络游戏公司通常难以满足《网络出版服务许可证》的申请要求,特别是其中第6项关于专职编辑出版人员的数量和专业资格的条件。因此,这些公司一般会选择与具备网络出版资质的网络游戏出版机构进行合作,共同申请游戏版号并发行游戏。

3. 网络游戏出版审批——游戏版号

《网络出版服务管理规定》明确指出,任何网络游戏在出版运营之前,都必须报送至国家新闻出版署进行审批。国家新闻出版署会对网络游戏出版企业的出版资质及网络游戏内容进行审核,只有在审核通过后,国家新闻出版署才会向申请企业颁发游戏版号。

综上所述,网络游戏公司经营网络游戏需满足以下资质:

首先,网络游戏出版主体计划出版网络游戏时,必须持有《网络出版服务许可证》,这是出版网络游戏的法定前提。

其次,网络游戏的运营主体必须获得ICP许可证,才能正式运营网络游戏。值得注意的是,国家新闻出版署已于2023年12月22日发布《网络游戏管理办法(草案征求意见稿)》,若后期监管部门正式发布并实施《网络游戏管理办法》,这些运营主体还将需要取得《网络出版服务许可证》;在存在多个网络游戏运营主体的情况下，每个运营主体都应分别持有其独立的 ICP 许可证和《网络出版服务许可证》。

最后，每一款上线的网络游戏产品，都必须获得国家新闻出版署颁发的游戏版号，以确保游戏的合法性和规范性。

法律依据

《互联网信息服务管理办法》

第三条　互联网信息服务分为经营性和非经营性两类。

经营性互联网信息服务，是指通过互联网向上网用户有偿提供信息或者网页制作等服务活动。

非经营性互联网信息服务，是指通过互联网向上网用户无偿提供具有公开性、共享性信息的服务活动。

《非经营性互联网信息服务备案管理办法》

第三条　中华人民共和国工业和信息化部（以下简称“工业和信息化部”）对全国非经营性互联网信息服务备案管理工作进行监督指导，省、自治区、直辖市通信管理局（以下简称“省通信管理局”）具体实施非经营性互联网信息服务的备案管理工作。

拟从事非经营性互联网信息服务的，应当向其住所所在地省通信管理局履行备案手续。

《电信条例》

第九条　经营基础电信业务，须经国务院信息产业主管部门审查批准，取得《基础电信业务经营许可证》。

经营增值电信业务，业务覆盖范围在两个以上省、自治区、直辖市的，须经国务院信息产业主管部门审查批准，取得《跨地区增值电信业务经营许可证》；业务覆盖范围在一个省、自治区、直辖市行政区域内的，须经省、自治区、直辖市电信管理机构审查批准，取得《增值电信业务经营许可证》。

运用新技术试办《电信业务分类目录》未列出的新型电信业务的，应当向省、自治区、直辖市电信管理机构备案。

律师建议

在申请 ICP 许可证、网络出版服务许可证和游戏版号的过程中，建议网络游戏企业着重从以下几个方面来防控潜在风险：

第一，在提交备案、许可或批准申请之前，网络游戏企业应深入研读相关主管部门的具体要求和申请指南，确保所有提交的资料真实无误、合法合规。为了提高申请的成功率，可以寻求专业法律顾问或代理机构的协助。

第二，网络游戏企业应建立健全的内容审核机制。作为网络出版物，网络游戏的内容必须严格遵守国家法律法规和政策规定，任何包含暴力、色情、赌博等违法或不良信息的内容都将无法通过审核，并有可能导致法律责任的产生。

第三，在游戏研发和运营阶段，网络游戏企业应尊重并保护他人的知识产权，避免对版权、商标权等权益造成侵犯。若游戏中使用了未获授权的版权内容，如音乐、图像或角色设计等，可能会引发知识产权纠纷，进而对游戏版号申请造成不利影响。

第四，根据相关法律法规的规定，网络游戏企业必须强化对未成年人的保护措施，包括设置合理的游戏时长限制、实施实名制认证以及提供家长监控功能等。未能充分保障未成年人权益的网络游戏企业，可能会面临法律的惩处和社会舆论的谴责。

第五，网络游戏行业的法律法规和政策具有时效性和灵活性，可能会随着时间和市场环境的变化而进行相应的调整。因此，即使网络游戏企业已经成功获得了相关的许可和批准，也建议保持对网络游戏相关许可和监管政策动态的持续关注，以确保能够迅速应对任何政策变动，并根据新的政策环境及时调整其经营策略、业务模式和合规措施，从而确保合法合规经营网络游戏。

003 未依法取得经营网络游戏资质要承担什么法律后果？

答 按照当前规定，在国内发行、出版和运营网络游戏所必需的资质是

“三证”,未依法取得经营网络游戏资质也就是未能依法取得相关证件,需要承担相应的法律后果。

1. 未取得ICP许可证或未履行ICP备案经营网络游戏的法律后果

《互联网信息服务管理办法》第19条规定,未取得ICP许可证,擅自从事经营性网络游戏服务,或者超出许可的项目提供服务的,由省、自治区、直辖市电信管理机构责令限期改正,没收违法所得并处罚款,情节严重的责令关闭网站。未履行ICP备案手续,擅自从事非经营性互联网信息服务,或者超出备案的项目提供服务的,由省、自治区、直辖市电信管理机构责令限期改正,拒不改正的责令关闭网站。

2. 未取得《网络出版服务许可证》的网络游戏公司出版发行网络游戏的法律后果

根据《网络出版服务管理规定》第51条的规定,未经批准,擅自从事网络出版服务,或者擅自上网出版网络游戏(含境外著作权人授权的网络游戏),都将面临严厉的法律制裁。根据《出版管理条例》第61条以及《互联网信息服务管理办法》第19条的相关规定,此类违法行为将由出版行政管理部门和工商行政管理部门[1]依法予以取缔。同时,所在地的省级电信主管部门会根据相关部门的通知,并依据《互联网信息服务管理办法》前述规定对违法者作出关闭网站等处罚决定。如果违法行为已经触犯刑法,那么将依法追究刑事责任;如果尚未达到刑事处罚的标准,则会删除所有相关的网络出版物,并没收所有非法所得以及用于违法出版的主要设备和专用工具。对于违法经营额超过1万元的情况,将处以违法经营额5倍以上10倍以下的罚款;如果违法经营额不足1万元,则可视情况处以5万元以下的罚款。若此类行为侵犯了他人的合法权益,违法者还须依法承担民事责任。

同时,网络游戏出版服务单位不得转借、出租、出卖《网络出版服务许可证》或者以任何形式转让网络出版服务许可,也不得允许其他网络信息服务提供者以其名义提供网络出版服务,[2]否则,出版行政主管部门将根据《出版管理条例》第66条的规定进行处罚,责令立即停止此类违法行为,并给予警告。所有由此产生的违法所得将被没收,且对于违法经营额超过5万元的

---

〔1〕 现为市场监管部门。

〔2〕 相关规定见《网络出版服务管理规定》第21条。

情况，将处以经营额 5 倍以上 10 倍以下的罚款；没有违法所得或者违法所得不足 5 万元的，则可视情况处以最高 25 万元的罚款。如果情节特别严重，则可能受到责令限期停业整顿的处罚，甚至可能由国家新闻出版署吊销其《网络出版服务许可证》。[1]

3. 未取得游戏版号出版发行网络游戏的法律后果

《网络出版服务管理规定》第 51 条规定，擅自上网出版网络游戏（含境外著作权人授权的网络游戏），出版行政主管部门和工商行政管理部门将根据《出版管理条例》第 61 条和《互联网信息服务管理办法》第 19 条的相关规定依法行使其职权，对这类违法行为进行取缔。同时，所在地的省级电信主管部门在接到相关部门的通知后，会依据《互联网信息服务管理办法》第 19 条，对违规者作出责令关闭网站等处罚。如果违法行为已触犯刑法，将追究刑事责任。若行为尚未达到刑事处罚的标准，将删除所有相关的网络出版物，并没收所有违法所得以及用于违法出版活动的主要设备和专用工具。对于违法经营额在 1 万元以上的，将处以其违法经营额 5 倍以上 10 倍以下的罚款；若违法经营额不足 1 万元，则可视情况处以最高 5 万元的罚款。此外，如果此类违法行为侵犯了他人的合法权益，违法者还须依法承担相应的民事责任。

法律依据

《互联网信息服务管理办法》

第十九条 违反本办法的规定，未取得经营许可证，擅自从事经营性互联网信息服务，或者超出许可的项目提供服务的，由省、自治区、直辖市电信管理机构责令限期改正，有违法所得的，没收违法所得，处违法所得 3 倍以上 5 倍以下的罚款；没有违法所得或者违法所得不足 5 万元的，处 10 万元以上 100 万元以下的罚款；情节严重的，责令关闭网站。

违反本办法的规定，未履行备案手续，擅自从事非经营性互联网信息服务，或者超出备案的项目提供服务的，由省、自治区、直辖市电信管理机构责

〔1〕 相关规定见《网络出版服务管理规定》第 53 条。

令限期改正；拒不改正的，责令关闭网站。

《网络出版服务管理规定》

第二十一条 网络出版服务单位不得转借、出租、出卖《网络出版服务许可证》或以任何形式转让网络出版服务许可。

网络出版服务单位允许其他网络信息服务提供者以其名义提供网络出版服务，属于前款所称禁止行为。

第五十一条 未经批准，擅自从事网络出版服务，或者擅自上网出版网络游戏（含境外著作权人授权的网络游戏），根据《出版管理条例》第六十一条、《互联网信息服务管理办法》第十九条的规定，由出版行政主管部门、工商行政管理部门依照法定职权予以取缔，并由所在地省级电信主管部门依据有关部门的通知，按照《互联网信息服务管理办法》第十九条的规定给予责令关闭网站等处罚；已经触犯刑法的，依法追究刑事责任；尚不够刑事处罚的，删除全部相关网络出版物，没收违法所得和从事违法出版活动的主要设备、专用工具，违法经营额1万元以上的，并处违法经营额5倍以上10倍以下的罚款；违法经营额不足1万元的，可以处5万元以下的罚款；侵犯他人合法权益的，依法承担民事责任。

第五十三条 违反本规定第二十一条的，根据《出版管理条例》第六十六条的规定，由出版行政主管部门责令停止违法行为，给予警告，没收违法所得，违法经营额1万元以上的，并处违法经营额5倍以上10倍以下的罚款；违法经营额不足1万元的，可以处5万元以下的罚款；情节严重的，责令限期停业整顿或者由国家新闻出版广电总局吊销《网络出版服务许可证》。

《出版管理条例》

第六十一条 未经批准，擅自设立出版物的出版、印刷或者复制、进口单位，或者擅自从事出版物的出版、印刷或者复制、进口、发行业务，假冒出版单位名称或者伪造、假冒报纸、期刊名称出版出版物的，由出版行政主管部门、工商行政管理部门依照法定职权予以取缔；依照刑法关于非法经营罪的规定，依法追究刑事责任；尚不够刑事处罚的，没收出版物、违法所得和从事违法活动的专用工具、设备，违法所得5万元以上的，并处违法所得5倍以上10倍以下的罚款，没有违法所得或者违法所得不足5万元的，并处25万元以下的罚款；侵犯他人合法权益的，依法承担民事责任。

第六十六条 出版单位有下列行为之一的，由出版行政主管部门责令停止违法行为，给予警告，没收违法经营的出版物、违法所得，违法所得 5 万元以上的，并处违法所得 5 倍以上 10 倍以下的罚款，没有违法所得或者违法所得不足 5 万元的，并处 25 万元以下的罚款；情节严重的，视情形限制开展相关生产经营活动、责令限期停业整顿，或者由原发证机关降低相关资质等级直至吊销许可证：

（一）出售或者以其他形式转让本出版单位的名称、书号、刊号、版号、版面，或者出租本单位的名称、刊号的；

（二）利用出版活动谋取其他不正当利益的。

律师建议

对于网络游戏公司而言，在运营网络游戏之前，获取监管部门的相关许可和批准是不可或缺的环节，请一定慎重对待，合法合规经营，切勿存在侥幸心理，否则将面临法律制裁。

004 套用游戏版号有什么法律风险？

答 套用游戏版号，是指一款尚未获得游戏版号的游戏，借用或盗用另一款已获得版号的游戏的版号信息，从而进行上线运营，具体说明如下。

1. 套用游戏版号的形式

在网络游戏行业中，这种套用游戏版号的行为主要有以下几种形式：

（1）自我套用。网络游戏公司可能将自身已获得版号的游戏信息应用于另一款尚未取得版号的新游戏上，借此规避版号申请的烦琐过程。由于游戏版号的稀缺性，一些公司会提前储备多个版号，以便新游戏研发完成后能够迅速上线。

（2）购买版号套用。网络游戏公司通过购买其他公司已经获得的游戏版号，将其套用到自己新开发的、尚未取得版号的游戏上。这种做法通常涉及根据新游戏的类型和题材，选择相匹配的已有版号进行购买和套用。

（3）合作授权套用。两家网络游戏公司之间通过签订游戏授权协议，以合作的方式实现版号的套用。通常,一家游戏研发公司(被授权方)会将自己开发的游戏套用到另一家游戏公司(授权方)的版号信息下,随后获得授权,进行游戏的上线运营。

(4)公司收购后套用。网络游戏公司通过整体收购另一家游戏公司的方式获得其所有的游戏版号。收购方随后会将其新开发但未获得版号的游戏套用被收购方的版号信息进行上线运营。

(5)盗用游戏版号。这种方式更为直接且非法。具体指的是,在未经版号权利人同意的情况下,网络游戏公司擅自将其他公司的游戏版号信息用于自己的游戏,以此进行非法上线运营。这种行为严重侵犯了版号权利人的合法权益,同时扰乱了市场秩序。

2. 套用游戏版号的风险

套用游戏版号,旨在规避网络游戏上线出版前必须申请游戏版号这一法律规定,从而能够更迅速地将游戏推向市场,开展商业化运营。然而,这种做法的实质结果是,实际运营的游戏与提交给出版监管机构审核并获得版号的游戏存在显著差异。此外,游戏相关主体之间签订的版号买卖或授权协议,因违反法律、行政法规的强制性规定而无效,这种无效性不仅涉及相关的民事法律行为,还可能给游戏版号的提供方和使用方带来巨大的法律风险。具体来说,相关风险包括但不限于可能的法律诉讼、行政处罚,甚至承担刑事责任。

(1)游戏版号提供方。版号申请必须由具备出版资质的单位进行,因此在实际操作中,游戏版号的主要提供者往往是游戏出版机构。若游戏出版机构未经许可擅自向他人转让或提供版号,可能须承担以下责任。

第一,行政责任。根据《出版管理条例》第 62 条及第 66 条的相关规定,若出版单位出售或以其他任何形式转让其版号,出版行政主管部门将对其采取以下措施:责令立即停止此类违法行为,并发出警告;没收全部违法出版物及其所得收益;对于违法经营额超过 1 万元的,将处以违法经营额 5 ~ 10 倍的罚款;若违法经营额未达到 1 万元,可根据情况处以最高 5 万元的罚款;如情节严重,该出版单位将被责令在一定期限内停业整顿,或由原发证机关吊销其许可证。

第二,刑事责任。根据《出版管理条例》第 62 条和第 66 条规定,对于出版单位在明知或应知他人意图出版含有危害国家统一、主权和领土完整等违禁内容的出版物的情况下，仍向其出售或转让本单位版号的，除可能面临行政处罚外，若此行为构成犯罪，还将依法追究其刑事责任。

《最高院关于审理非法出版物刑事案件的解释》第 16 条进一步规定，若出版单位与第三方有事先的共谋，并向其出售、出租或以其他形式转让出版单位的版号，而该第三方实施了侵犯著作权等行为，构成犯罪的，出版单位可能作为共犯论处。简而言之，如果出版单位与他人有预谋地转让其出版相关权益，而此人利用这些资源进行违法活动并构成犯罪，那么出版单位也难辞其咎，可能被视为共犯受到法律的制裁。

(2)游戏版号使用方。在网络游戏行业中，网络游戏公司在推出新款网络游戏前，必须依法先行取得相应的游戏版号。因此，在通常情况下，游戏版号的使用者往往是游戏的研发者或运营单位。然而，如果这些单位在未经授权的情况下，擅自套用游戏版号上网经营，可能面临以下重大责任。

第一，行政责任。依据《网络出版服务管理规定》第 51 条的规定，任何单位或个人若未经批准擅自上网出版网络游戏，将受到监管部门的严厉查处，此类违法行为将被依法取缔，同时监管部门还会采取责令其关闭相关网站等处罚措施。若此行为尚未构成刑事犯罪，则将删除所有涉及的网络出版物，并没收因此产生的所有违法所得，以及用于违法出版活动的主要设备和专用工具。对于违法经营额超过 1 万元的情况，还将并处违法经营额 5 倍以上 10 倍以下的罚款；若违法经营额未达到 1 万元，则可处以最高 5 万元的罚款。

第二，民事责任。根据《网络出版服务管理规定》第 51 条的规定，未经批准擅自上网出版网络游戏，侵犯他人合法权益的，依法承担民事责任。同时，《反不正当竞争法》第 23 条第 1 款规定："经营者违反本法第七条规定实施混淆行为的，由监督检查部门责令停止违法行为，没收违法商品。违法经营额五万元以上的，可以并处违法经营额五倍以下的罚款；没有违法经营额或者违法经营额不足五万元的，可以并处二十五万元以下的罚款；情节严重的，并处吊销营业执照。"此外，该法第 34 条还规定，任何违反《反不正当竞争法》规定的经营者，都将承担民事责任、行政责任乃至刑事责任。

因此，游戏版号的合法持有者在依法获得游戏版号审批后，便享有在游戏市场上进行正当竞争的权利，他人冒用该游戏版号发布网络游戏的行为具有明显的不正当性，不仅违反诚信原则和商业道德，违反相关行政管理规定，同时也侵害游戏版号权利方作为合法出版运营单位的竞争利益，扰乱市场竞争秩序，构成不正当竞争。对此，冒用者应依法承担民事责任、行政责任甚至刑事责任。

第三，刑事责任。《刑法》第 225 条规定，违反国家规定，严重扰乱市场秩序的非法经营行为，构成非法经营罪。而《最高院关于审理非法出版物刑事案件的解释》第 11 条进一步明确了这一点："违反国家规定，出版、印刷、复制、发行本解释第一条至第十条规定以外的其他严重危害社会秩序和扰乱市场秩序的非法出版物，情节严重的，依照刑法第二百二十五条第（三）项的规定，以非法经营罪定罪处罚。"同样，该解释的第 15 条也强调了非法从事相关业务，若严重扰乱市场秩序且情节特别严重，将以非法经营罪定罪处罚。

在出版领域，尤其是网络游戏出版方面，相关法规也作出了明确规定。《网络出版服务管理规定》第 27 条明确指出，网络游戏在上网出版之前，必须报国家新闻出版署进行审批。此外，《移动游戏出版服务管理的通知》第 6 条进一步规定，对于已经批准出版的移动游戏的升级作品及新资料片，如果其内容发生明显改变并以特定方式进行推广宣传，应视为新作品，需要重新按照其所属类别履行相应的审批手续。同时，该通知的第 15 条也强调，任何未按照通知要求履行审批手续就上网出版运营的移动游戏，一旦被相关出版行政执法部门发现，将被视为非法出版物进行查处。

综上所述，未经批准擅自出版发行网络游戏，不仅扰乱了出版行业的市场秩序，更是对文化市场的集体法益造成了损害。国务院行政法规对此类行为已明确规定。最高人民法院也就擅自出版非法出版物或非法从事出版活动的行为，依据《刑法》第 225 条发布了详细解释，并阐明了具体适用条件。从法益损害的角度来看，发行无版号网络游戏与发行无书号/刊号的图书/期刊所带来的危害并无本质区别，甚至前者可能引发更为严重的后果，且其行为更难得到有效规制。若其行为方式及所产生的损害后果，严重扰乱市场秩序，情节特别严重，构成犯罪的，可以按照非法经营罪进行定罪处罚。[1]

---

〔1〕 参见鲁永峰：《未取得版号发行网络游戏是否构成犯罪?》，载微信公众号"知产力"2023 年 12 月 14 日，https://mp.weixin.qq.com/s/JUm72GmjUHBwx8sKDBQSJA。

法律依据

《出版管理条例》

第六十二条 有下列行为之一，触犯刑律的，依照刑法有关规定，依法追究刑事责任；尚不够刑事处罚的，由出版行政主管部门责令限期停业整顿，没收出版物、违法所得，违法经营额1万元以上的，并处违法经营额5倍以上10倍以下的罚款；违法经营额不足1万元的，可以处5万元以下的罚款；情节严重的，由原发证机关吊销许可证：

（一）出版、进口含有本条例第二十五条、第二十六条禁止内容的出版物的；

（二）明知或者应知出版物含有本条例第二十五条、第二十六条禁止内容而印刷或者复制、发行的；

（三）明知或者应知他人出版含有本条例第二十五条、第二十六条禁止内容的出版物而向其出售或者以其他形式转让本出版单位的名称、书号、刊号、版号、版面，或者出租本单位的名称、刊号的。

第六十六条 出版单位有下列行为之一的，由出版行政主管部门责令停止违法行为，给予警告，没收违法经营的出版物、违法所得，违法所得5万元以上的，并处违法所得5倍以上10倍以下的罚款，没有违法所得或者违法所得不足5万元的，并处25万元以下的罚款；情节严重的，视情形限制开展相关生产经营活动、责令限期停业整顿，或者由原发证机关降低相关资质等级直至吊销许可证：

（一）出售或者以其他形式转让本出版单位的名称、书号、刊号、版号、版面，或者出租本单位的名称、刊号的；

（二）利用出版活动谋取其他不正当利益的。

《网络出版服务管理规定》

第二十七条 网络游戏上网出版前，必须向所在地省、自治区、直辖市出版行政主管部门提出申请，经审核同意后，报国家新闻出版广电总局审批。

第五十一条 未经批准，擅自从事网络出版服务，或者擅自上网出版网络游戏（含境外著作权人授权的网络游戏），根据《出版管理条例》第六十一条、《互联网信息服务管理办法》第十九条的规定，由出版行政主管部门、工商行政管理部门依照法定职权予以取缔，并由所在地省级电信主管部门依据有关部门的通知，按照《互联网信息服务管理办法》第十九条的规定给予责令关闭网站等处罚；已经触犯刑法的，依法追究刑事责任；尚不够刑事处罚的，删除全部相关网络出版物，没收违法所得和从事违法出版活动的主要设备、专用工具，违法经营额1万元以上的，并处违法经营额5倍以上10倍以下的罚款；违法经营额不足1万元的，可以处5万元以下的罚款；侵犯他人合法权益的，依法承担民事责任。

《最高院关于审理非法出版物刑事案件的解释》

第十一条 违反国家规定，出版、印刷、复制、发行本解释第一条至第十条规定以外的其他严重危害社会秩序和扰乱市场秩序的非法出版物，情节严重的，依照刑法第二百二十五条第（三）项的规定，以非法经营罪定罪处罚。

第十五条 非法从事出版物的出版、印刷、复制、发行业务，严重扰乱市场秩序，情节特别严重，构成犯罪的，可以依照刑法第二百二十五条第（三）项的规定，以非法经营罪定罪处罚。

第十六条 出版单位与他人事前通谋，向其出售、出租或者以其他形式转让该出版单位的名称、书号、刊号、版号，他人实施本解释第二条、第四条、第八条、第九条、第十条、第十一条规定的行为，构成犯罪的，对该出版单位应当以共犯论处。

《反不正当竞争法》

第二十三条第一款 经营者违反本法第七条规定实施混淆行为或者帮助他人实施混淆行为的，由监督检查部门责令停止违法行为，没收违法商品。违法经营额五万元以上的，可以并处违法经营额五倍以下的罚款；没有违法经营额或者违法经营额不足五万元的，可以并处二十五万元以下的罚款；情节严重的，并处吊销营业执照。

《刑法》

第二百二十五条 **【非法经营罪】**违反国家规定，有下列非法经营行为之一，扰乱市场秩序，情节严重的，处五年以下有期徒刑或者拘役，并处或者单处违法所得一倍以上五倍以下罚金；情节特别严重的，处五年以上有期徒刑，并处违法所得一倍以上五倍以下罚金或者没收财产：

（一）未经许可经营法律、行政法规规定的专营、专卖物品或者其他限制买卖的物品的；

（二）买卖进出口许可证、进出口原产地证明以及其他法律、行政法规规定的经营许可证或者批准文件的；

（三）未经国家有关主管部门批准非法经营证券、期货、保险业务的，或者非法从事资金支付结算业务的；

（四）其他严重扰乱市场秩序的非法经营行为。

《移动游戏出版服务管理的通知》

六、已经批准出版的移动游戏的升级作品及新资料片（指故事情节、任务内容、地图形态、人物性格、角色特征、互动功能等发生明显改变，且以附加名称，即在游戏名称不变的情况下增加副标题，或者在游戏名称前增加修饰词，如《新××》，或者在游戏名称后用数字表明版本的变化，如《××2》等进行推广宣传）视为新作品，按照本通知规定，依其所属类别重新履行相应审批手续。

十五、未按照本通知要求履行相关审批手续即上网出版运营的移动游戏，一经发现，相关出版行政执法部门将按非法出版物查处。

律师建议

综上所述，在国家对网络游戏的出版发行、版号申请及使用等方面均有法律规定的背景下，网络游戏公司若采取套用版号的行为，将面临巨大的法律风险。这些风险不仅可能引发行政处罚、民事赔偿，甚至可能触及刑事责任，并对企业的商业信誉造成难以挽回的损害。另外，试图通过不正当手段逃避版号申请法定义务、追求短期利益的违法行为一旦被查处，企业将付出沉重的代价。因此，网络游戏公司在运营网络游戏时，必须具备高度的风险防范意识，主动遵守相关法律法规，完成所有必要的许可和审批程序。只有坚持合法合规经营的原则，企业才能在激烈的市场竞争中稳固立足，实现长远的可持续发展。

第二章　网络游戏运营

005　什么是“游戏联合运营”？

答　在早期的国内手机游戏市场中，较多的手机游戏公司会选择以自研自运的形式开发、发行游戏，这种游戏运营模式被称为“研运一体化”。这些手机游戏公司在当时选择此种方式系基于以下两个方面的原因。

一方面，与当时的市场环境密切相关。十余年前，手机游戏市场尚处于“蓝海”阶段，这是一个充满无限商机与潜力的市场环境，具有获客成本低、用户忠诚度高、同品类竞争产品少等丰富的市场优势和有利条件。即便是名不见经传的新兴研发公司，亦有很大的可能性凭借自身实力在彼时的市场中斩获一席之地。

另一方面，早期联合运营的模式不成熟，导致研发方和发行方的纠纷不断。早期的游戏公司对于联合运营的模式及当地法律环境和具体法律要求的认知不足，且对于联合运营协议、权利义务承担等法律事务不够重视，所以当时出现了多起联合运营合作的研发方与发行方的纠纷。例如，2015 年，知名二次元风格的军舰拟人游戏《战舰少女》的研发方幻萌网络与发行方派娱科技就计算机软件著作权纠纷诉至法院；[1] 2016 年，二次元品类游戏《少女前线》的研发方云母组与发行方阵面网络也被爆出矛盾激化的新闻。诸如此类的纠纷使得早期的游戏公司逐渐摒弃原来的联合运营模式，进而寻求其他游戏运营模式。

时至今日，游戏市场日趋饱和且成熟。随之而来的是早期游戏公司已成长为现在的“大厂”，瓜分和垄断了发行游戏的各种资源，如用户流量、分

---

〔1〕 参见上海知识产权法院民事判决书，(2015) 沪知民初字第 633 号。

发渠道等。在这种情形下，新入局的游戏公司面临破局难题——资源匮乏。对于新、小公司来说，从“零”到“一”搭建一套发行体系的难度变得极大。基于此，新型的游戏联合运营应运而生。

新型的“游戏联合运营”（以下简称游戏联运）是指不同的游戏研发方或发行方之间的一种合作模式，此时的发行方多为游戏商城（如 Apple Store），这有别于过去研发和发行一体化的模式，也有别于早期联合运营中发行方多为“散户”的情况。在游戏联运模式下，多个游戏公司（包括游戏研发单位与发行单位）进行联合，通过资源的共同分配和整合，实现资源共享、协同推广、用户互通等合作。这种合作模式旨在发挥合作各方的资源和能力优势，以提高彼此竞争力，扩大各方市场份额，并降低各方运营成本。

举例说明，A 公司是一家新兴的游戏公司，拥有较强的研发团队和研发实力，并已经开发出一款急需测试的二次元游戏产品。但 A 公司在发行运营方面缺乏经验，既没有相关人才，也没有相关资源，如流量、现有的用户群体、广告和分发渠道等。与此同时，B 公司是一家以动漫视频为主营业务的弹幕视频网站，它拥有数量庞大且稳定的用户群体、广告位资源以及一个运营发行团队，却缺少优质的自研游戏产品。在这种情况下，A 公司与 B 公司顺理成章地展开合作，A 公司提供游戏产品和后续的开发、更新、维护服务，而 B 公司则提供发行运营能力和宣传推广分发渠道。这样，一个游戏联运的合作机制便达成了。

律师建议

游戏联运作为一种新型的游戏运营模式，为游戏公司提供了更多的合作机会和发展空间。然而，在合作过程中，双方应充分认识到可能存在的法律风险，并采取相应的防范措施。通过签订完善的联运协议、加强合同管理和争议解决机制的建设，可以确保游戏联运的顺利进行和合作关系的长期稳定。

006 为什么现在很多企业会选择游戏联运？它有哪些优势？

答 从实务角度来看，游戏联运具备以下显著优势：

(1)实现资源共享与优势互补。游戏联运能够促进不同游戏企业,包括研发方与发行方之间的资源共享与整合。参与联运的各方可以共享并充分利用各自的技术、人才、用户群体、流量和推广渠道等资源,从而实现优势互补,共同提升整体竞争力。

(2)有效降低成本。游戏联运为参与各方带来了显著的成本降低效益。对于研发方而言,它们无须再自主搭建发行运营团队,节省了相关成本,同时大幅减少了广告和宣传推广素材等投放成本。对于发行方而言,不再需要自行研发、更新和维护游戏产品。这种合作模式一方面大幅降低了获取新用户的获客成本,另一方面为老用户增加了游戏选项,提升了用户体验,一定程度上留住了老用户。

(3)扩大市场占有份额。游戏联运通常能够帮助研发方迅速进入市场,并快速占据一定的市场和用户份额。尤其是对于那些新晋的、尚未被用户熟知的研发方,即便缺乏知名度,但通过与拥有庞大用户和资源规模的发行方进行联合运营,只要其游戏产品质量上乘且运营不出现大失误,就有很大机会借助发行方的资源迅速积累一批忠实用户,进而在市场中占据一席之地。

综上所述,游戏联运在当今游戏市场中已经成为一种成熟且对新的研发型游戏企业十分友好的游戏发行方式。

律师建议

企业应结合以上对不同运营方式的介绍,根据自身的实际情况,选择合适的运营方式。

007 选择游戏联运合作伙伴需要注意什么?

答 游戏运营,依据我国经营范围的规范表述,称为“互联网游戏服务”,在我国属于须获得许可才能开展的经营项目,否则属违法违规的经营行为。游戏联运的本质是两家或更多家企业之间展开的一种商业合作,所以在合作开始前，选择合适且合规的合作方至关重要。

1. 选择发行方应注意事项

选择发行方应关注发行方是否具备法律所要求的提供互联网游戏服务的必需资质，如适当的经营范围、第二类 ICP 许可证、[1]营业性演出许可证（如需要进行直播宣传推广游戏）等。同时，要着重对该发行方过往游戏的合法合规运营情况做详细的背景调查，不仅要关注其商业成就，更须警惕其过往是否存在非法运营行为，如套用版号、涉赌玩法等。频繁违规受罚或导致游戏下架的发行方，并非理想的联运合作对象。

2. 选择研发方应注意事项

选择研发方需要注意以下几点：(1)重点审查研发方及其游戏的合规性，包括游戏研发方的主体资质、游戏软件著作权和注册商标等基础权利；(2)仔细甄别游戏内容，查看是否存在违反公序良俗、涉黄涉赌、涉宗教等情况，确保其合法合规；(3)对研发方进行尽职调查，核查其是否存在侵权其他游戏、研发非法游戏的“劣迹”。如果研发方提交的联运游戏确实存在问题，引发纠纷或争议，尽管发行方一般也可以依据联运协议向研发方追责，但事前的仔细审查、甄别可以最大程度避免纠纷的产生。况且，如果涉嫌刑事责任，对企业的打击将是毁灭性的。

法律依据

《互联网信息服务管理办法》

第四条 国家对经营性互联网信息服务实行许可制度；对非经营性互联网信息服务实行备案制度。

未取得许可或者未履行备案手续的，不得从事互联网信息服务。

《电信条例》

第八条 电信业务分为基础电信业务和增值电信业务。

基础电信业务，是指提供公共网络基础设施、公共数据传送和基本话音通信服务的业务。增值电信业务，是指利用公共网络基础设施提供的电信

[1] 相关规定见《互联网信息服务管理办法》第 4 条，《电信条例》第 8 条、第 9 条。

与信息服务的业务。

电信业务分类的具体划分在本条例所附的《电信业务分类目录》中列出。国务院信息产业主管部门根据实际情况，可以对目录所列电信业务分类项目作局部调整，重新公布。

第九条　经营基础电信业务，须经国务院信息产业主管部门审查批准，取得《基础电信业务经营许可证》。

经营增值电信业务，业务覆盖范围在两个以上省、自治区、直辖市的，须经国务院信息产业主管部门审查批准，取得《跨地区增值电信业务经营许可证》；业务覆盖范围在一个省、自治区、直辖市行政区域内的，须经省、自治区、直辖市电信管理机构审查批准，取得《增值电信业务经营许可证》。

运用新技术试办《电信业务分类目录》未列出的新型电信业务的，应当向省、自治区、直辖市电信管理机构备案。

律师建议

在选择游戏联运合作伙伴时，建议企业严格遵循合规性要求，重视资质和背景调查，提前做好风险防范。合作前，应签署完整的合作协议，明确各方的权利义务、知识产权归属、数据保护、争议解决机制等关键条款，并约定联运游戏的合规性要求及责任分担。针对可能出现的违规行为，可在协议中设置有效的违约责任条款，确保合作伙伴因其违规行为导致损失时能够承担相应责任。此外，建议企业在合作开展的过程中保持与监管部门的沟通，及时了解并遵守政策变化，以确保业务的持续合规性。

008　合作各方在签署联运协议时，分别需要注意哪些事项？

答　联运协议是游戏联运整个环节各项法律事务中最重要的部分之一。联运协议是合作双方对各自权利义务和诸多事项的确认。一份完善、良好的联运协议，可以有效预防后期可能出现的大量纠纷和麻烦。研发方、发行方和版权方签署联运协议时的注意事项分别如下。

1. 研发方

在多数情况下,研发方,尤其是新晋的游戏开发公司,在游戏联运中常处于弱势地位。发行平台掌握着研发方所需要的大量资源,这使得研发方在联运协议谈判中可能处于不利地位。当然,如果研发方拥有优质游戏产品,特别是测试数据出色、具有大 IP 的游戏产品,往往更受发行方的青睐,从而在联运协议的谈判中获得更多的话语权。研发方在签署联运协议时应当关注以下几个方面:

(1)发行代理权的性质、授权期限与范围。须明确发行方所享有的是独占、排他还是普通的发行代理权,并确定授权区域、授权期限、授权内容,这些都应根据实际联运情况来确定。研发方应避免因盲目追求高效和资金回流速度,而鲁莽签署独家、全球范围、永久的发行授权。如果游戏产品最终成为爆款,过早签下过长授权期限的联运协议,可能会使研发方在未来丧失议价能力,从而损失大量潜在利益。

(2)授权金与收益分配方式。授权金与预付分成是联运协议中常见的收益分配方式。研发方需要重点关注的是授权金和预付分成的给付方式,争取尽快收到相应款项(如明确要求发行方须在交付游戏安装包后立即支付)。同时,研发方要格外关注某些情况下可能需要退回授权金和预付分成款的条款,确保这些条款经过谨慎审查,以防在游戏发行受挫后面临退还款项等困境。此外,采用阶梯式的分成方式是有效应对风险的策略之一,即发行方在游戏营收达到某个层级后,可以获得更高比例的分成,这有助于提升发行方运营的积极性并促使其为研发方调配更多资源。

(3)对发行方的限制性条款。从实践来看,相当多的游戏研发方起初的心态是只要大平台愿意发行自己的游戏就足够了,所以会认为签署好游戏的代理发行权、分成约定等即可,往往忽视对发行方的权利限制,而这也为游戏在后期成为“爆款”后的纠纷埋下伏笔。所以,研发方应当重视对发行方加以合理、必要的约束,重视可持续发展。例如,研发方可授权发行方在 2 年内拥有相关游戏的代理发行、运营权,但同时也应当对发行方针对该游戏的首爆期限、最晚测试期限、最晚上线期限等进行约定,防止发行方将游戏产品“打入冷宫”“密而不发”。另外,如果研发方特别看重发行方某位知名负责人的个人能力或影响力,亦可在发行协议中约定“关键人条款”,从而保证由该负责人亲自负责游戏产品的发行运营。

(4)发行方可以提供的资源与支持。研发方会选择和发行方进行游戏联运,最重要的原因之一是发行方拥有大规模的资源和流量。所以,在联运协议里,关于资源的约定应尽量细致且具有可操作性。早期的联运协议里常见“发行方为研发方提供广告宣传”等笼统的约定。然而,现在的推广模式多种多样,以网页性质的广告为例,就包括且不限于传统 banner 广告、短视频广告、弹窗广告、信息流推荐广告等。基于这种情况,就需要在联运协议里明确约定发行方能够提供的宣传推广资源的性质、数量、时间点、投放位置。若涉及知名网红(KOL)宣传的,还要对 KOL 进行背景审查。所以,研发方要就相关条款在联运协议中进行明确、清晰的约定,才能保障自身能够最大化地利用发行方的各种资源,确保公司可持续发展。

(5)针对不同游戏版本进行差异化约定,切忌联运协议“模板化”。当今的游戏市场,同一款游戏发行不同版本并不罕见。作为研发方,如果预先知道游戏产品将会以不同版本发布,那么在联运协议里就应当针对不同版本进行分类和差异化约定。如前述涉及授权金、预付分成款、游戏上线时间、发行方资源的相关条款,均需要根据不同版本的情况作出变更调整。需要注意,切勿笼统地将授权联运的游戏描述为“游戏当前及今后基于修改、更新、调整产生的所有版本”,这样会限制后期就不同版本的游戏重新约定的谈判空间。

2. 发行方

事实上,多数成熟、体系化的发行方,尤其是发行平台,通常会基于自身在联运合作中的优势地位,拟定不允许研发方更改的格式合同,要求希望与其联运的研发方签署。而从一个没有格式合同的中小型发行方的角度来看,在排除格式合同相关注意要点的基础上,需要注意的内容如下:

(1)游戏内容合规性审查。游戏内容,包括其是否属于原创内容,是否获得版权方授权等合规要求,均须在联运协议中明确获得研发方的保证和承诺。这些内容是联运游戏得以合法上线、可持续发展的基础保障。如果游戏侵犯他人权益或是内容不合法合规,将会导致游戏被迫下架,甚至使发行方受到投诉、举报、行政或刑事处罚等。例如,在笔者曾经办理的一起侵犯著作权的案件中,发行方没有审核研发方版权的合规性,进而陷入了刑事犯罪的旋涡,通过与公安机关积极沟通和说理,证明发行方已经对游戏的版权进行了初步审核且研发方向发行方提供了完整的“版权外观”,从发行方主观不明知的角度,将发行方与侵权行为进行切割,最终才使发行方得以免责。尽管如此,此次事件仍然对发行方造成了很大的负面影响。所以,发行方需要在联运协议内明确版权的合规性,同时对基于版权侵权所产生的法律责任进行界定。

(2)游戏的技术支持义务。对于游戏的技术支持义务,如游戏本身的内容更新、版本升级、错误与故障修复等,以及游戏相关的服务器部署、防火墙搭建、域名注册维护等,由哪一方负责具体经办操作,以及由哪一方负担最终费用,需要予以明确约定。其中,对于游戏本身的更新,建议进一步细化到约定清楚更新时间、频次;对于游戏的错误和故障的修复维护,建议根据故障情况、严重程度、故障等级分类约定响应时间和处理时间等。如果确有必要,还可以指定研发方的主程序员、主运维人员为"关键人员",若其离职则视为研发方违约。

(3)游戏推广素材的责任承担。尽管研发方会提供诸多资源给发行方,用于联运游戏的宣传、推广、引流等,但这并不意味着发行方对研发方所提供的各类投放素材均当然地承担责任。对于由研发方主导创作的广告素材和投放引流的内容,发行方应当在协议中明确约定由研发方对相关素材的合规性负责。如果因该素材或内容的投放产生纠纷或事故,由创作、提供素材的研发方来承担责任,与发行方无关。

(4)授权金与分成方式。发行方应严格控制授权金与预付分成的支付条件和支付期限,避免在产品未落定的情况下提前支付。另外,发行方还应当明确各种情形下的退款约定,即当研发方严重违反某项合同约定时,需要将发行方已支付的授权金和预付分成全额退还等。虽然实务中经常出现小型研发方在发行游戏的过程中便出现破产且无财产可供执行的情况,但不能因此忽略退还授权金等款项的约定。

3. 版权方

版权方,指一款游戏的IP或内容的著作权人。虽然版权方不直接参与游戏研发和发行,却为游戏提供了内容和灵魂,是一款游戏得以立足的基础。版权方在研发方与发行方签订联运协议时,需要注意的事项如下:

(1)版权内容的使用和改编权。IP类游戏最重要的就是该IP内容,无论原始形式是动画、漫画、网文抑或是电视剧,都是版权方最宝贵的财富,也是最有再创作价值的部分。因此,版权方在签订联运协议的时候,应当特别关注联运协议对于IP内容的使用范围的约定，以及在何等范围内具备相应的改编权利。适当的“原创剧情”“原创角色”可能让IP原著增色不少，但背离原著基本框架乃至核心思想的“乱改”“瞎编”，不仅会引起原著粉丝的不满和流失，还会对原著本身的影响力造成不小的损害。版权方必须建立行之有效的“监修”机制，并且体现在联运协议里，即无论是研发方还是发行方，其使用版权内容，作出改编创作行为，都必须先经过版权方的审核与确认，方可实际投入发行使用。通过这种方式，版权方才能把控游戏内容，进而建立可持续发展且行之有效的保护原著的游戏联运模式。

(2)维权权利的“下放”问题。《火影忍者》《航海王》等日本知名动漫IP改编游戏，在中国受到相当多游戏爱好者的青睐，但却少见这些游戏的发行方或研发方主动维权、打击盗版和私服游戏的案例。究其原因，是这些游戏的版权方牢牢把控着维权的权利，而没有“下放”授权给研发方和发行方。在版权方、研发方、发行方三方签订联运协议时，版权方应当思考是否要将盗版、侵权游戏的维权事宜授权给研发方及发行方。而这个问题没有标准答案，应具体情况具体分析。在日本，很多版权方企业的“厌讼”思想很重，为避免被授权方过度维权、滥诉等，他们通常会非常谨慎地对待是否“下放”维权权利这件事，更倾向于保留维权的权限。在国内，有一些版权方为了更好地保护正版游戏的运行，通常会愿意将维权权利授权给发行方。这类版权方更在乎游戏的“血统纯正”，不希望盗版游戏损害正版游戏的合法利益，例如，《传奇》IP在中国(不含港、澳、台地区)的维权权限，就授权给了中国(不含港、澳、台地区)的公司。所以，无论采取哪种方式，版权方都需要结合IP本身的特性及需求，综合考虑侵权游戏出现时的预案、对策及维权成本等，再作出决定。

(3)版权方的介入权利和损害赔偿的相关约定。如前所述，一款以某个IP为核心的游戏，如果发生严重的运营事故或舆论风波，受到损害的不仅是游戏本身，还会波及IP本身的形象和影响力。一旦发生这种情况，版权方及时介入将非常有利于保护IP。因此，联运协议需要有保证版权方能够及时介入的约定。无论是对研发方的研发内容进行直接监督，还是参与制定发行方平息舆情、善后处理的策略，版权方都不能在出现“危机”时被“架空”。这种需求，在研发方和发行方都不愿意解决问题或承担责任时显得尤为重要。对于研发方和发行方而言，如果维权成本大于收益，他们很大可能不会积极维权，某个 IP 或游戏对他们来说，只是其持有的众多 IP 或游戏中的一个，而对版权方来说却是唯一。此外，当所有救济手段均失效时，版权方还应当获得一笔损害赔偿，这需要在联运协议中予以载明。联运协议中应当明确，在游戏未能按预期运营或是因故被迫提前下线等情况下，版权方有权获得相应赔偿，且需要由研发方和发行方承担连带赔偿责任。

律师建议

签订游戏联运协议时，各方应充分尽职调查，细化合同条款，预防潜在纠纷。建议各方建立合同定期审查机制，确保协议条款适应法律与市场变化，尤其是数据隐私和知识产权保护方面。对违约情况设置明确的救济措施，如违约金、分成扣除或保证金制度。加强对用户数据的保护，遵循《个人信息保护法》等法规，明确数据归属和完善数据泄露应急响应机制。此外，协议应包含争议解决条款，规定管辖地与适用法律。设立合理的退出条款，以便在合作效果不佳时，确保各方权益与合作的灵活性。

009 联运协议签署后，在实际履行过程中应该重点监督哪些方面？

答 对于游戏联运的跟踪与监督，在实务中更多是游戏研发方与发行方之间在业务层面的执行问题。从法律角度来讲，以下两个关键点需要特别关注。

1. 研发方更新与维护内容的合规性

尽管研发方最初提交的可能是一个合法合规的游戏，但在后续的内容更新、版本更替过程中，或者研发方内部人员流动导致工作风格发生变化（如新来人员对风险的认识不足），或多或少会出现一些违规的内容。例如，手机游戏《阴阳师》与《王者荣耀》就互相指责对方的美术形象涉嫌抄袭侵权，这种纠纷正是在游戏后续更新和添加内容时发生的。尽管《阴阳师》和《王者荣耀》并非联运游戏，但该事件提醒了联运中的发行方要及时关注研发方的动态，一旦发生意外或事故，应当及时准备法律层面的预案予以应对。

还有一种情况是，尽管研发方没有提供明显侵权或不合法的内容，但却擅自在游戏中加入了可能会产生重大争议或舆论风波的玩法，这在游戏业界也很常见。例如，2023 年年末，备受瞩目的散爆科技发行的游戏《少女前线 2：追放》因被玩家发现含有众多不符合玩家预期的内容，引发重大舆情风波。此种情况属于发行方难以预见、避免、克服的客观情况。一方面，因为其难以预判，即便发行方查看游戏内容，也未必能发现问题的端倪；另一方面，由于问题并非游戏内容违法或违规导致，而是纯粹的游戏业务层面问题，所以发行方难以找到合适的理由进行索赔。笔者认为，将这种情况在联运协议内量化为某些游戏数据（如游戏在知名游戏社区的评分、游戏内的次日留存率和/或七日留存率等）的变动，可能是研运双方都能接受的规制模式，也能量化损害结果。

2. 发行方发行、运营及推广游戏的合规性

发行方也会存在不合规的情况。实践中，有些发行方会采取一些不合规的手段来推广或为联运发行的游戏引流，例如，直播间的各种“开盒”等涉赌玩法[1]、在不具备营业性演出资质的情况下擅自安排主播对联运游戏进行直播、采用涉黄或色情的宣传推广方式[2]、开展具有不正当竞争嫌疑的“碰瓷”式营销，以及欺骗玩家的虚假宣传[3]等。

对于研发方而言，需要与发行方的违规行为进行切割，所以不仅要在联运协议中明确规定发行方不得采取违规的发行和运营行为，同时还要对发行方的实际营销和推广模式及内容进行持续跟踪和监督。研发方在签订联运协议后，不能做“甩手掌柜”，而应对发行方的所作所为保持了解和警惕。否则，一旦发行方因不合法或违规行为被查处，研发方也可能面临游戏被下架甚至遭受行政处罚等严重后果。

---

〔1〕 相关规定见《刑法》第 303 条。

〔2〕 相关规定见《刑法》第 365 条。

〔3〕 相关规定见《反不正当竞争法》第 9 条。

法律依据

《刑法》

第三百零三条　【赌博罪】以营利为目的，聚众赌博或者以赌博为业的，处三年以下有期徒刑、拘役或者管制，并处罚金。

【开设赌场罪】开设赌场的，处五年以下有期徒刑、拘役或者管制，并处罚金；情节严重的，处五年以上十年以下有期徒刑，并处罚金。

【组织参与国（境）外赌博罪】组织中华人民共和国公民参与国（境）外赌博，数额巨大或者有其他严重情节的，依照前款的规定处罚。

第三百六十五条　【组织淫秽表演罪】组织进行淫秽表演的，处三年以下有期徒刑、拘役或者管制，并处罚金；情节严重的，处三年以上十年以下有期徒刑，并处罚金。

《反不正当竞争法》

第九条　经营者不得对其商品的性能、功能、质量、销售状况、用户评价、曾获荣誉等作虚假或者引人误解的商业宣传，欺骗、误导消费者和其他经营者。

经营者不得通过组织虚假交易、虚假评价等方式，帮助其他经营者进行虚假或者引人误解的商业宣传。

律师建议

在联运协议的履行过程中，需要关注研发方的内容更新与维护的合规性，避免因后续版本中出现违规或争议内容而引发纠纷。此外，发行方的推广和运营活动合规性同样重要，如有不正当营销手段（如涉赌、涉黄或虚假宣传）可能对游戏形象产生不良影响，研发方应在协议中明确禁止这些行为并持续监督，必要时切割责任。建议在协议中加入违约金或损害赔偿条款，建立定期沟通机制，以便双方协同监督并准备应对突发事件的法律预案。

010 游戏“出海”已成为趋势,如何在国际市场成功开展游戏联运业务?

答 随着国内游戏市场竞争加剧,海外市场成了很多游戏研发方的首选出路。然而,由于研发方对于海外市场的认识有限,游戏联运成为他们面向海外推出自家游戏的首选项。具体来看,在涉及海外的游戏联运中,重点应关注如下法律问题。

1. 海外运营主体资质

作为游戏发行方,游戏企业在海外地区应符合当地法律法规的资质要求。作为研发方,在选定联运发行方时,需仔细审查发行方是否具备目标发行国所必需的资质许可。

以近年来备受关注的越南市场为例,根据《越南外国投资法》的规定,想要成为在越南境内合法的游戏发行方,必须在越南境内成立公司,外国主体所占的股权不得超过 49%,在越南境内雇佣至少 2 名技术人员,将服务器托管在越南境内。只有具备前述条件,才有资格申请越南的 G1 许可证,即“网络游戏经营许可证”。否则,即使发行方承诺能在越南发行游戏,其所谓的“发行”行为也不符合当地法律规定。例如,2024 年 4 月 10 日,越南政府就对网飞(Netflix)网站发出了警示函,指出其网站上存在无资质主体运营的未授权视频游戏,并要求网飞立即整改。因此,发行方是否具备运营主体资质至关重要,可能直接影响研发方的游戏是否会在目标国被下架甚至封禁。

2. 海外内容审查与分级流程

海外游戏联运的另一个重要法律事项是游戏内容审查与分级制度。要做好这项工作,需要研发方和发行方通力配合,共同应对。

以东南亚地区为例,2024 年 1 月,印度尼西亚出台了最新的《关于游戏分级的部长条例》,第 1 条明确规定其国内外游戏均须进行分级并提交审查员进行合规测试。针对这种情况,一般由发行方的涉外法务、合规部门或委托的律师负责检索和解释相关地区的审查制度、法律法规,然后指导研发方进行必要的整改、修正和完善,最后由发行方负责将游戏提交至发行目标国进行审查。虽然在实务中,审核的义务由发行方承担,但如果研发方对前述内容不了解或拿不准,也同样需要委托专业的律师进行风险把控。

律师建议

近年来，海外市场对于网络主权、游戏审查的意识越来越强，由此可以预见，未来游戏内容的审查与分级制度将成为不少国家游戏“出海”的必经流程。因此，研发方与发行方均须增强涉外法律意识。

011 违规开展游戏联运可能引发哪些民事责任风险？应如何防范？

答 合法合规进行游戏联运，对研发方与发行方而言，是双赢之事。但在实务中，常因游戏联运中的违规行为引发纠纷，甚至导致各方受到处罚。游戏联运中最常见的风险即为民事纠纷风险，其中大部分系因为联运协议约定不明确。

例如，在九九乐游公司与思杰乐创公司计算机软件著作权许可使用合同纠纷案[1]中，九九乐游公司与思杰乐创公司签订的《手机游戏独家代理发行与运营协议》及其补充协议（以下简称协议），明确约定了思杰乐创公司作为研发方应当提交开发完毕的游戏包体的时间，同时明确了可量化的验收标准、验收负责人和验收次数。在思杰乐创公司反复修改仍无法达到协议约定的验收标准后，发行方九九乐游公司依据协议解除了双方的联运关系，并诉至法院，要求思杰乐创公司退还授权金、预付分成款，并支付违约金。最终，法院支持了九九乐游公司的全部诉请。该案例中，研发方不能如期将游戏研发到发行方要求的标准，进而导致发行方无法将游戏妥善安排上线运营。

由于发行游戏是一个长期存在且不断更新的过程，民事风险的产生方式和原因也具有多样性。应对该类风险的关键，在于签署联运协议时应在协议中明确约定可能发生纠纷的责任划分，以此量化损害结果，使纠纷发生时诉讼请求有事实依据，进而得到法院支持，具体说明如下。

（1）具体化交付条件。对研发方交付的游戏产品，应明确其合格标准，

---

〔1〕 参见北京市朝阳区人民法院民事判决书，（2014）朝民初字第 24021 号。

并通过具体数值进行量化。同时,需要明确交付时间、交付形式、对接人、验收标准、验收次数等。尽管游戏产品的质量有时难以具体化为极为明确的量化指标,但在协议条款设计时,对于发行方而言,仍应确保研发方交付的游戏产品符合要求。例如,在无法确定验收标准的情况下,可以考虑直接约定发行方有权决定各版本的合格标准。

(2)细化违约责任赔偿条款。联运协议应当明确约定,若研发方拖延或不交付游戏产品、修改版本,或多次修改后仍不符合发行方要求,应承担违约赔偿责任,包括违约金及损害赔偿责任。如果发行方拖延或不上线游戏产品,经研发方催告后仍不将联运游戏上线发行的,研发方同样有权要求其承担违约责任。

(3)明确预付分成款的处置方式。预付分成款有利于保障联运协议得到有效落实。在实践中,针对预付分成款是否退还、何时退还以及退还比例存在争议。例如,在蔡某诉陕西国龙数码公司合同纠纷案〔1〕中,虽然判例认为预付分成款是"为了享受与抵扣上线运营后玩家充值带来的利润分红,该目的只能在开放服务器后才能实现,因合作游戏未能正式上线运营,所以应当退还",但该判例并非指导案例。因此,在实务中较好的解决办法是在联运协议里约定双方均能接受的关于预付分成款的处置方案,即明确约定在何种情况下须退还发行方,在何种情况下不予退还。

(4)适当采用公平责任原则。在联运双方均不存在过错的情况下,若发生损失等情况造成僵局,可适当采用公平责任原则。例如,游戏已经上线发行,但是收入与测试和预期相去甚远,或基于某种客观原因游戏事实上已无法继续运营,联运双方陷入僵局时,若在协议中适当引入了公平责任原则,有助于解决纠纷。第一,如果联运协议对游戏收入情况等有约定,并明确当收入下滑到一定程度后即可触发停止发行运营条款,双方可依据此前的协议进行结算分配。第二,多数联运协议在签署时,各方对结果期待过高,对风险评估不足,存在没有就游戏联运的退出机制作出约定的问题。此时想要打破上述僵局,公平原则就是其中一种办法。例如,在北京魂世界公司诉深圳创梦天地公司、陈某合同纠纷案〔2〕中,反诉原告深圳创梦天地公司即

〔1〕 参见浙江省瑞安市人民法院民事判决书,(2014)温瑞商初字第4295号。

〔2〕 参见广东省深圳市南山区人民法院民事判决书,(2015)深南法民二初字第921号。

发行方主张实际收益和已向研发方支付的预付分成款金额差距过大，法院依据公平原则予以支持，判决退还部分预付分成款。该案件中，审理法院考虑到双方过错及公平原则，对发行方要求退还预付分成款予以支持。因此，如果联运协议中确无约定预付分成款的处理方式，原则上可以考虑通过诉讼途径并主张公平原则寻求补救措施。

律师建议

在游戏联运过程中，民事风险产生的基础多为联运协议，联运协议也是纠纷产生后争取利益的重要依据。笔者曾经接受一家小型游戏研发公司的咨询，该公司研发了一款休闲类的App游戏，并寻求联运发行。然而，他们没有对发行方进行前期尽职调查，且在签署联运协议时缺乏法律意识，没有通过联运协议对发行方的行为作出必要的限制，将自己的公司和产品置于非常不利的境地。后该发行方因为自身资金、人力等原因迟迟无法将游戏上线发行，研发方公司无法负担等待上线过程中持续消耗的成本和费用，最终破产。

因此，游戏联运各方应高度重视联运协议的制定。通常而言，专业的律师团队会根据实务经验和最新的裁判思路等，为公司量身定制游戏联运协议，在最大程度上降低上述风险。

012 违规开展游戏联运可能引发哪些行政责任风险？应如何防范？

答 违规开展游戏联运可能引发的行政责任风险的种类较多，且研发方和运营方均可能涉及。以下将针对性地列举一些常见的风险，进而提出预防策略。

1. *无版号或套版号运营游戏*

例如，2023年9月，广西壮族自治区贵港市文化和旅游局开出两张行政处罚通知，依据《网络出版服务管理规定》第51条的规定，南宁市星际云游公司被没收违法所得2077余万元、电脑主机285台、显示器298台，并被处以罚款1亿余元；桂林云梦互娱公司则被没收违法所得442余万元、电脑主机186台、显示器222台，并被处以罚款2211余万元。[1]

在不讨论该行政处罚合理性的前提下，上述发行公司违反了游戏行业的重要规定——无版号发行运营游戏。换言之，行政机关认定两公司联运的游戏属于非法出版物。事实上，在当前游戏版号严格受限的背景下，“套版号”甚至“无版号”运营游戏的现象十分普遍，也存在部分盲目逐利的发行方为追求利益而采取这种违规操作的情况。从实务角度出发，规避“套版号”带来的行政处罚风险的关键在于以下几点。

（1）严格查版号。务必对版号进行详尽的查询和核实，尤其要注意那些非常“陈旧”的版号（特别是2018年以前的），以及那些已经经过了多次转授权的版号。

（2）仔细核对名称。确保计算机软件著作权、版号、授权文件上的游戏名称全部一致。如果名称发生任何变更，尤其是一些微小的文字增加或添附，例如，版号名称叫《ABC》，但到发行时游戏却叫《ABC：D》，这就可能存在套版号的情况。

（3）防范禁忌词汇。当看到“后缀名”“分发包体”“福利版”“高爆率变态版”等字眼时，要高度警惕，这可能意味着该游戏存在套版号的问题。

2.违法的发行与运营行为

例如，2023年4月，福建省厦门市文化市场综合执法支队查处了厦门珊瑚互动公司。该公司在其主推的“玩家国度”游戏运营平台上，作为发行方联运了《魔力宝贝觉醒》《九州谕》《仙境传说之复兴》等手机游戏，但未能落实实名认证系统和未成年人防沉迷系统。因此，依照《未成年人保护法》第127条的规定，福建省厦门市文化市场综合执法支队对其发出警告，并处以10万元的罚款。[2]

目前，发行方在发行、运营过程中违反规定，从而受到处罚的情况很普遍。如前述案例中未落实防沉迷系统和实名认证系统，或在广告中进行虚假宣传，或在直播引流过程中涉嫌违规等。违法的发行行为一般只会导致

---

〔1〕 参见广西壮族自治区贵港市文化广电体育和旅游总局对南宁星际云游公司、桂林云梦互娱公司行政处罚案，贵文综罚字〔2023〕38－2号；贵文综罚字〔2023〕38－1号。

〔2〕 参见福建省厦门市文化市场综合执法支队行政处罚书，（厦）文综罚字〔2023〕D3－007号。

发行方受到处罚，但是，如果涉及广告虚假宣传或欺诈玩家，背后的游戏研发方也可能受到牵连。

解决方案主要从两个方面入手。首先，需要针对现有的游戏发行法律法规，采取专门的合规措施。例如，接入实名认证系统和防沉迷系统，限制未成年人的游戏时间和充值金额，确保不触碰法律法规的“红线”。其次，需要加强公司内部的法律合规建设。一是加强业务审核流程和措施等，如对于广告、投放素材、宣传内容等进行多次、多层级审核确认，防止出现违反广告法的情况。二是加强员工自身法治素养，如通过开展合规培训等，既要强化风险识别机制，提前警示员工业务可能出现的各种风险并做好整改措施；也要强化员工的法律意识，预防员工为业绩而擅自采用非法手段等。通过前述措施，实现公司与员工个人违规行为的“切割”，防止法律风险牵连公司。

法律依据

《网络出版服务管理规定》

第五十一条 未经批准，擅自从事网络出版服务，或者擅自上网出版网络游戏（含境外著作权人授权的网络游戏），根据《出版管理条例》第六十一条、《互联网信息服务管理办法》第十九条的规定，由出版行政主管部门、工商行政管理部门依照法定职权予以取缔，并由所在地省级电信主管部门依据有关部门的通知，按照《互联网信息服务管理办法》第十九条的规定给予责令关闭网站等处罚；已经触犯刑法的，依法追究刑事责任；尚不够刑事处罚的，删除全部相关网络出版物，没收违法所得和从事违法出版活动的主要设备、专用工具，违法经营额1万元以上的，并处违法经营额5倍以上10倍以下的罚款；违法经营额不足1万元的，可以处5万元以下的罚款；侵犯他人合法权益的，依法承担民事责任。

《未成年人保护法》

第十七条 未成年人的父母或者其他监护人不得实施下列行为：

（一）虐待、遗弃、非法送养未成年人或者对未成年人实施家庭暴力；

（二）放任、教唆或者利用未成年人实施违法犯罪行为；

（三）放任、唆使未成年人参与邪教、迷信活动或者接受恐怖主义、分裂主义、极端主义等侵害；

（四）放任、唆使未成年人吸烟（含电子烟，下同）、饮酒、赌博、流浪乞讨或者欺凌他人；

（五）放任或者迫使应当接受义务教育的未成年人失学、辍学；

（六）放任未成年人沉迷网络，接触危害或者可能影响其身心健康的图书、报刊、电影、广播电视节目、音像制品、电子出版物和网络信息等；

（七）放任未成年人进入营业性娱乐场所、酒吧、互联网上网服务营业场所等不适宜未成年人活动的场所；

（八）允许或者迫使未成年人从事国家规定以外的劳动；

（九）允许、迫使未成年人结婚或者为未成年人订立婚约；

（十）违法处分、侵吞未成年人的财产或者利用未成年人牟取不正当利益；

（十一）其他侵犯未成年人身心健康、财产权益或者不依法履行未成年人保护义务的行为。

律师建议

联运协议中应明确合规要求，研发方应对发行方的运营活动进行适当监督，防范因违规宣传或运营带来的法律风险。双方应建立内部合规审核机制，定期检查广告、运营模式及税务的合规性，确保在版号、实名认证、防沉迷系统等方面符合法律规定。同时，须加强员工的法律合规培训，以提升风险识别能力，预防因员工违规操作引发的责任风险，从而有效规避行政处罚。

013 违规开展游戏联运可能引发哪些刑事责任风险？应如何防范？

答 实务中，游戏联运引发刑事责任风险频率较低，其中有刑法谦抑性的原因，也有司法机关对该领域犯罪认识不足的原因。因此，刑事风险一旦发生,对于各方的打击都是毁灭性的。以下将具体讨论违规开展游戏联运可能引发的刑事责任风险及其防范应对措施。

1. 刑事责任风险的种类

(1)侵犯知识产权类犯罪。对于违规的游戏联运,其联运的游戏本身可能是一个"换皮"、套版号甚至无版号的盗版游戏。此类盗版游戏往往非法获取、编译、篡改原作游戏的程序代码或各种资源文件,这显然是侵犯著作权的行为,情节严重的,则涉嫌侵犯著作权罪。此外,盗版游戏为了给自己"正名"或谋取流量,通常会采取"傍名牌"的取名方式,这属于侵犯他人商标权的行为,情节严重的,涉嫌假冒注册商标罪。[1]

例如,2018年12月~2020年12月,被告人谢某某开发了"fly3d"游戏引擎及"龙途盒子"程序,在未经著作权人许可的情况下,通过互联网下载《热血传奇》游戏相关素材,搭建并运营《追忆传奇》游戏私服,并通过用户充值获利,侵犯《热血传奇》游戏著作权。之后,被告人刘某某等人也搭建并运营侵权游戏私服平台,且与谢某某约定对游戏用户充值钱款进行分成。最终,谢某某、刘某某等人被抓获,并于2021年4月23日被上海市人民检察院第三分院以侵犯著作权罪[2]提起公诉。[3]

(2)破坏经济管理秩序类犯罪。多数不合法的游戏,如盗版游戏、私服游戏,都是不具备合法有效版号的游戏,即"非法出版物",可能涉嫌非法经营罪(也有观点认为构成侵犯著作权罪)。运营和分发这类游戏的发行方,其行为事实上属于"非法出版"。如果这类游戏的获利达到一定数额,则涉嫌"非法经营罪"。例如,问题12中已有提及的广西壮族自治区贵港市文化和旅游局开出的两张行政处罚通知,即是基于"经营非法出版物"的理由作出的,虽然当时没有追究相关公司主管人员的刑事责任,但确实存在相应的刑事风险。

此外,实践中也会出现一些存在争议的案件,如崔某某、肖某某非法经营罪案[4]。2018年3月起,被告人崔某某、肖某某结伙为牟取非法利益,从他人处购入针对《劲舞团》的游戏外挂"劲舞飞飞",并通过QQ群向玩家销

---

[1] 相关规定见《刑法》第213条。
[2] 相关规定见《刑法》第217条。
[3] 参见上海市第三中级人民法院刑事判决书,(2021)沪03刑初59号。
[4] 参见上海市徐汇区人民法院刑事判决书,(2021)沪0104刑初82号。

售。2019 年 3 月起，崔某某、肖某某在明知无授权或许可的情况下，由崔某某负责开发设计游戏外挂“劲舞飞飞”，由肖某某负责对外销售。经审计，2018 年 3 月 ~2020 年 8 月，崔某某、肖某某销售游戏外挂“劲舞飞飞”的收入共计 127,817 元。法院认为，被告人崔某某、肖某某结伙违反国家规定，通过互联网发行非法出版物，扰乱网络市场的正常秩序，情节严重，其行为均已构成非法经营罪。

除非法经营罪外，有的游戏会通过一些伪装手段将自己包装成一款“人畜无害”的小游戏，以掩盖其非法目的，例如，2017 年的《魔幻农庄》案[1]。《魔幻农庄》是一款偷菜、种菜类小游戏。其游戏规则是玩家第一次进入游戏前，需先缴纳 30 元系统管理费，并同时向账户内充值 300 元，作为买种子的资金。随后，玩家需要每天登录账号培育种子，等到结出玫瑰后，就可以以 1 元/枝的价格售出。《魔幻农庄》规定，玩家直推一个用户奖励 16 个种子，满 100 个种子可以换 90 朵玫瑰花；直推 10 个用户会奖励 1 个花仙子，以此类推，最多奖励 4 个，一个花仙子可以增加拆分率 0.1%；系统奖励达到 4 个花仙子后，自动合成一个花天使，增加拆分率 0.5%，最多拥有 4 个花天使。法院认定案涉被告人构成组织、领导传销活动罪。[2]

(3)破坏金融管理秩序类犯罪。2021 年，游戏金融化(GameFi)的概念首次被提出，游戏迅速与加密虚拟货币结合，催生了一系列所谓“边玩游戏边挖矿”的创新玩法的小游戏。这种模式极具吸引力，但风险极大。

在这种游戏模式中，发行方往往会描绘一个诱人的前景：玩家投入的成本(包括时间、精力和金钱)越大，就能获得越多的“成果”(如加密虚拟货币等)。然而，这种承诺一方面可能诱导玩家前期投入资金，另一方面鉴于加密虚拟货币的高度波动性和不稳定性，能否兑现存在巨大疑问。对于前者，联运这种游戏很可能涉嫌非法吸收公众存款罪或集资诈骗罪；而对于后者，通常涉及联运各方在“集资”之后选择“跑路”的情形。此外，这种运营模式大多采用虚拟加密货币，这也为洗钱犯罪提供了绝佳的温床。因此，参与游戏金融化模式的游戏联运，需要慎之又慎，避免触碰法律红线。

(4)破坏社会管理秩序类犯罪。在游戏联运领域，最常见的此类刑事犯

---

〔1〕 参见重庆市江津区人民法院刑事判决书，(2018)渝 0116 刑初 689 号。

〔2〕 相关规定见《刑法》第 224 条之一。

罪为开设赌场等和赌博相关的犯罪。

一种是以赌博为基本内容的游戏。我们在浏览网页时，经常看到一些弹窗广告，推荐诸如“捕鱼”“炸金花”等游戏，并承诺高额的回报。实际上，这类游戏多半涉及开设在线赌场和赌博的内容。例如，通过设定赌博玩法，诱导玩家充值兑换道具，玩家可以以道具为筹码进行赌博；最后玩家还能将道具兑换回人民币。这类涉及游戏道具“回收”“兑换”等操作模式的“斗地主”“炸金花”“麻将”等都是涉赌游戏，均涉嫌开设赌场罪[1]。

另一种是不以赌博为基本内容，但是玩家之间利用游戏的玩法进行赌博的游戏。这类游戏需要高度重视业务的合规性，因为玩家的个人行为很有可能会牵连公司。例如，曾有一段时间，各大直播平台的主播都在直播间通过“抽奖”并私下返现的方式吸引观众打赏，后有些主播被司法机关定性为开设赌场罪。平台在其中提供的是正常的直播条件和服务，但主播利用该条件实施了开设赌场的行为，导致平台受到牵连。面对这种情况，研发方和发行方可以采取两种措施加以预防。其一，通过开展合规培训等强化企业自身合规建设，强调企业并无与个人共同实施犯罪的故意，进而与个人的犯罪行为进行“切割”。其二，强化风险预警机制，畅通举报、巡查等发现风险的渠道，将各种风险扼杀在“摇篮”里。

(5)侵犯公民人身权利、民主权利类犯罪。过度收集玩家的个人信息，会增加刑事犯罪的风险。在游戏运营过程中，研发方、发行方多半会获取用户的诸多个人信息，而一旦对收集的个人信息保护不当，或有员工利用收集的个人信息贩售牟利，情节严重，就涉嫌侵犯公民个人信息罪[2]。

2. 刑事责任风险的应对和预防策略

针对上述刑事责任风险，本书提出如下对策建议。

(1)仔细甄别联运游戏产品。仔细审查游戏的版号、授权链和游戏内容。若游戏无法出具完整的授权链证明，或是版号存疑(如版号名称和游戏实际名称无法对应、版号过于陈旧)，抑或是游戏内容存在违规情况(如存在“道具回收换钱”等玩法)，需要提高警惕，尽量避免参与此类游戏的联运事宜。

---

〔1〕 相关规定见《刑法》第303条。

〔2〕 相关规定见《刑法》第253条之一。

(2)对联运合作方进行尽职调查。针对研发方,应当注重调查合作方以下几个方面的情况:过往游戏开发产品的情况;是否有因为侵犯知识产权等行为受过处罚;从业人员规模;知识产权证明、授权证明等是否齐备等。针对发行方,应当注重调查合作方以下几个方面的情况:过往接入的游戏产品的运营情况;拥有哪些分发渠道或平台,是否正规;过去是否有因为游戏运营、发行而被处罚的记录;接入的支付结算系统是否正规;从业人员规模如何;是否具备相应许可证和资质等。必要时,各方可以委托专业的律师代为开展尽职调查。

(3)避免高风险模式的合作。联运相关合作方应当重点关注一些可能踩红线、容易引发风险的合作领域,如前文提到的游戏金融化玩法,以及一些盗版、非法游戏频发的"地带",如"传奇"游戏领域、"高爆率换钱版"游戏领域等。并不是说绝不能参与这类游戏的联运,但是在研发方或发行方自身无法确定一种合作路径合规与否的情况下,本书不建议游戏公司仓促冒险尝试。毕竟,大量涉及网络游戏的刑事案件,最初也只是源于嫌疑人的"侥幸"心理。

法律依据

《刑法》

第二百一十三条 【假冒注册商标罪】未经注册商标所有人许可,在同一种商品、服务上使用与其注册商标相同的商标,情节严重的,处三年以下有期徒刑,并处或者单处罚金;情节特别严重的,处三年以上十年以下有期徒刑,并处罚金。

第二百一十七条 【侵犯著作权罪】以营利为目的,有下列侵犯著作权或者与著作权有关的权利的情形之一,违法所得数额较大或者有其他严重情节的,处三年以下有期徒刑,并处或者单处罚金;违法所得数额巨大或者有其他特别严重情节的,处三年以上十年以下有期徒刑,并处罚金:

(一)未经著作权人许可,复制发行、通过信息网络向公众传播其文字作品、音乐、美术、视听作品、计算机软件及法律、行政法规规定的其他作品的;

(二)出版他人享有专有出版权的图书的;

（三）未经录音录像制作者许可，复制发行、通过信息网络向公众传播其制作的录音录像的；

（四）未经表演者许可，复制发行录有其表演的录音录像制品，或者通过信息网络向公众传播其表演的；

（五）制作、出售假冒他人署名的美术作品的；

（六）未经著作权人或者与著作权有关的权利人许可，故意避开或者破坏权利人为其作品、录音录像制品等采取的保护著作权或者与著作权有关的权利的技术措施的。

第二百二十四条之一　【组织、领导传销活动罪】组织、领导以推销商品、提供服务等经营活动为名，要求参加者以缴纳费用或者购买商品、服务等方式获得加入资格，并按照一定顺序组成层级，直接或者间接以发展人员的数量作为计酬或者返利依据，引诱、胁迫参加者继续发展他人参加，骗取财物，扰乱经济社会秩序的传销活动的，处五年以下有期徒刑或者拘役，并处罚金；情节严重的，处五年以上有期徒刑，并处罚金。

第二百五十三条之一　【侵犯公民个人信息罪】违反国家有关规定，向他人出售或者提供公民个人信息，情节严重的，处三年以下有期徒刑或者拘役，并处或者单处罚金；情节特别严重的，处三年以上七年以下有期徒刑，并处罚金。

违反国家有关规定，将在履行职责或者提供服务过程中获得的公民个人信息，出售或者提供给他人的，依照前款的规定从重处罚。

窃取或者以其他方法非法获取公民个人信息的，依照第一款的规定处罚。

单位犯前三款罪的，对单位判处罚金，并对其直接负责的主管人员和其他直接责任人员，依照各该款的规定处罚。

第三百零三条　【赌博罪】以营利为目的，聚众赌博或者以赌博为业的，处三年以下有期徒刑、拘役或者管制，并处罚金。

【开设赌场罪】开设赌场的，处五年以下有期徒刑、拘役或者管制，并处罚金；情节严重的，处五年以上十年以下有期徒刑，并处罚金。

【组织参与国（境）外赌博罪】组织中华人民共和国公民参与国（境）外赌博，数额巨大或者有其他严重情节的，依照前款的规定处罚。

律师建议

合规才能打造“百年老店”。办企业就是为了营利，无论是研发方，还是发行方，都是如此。游戏联运，作为一种对研发方和发行方都有利的游戏发行方式，在带来更大利益的同时，也伴随着不确定的风险。所以，联运各方应当重视其中的风险，加强自身的合规建设。做好事前合规建设，将风险降到最低，有序、健康地开展业务。

014 游戏中用户协议的格式合同属性为何？其要旨有哪些？

答 格式合同，又称标准合同、定式合同、附从合同，是指由一方当事人为重复使用而预先拟定的合同。其合同条款在订立时大多未与相对人进行协商，而是由通常在经济上或法律上处于优势一方的当事人预先拟定，合同中的条款多为格式条款。

在现代电子游戏领域，玩家在进入游戏之前，通常会被要求阅读并同意一份游戏用户协议，这份用户协议就是典型的格式合同。格式合同的适用虽然方便，但因为其在制定时，合同双方本身就处于一种不对等的状态，所以日后往往容易就该合同产生纠纷。基于此，无论是游戏开发商还是玩家，都应当具备一定的法律意识，了解游戏用户协议制定和裁判的要旨。

首先，游戏用户协议作为格式合同，其内容必须符合国家强制性的法律规定，且不存在违反公序良俗、损害社会公共利益或他人合法权益的条款。

其次，游戏开发者作为游戏用户协议的优势一方，应当遵循公平、公正、合理的原则制定协议。不得通过单方面加重玩家责任或减轻自身义务来谋取利益，否则该类条款可能被认定为无效。

此外，由于游戏用户协议是由游戏开发者预先设定并重复使用的，所以当合同条款存在模糊或歧义时，一般需要结合合同的上下文及整体内容、目的和交易习惯等因素，对争议的格式条款进行合理的解释和适用。若存在多种解释，一般会倾向于采用对弱势一方即玩家有利的解释。

同时，游戏用户协议在制定时应当充分保障玩家的知情权和选择权。

游戏开发者应当通过合理手段来提醒玩家注意协议中的关键条款并确保玩家在签署协议前已经充分了解并接受相关条款。如果游戏开发者未履行相应的提示和说明义务,导致玩家在不知情或误解的情况下签署了协议,那么该协议可能面临被认定无效或部分无效的风险。

法律依据

《民法典》

第四百九十六条 格式条款是当事人为了重复使用而预先拟定,并在订立合同时未与对方协商的条款。

采用格式条款订立合同的,提供格式条款的一方应当遵循公平原则确定当事人之间的权利和义务,并采取合理的方式提示对方注意免除或者减轻其责任等与对方有重大利害关系的条款,按照对方的要求,对该条款予以说明。提供格式条款的一方未履行提示或者说明义务,致使对方没有注意或者理解与其有重大利害关系的条款的,对方可以主张该条款不成为合同的内容。

第四百九十七条 有下列情形之一的,该格式条款无效:

(一)具有本法第一编第六章第三节和本法第五百零六条规定的无效情形;

(二)提供格式条款一方不合理地免除或者减轻其责任、加重对方责任、限制对方主要权利;

(三)提供格式条款一方排除对方主要权利。

第四百九十八条 对格式条款的理解发生争议的,应当按照通常理解予以解释。对格式条款有两种以上解释的,应当作出不利于提供格式条款一方的解释。格式条款和非格式条款不一致的,应当采用非格式条款。

律师建议

(1)游戏开发者需要保证游戏用户协议的合法性和公平性,在协议易于理解、充分可读的前提下,履行对重要条款的提示义务。

(2)玩家需要认真阅读游戏用户协议，仔细审查提示条款、游戏数据所有权、隐私权以及争议解决方式等内容，在完全了解协议后谨慎作出决定，以维护自身合法权益，避免争议发生。

015 网络游戏运营商如何规避网络虚假实名制带来的法律风险？

答 网络实名制，是指用户在使用网络服务时，以用户实名为基础进行管理的一种互联网管理方式。目前，网络实名制可以成为保护、引导互联网用户的重要手段和制度。它能使网络水军、网络诈骗等通过匿名方式进行违法犯罪活动的用户被准确定位，保护青少年和其他网络用户免受网络不良因素的影响，并为网络侵权行为留下痕迹。实名制的主要作用包括：(1)有利于行业主管部门进行监督，打击犯罪；(2)极大降低网络欺诈、人身侵权等问题的发生概率；(3)能够加快个人和企业法人的身份确认，缩短沟通时间；(4)有利于建立和谐的社会管理生态环境。

网络游戏运营商作为提供网络游戏服务的主体之一，需要严格落实国家法律法规及相关部门规章等有关网络实名的相关规定，如《防止未成年人沉迷网络游戏的通知》第 1 条、《进一步严防未成年人沉迷网络游戏的通知》第 2 条、《互联网用户公众账号信息服务管理规定》第 8 条第 1 款、《互联网用户账号信息管理规定》第 9 条、《互联网用户账号名称管理规定》第 5 条第 1 款、《互联网论坛社区服务管理规定》第 8 条第 1 款等规定，这些规定的出台意味着匿名网络游戏成为过去式，实名制网络游戏将成为趋势。这不仅是保护青少年合法权益、防止其沉迷网络世界的现实需要，也是减少或防止他人利用网络游戏进行违法犯罪行为的重要手段。

虽然目前我国已构建起网络实名制度的框架体系并全面实施，匿名上网的现象已经大幅度减少，但要规避实名制带来的法律风险，最终还是需要在提供网络游戏服务时严格遵守相关规定。

法律依据

《防止未成年人沉迷网络游戏的通知》

一、实行网络游戏用户账号实名注册制度。所有网络游戏用户均须使用有效身份信息方可进行游戏账号注册。自本通知施行之日起，网络游戏企业应建立并实施用户实名注册系统，不得以任何形式为未实名注册的新增用户提供游戏服务。自本通知施行之日起2个月内，网络游戏企业须要求已有用户全部完成实名注册，对未完成实名注册的用户停止提供游戏服务。对用户提供的实名注册信息，网络游戏企业必须严格按照有关法律法规妥善保存、保护，不得用作其他用途。

网络游戏企业可以对其游戏服务设置不超过1小时的游客体验模式。在游客体验模式下，用户无须实名注册，不能充值和付费消费。对使用同一硬件设备的用户，网络游戏企业在15天内不得重复提供游客体验模式。

《进一步严防未成年人沉迷网络游戏的通知》

二、严格落实网络游戏用户账号实名注册和登录要求。所有网络游戏必须接入国家新闻出版署网络游戏防沉迷实名验证系统，所有网络游戏用户必须使用真实有效身份信息进行游戏账号注册并登录网络游戏，网络游戏企业不得以任何形式（含游客体验模式）向未实名注册和登录的用户提供游戏服务。

《互联网用户公众账号信息服务管理规定》

第八条 公众账号信息服务平台应当采取复合验证等措施，对申请注册公众账号的互联网用户进行基于移动电话号码、居民身份证号码或者统一社会信用代码等方式的真实身份信息认证，提高认证准确率。用户不提供真实身份信息的，或者冒用组织机构、他人真实身份信息进行虚假注册的，不得为其提供相关服务。

公众账号信息服务平台应当对互联网用户注册的公众账号名称、头像和简介等进行合法合规性核验，发现账号名称、头像和简介与注册主体真实身份信息不相符的，特别是擅自使用或者关联党政机关、企事业单位等组织机构或者社会知名人士名义的，应当暂停提供服务并通知用户限期改正，拒不改正的，应当终止提供服务；发现相关注册信息含有违法和不良信息的，应当依法及时处置。

公众账号信息服务平台应当禁止被依法依约关闭的公众账号以相同账号名称重新注册；对注册与其关联度高的账号名称，还应当对账号主体真实身份信息、服务资质等进行必要核验。

《互联网用户账号信息管理规定》

第九条　互联网信息服务提供者为互联网用户提供信息发布、即时通讯等服务的，应当对申请注册相关账号信息的用户进行基于移动电话号码、身份证件号码或者统一社会信用代码等方式的真实身份信息认证。用户不提供真实身份信息，或者冒用组织机构、他人身份信息进行虚假注册的，不得为其提供相关服务。

《互联网用户账号名称管理规定》

第五条　互联网信息服务提供者应当按照“后台实名、前台自愿”的原则，要求互联网信息服务使用者通过真实身份信息认证后注册账号。

互联网信息服务使用者注册账号时，应当与互联网信息服务提供者签订协议，承诺遵守法律法规、社会主义制度、国家利益、公民合法权益、公共秩序、社会道德风尚和信息真实性等七条底线。

《互联网论坛社区服务管理规定》

第八条　互联网论坛社区服务提供者应当按照“后台实名、前台自愿”的原则，要求用户通过真实身份信息认证后注册账号，并对版块发起者和管理者实施真实身份信息备案、定期核验等。用户不提供真实身份信息的，互联网论坛社区服务提供者不得为其提供信息发布服务。

互联网论坛社区服务提供者应当加强对注册用户虚拟身份信息、版块名称简介等的审核管理，不得出现法律法规和国家有关规定禁止的内容。

互联网论坛社区服务提供者应当保护用户身份信息，不得泄露、篡改、毁损，不得非法出售或者非法向他人提供。

律师建议

虚假实名在我国是一个已经存在了长达十多年的问题，虽然法律法规对之进行了相应的规范，但游戏运营商等企业也需要根据法律法规建立完善合理的实名制度,以保证实名制的落实。

016 网络游戏公司对于游戏玩家的数据是否有保护义务?

答 网络游戏公司有义务保护游戏玩家的数据。游戏玩家按照网络游戏公司提供的登录平台登录游戏,需要输入相关个人信息,因此网络游戏公司掌握着庞大的个人信息数据。对于该数据,网络游戏公司是否负有相关保护义务,以及应如何去保护,成为游戏开发者必须重视的问题。

第一,游戏公司作为个人信息处理者,应当遵守相关法律法规规定的关于个人信息保护的义务,包括《个人信息保护法》《网络安全法》《数据安全法》等。如果违反上述规定,轻则可能需要对造成的损失进行赔偿,重则可能构成犯罪。例如,有游戏运营商购买游戏公司用户资料用来做新游戏推广,此种行为实际上即已经构成侵权,情节严重的更涉嫌侵犯公民个人信息罪[1]。依据《最高院、最高检关于办理侵犯公民个人信息刑事案件的解释》第 5 条之规定,公民个人信息数量系侵犯公民个人信息罪的入罪标准之一。按信息的敏感度和对公民的重要程度,该司法解释第 5 条第 1 款第 3 ~ 5 项将公民个人信息划分为三档,并为上述三档信息分别设置了 50 条、500 条及 5000 条的数量标准。因此,游戏开发者需要制定严格的数据保护政策,并可以在游戏平台的用户协议或官方网站显著位置进行公示。该政策应详细阐述对于玩家数据的收集、使用、存储、共享和删除等方面的规定,确保玩家对自己数据的流向和使用情况有充分的了解。

第二,游戏开发者需要时刻遵循相关法律法规,特别是关于数据保护、隐私权、网络安全等方面的规定。《数据安全法》对数据保护提出了严格的要求,游戏开发者须确保自身业务符合这些要求。

第三,游戏开发者应采取必要的技术和管理措施,如运用加密技术保护数据传输和存储,定期开展安全审计和漏洞检测,以及建立严格的访问控制机制等,以此确保玩家数据的安全。

---

〔1〕 相关规定见《刑法》第 253 条之一。

第四，游戏开发者在收集玩家数据时，应遵循必要性原则，避免过度收集与游戏服务无关的个人信息。在使用玩家数据时，应确保数据使用目的明确、合法，并遵循事先告知、征得同意的原则。

第五，游戏开发者还可以选择与具备专业数据保护能力的第三方合作并建立信任关系。将游戏数据的安全保障工作交付给专业机构，既能减少游戏开发的成本，又能确保数据合规。但与此同时，开发者还应当与该第三方机构签订保密协议，确保玩家数据不会被盗取、滥用，明确数据的合理使用范围。

第六，游戏开发者本身应充分尊重和保护玩家的权益，包括隐私权、知情权、选择权等。开发者可以通过提供便捷的渠道供玩家查询和更正自己的个人信息，并在收集和使用数据时充分告知玩家相关风险和后果。此外，开发者还应建立投诉处理机制，及时处理玩家的投诉和纠纷。

法律依据

《刑法》

第二百五十三条之一 【侵犯公民个人信息罪】违反国家有关规定，向他人出售或者提供公民个人信息，情节严重的，处三年以下有期徒刑或者拘役，并处或者单处罚金；情节特别严重的，处三年以上七年以下有期徒刑，并处罚金。

违反国家有关规定，将在履行职责或者提供服务过程中获得的公民个人信息，出售或者提供给他人的，依照前款的规定从重处罚。

窃取或者以其他方法非法获取公民个人信息的，依照第一款的规定处罚。

单位犯前三款罪的，对单位判处罚金，并对其直接负责的主管人员和其他直接责任人员，依照各该款的规定处罚。

《最高院、最高检关于办理侵犯公民个人信息刑事案件的解释》

第五条 非法获取、出售或者提供公民个人信息，具有下列情形之一的，应当认定为刑法第二百五十三条之一规定的“情节严重”：

（一）出售或者提供行踪轨迹信息，被他人用于犯罪的；

（二）知道或者应当知道他人利用公民个人信息实施犯罪，向其出售或者提供的；

（三）非法获取、出售或者提供行踪轨迹信息、通信内容、征信信息、财产信息五十条以上的；

（四）非法获取、出售或者提供住宿信息、通信记录、健康生理信息、交易信息等其他可能影响人身、财产安全的公民个人信息五百条以上的；

（五）非法获取、出售或者提供第三项、第四项规定以外的公民个人信息五千条以上的；

（六）数量未达到第三项至第五项规定标准，但是按相应比例合计达到有关数量标准的；

（七）违法所得五千元以上的；

（八）将在履行职责或者提供服务过程中获得的公民个人信息出售或者提供给他人，数量或者数额达到第三项至第七项规定标准一半以上的；

（九）曾因侵犯公民个人信息受过刑事处罚或者二年内受过行政处罚，又非法获取、出售或者提供公民个人信息的；

（十）其他情节严重的情形。

实施前款规定的行为，具有下列情形之一的，应当认定为刑法第二百五十三条之一第一款规定的“情节特别严重”：

（一）造成被害人死亡、重伤、精神失常或者被绑架等严重后果的；

（二）造成重大经济损失或者恶劣社会影响的；

（三）数量或者数额达到前款第三项至第八项规定标准十倍以上的；

（四）其他情节特别严重的情形。

律师建议

游戏开发者可以通过制定严格的数据保护政策、遵循相关法律法规、强化数据安全管理、合理收集和使用玩家数据、与第三方开展合作以及加强玩家权益保护等举措，最大限度地保障玩家的数据安全和权益。

017 游戏运营商等企业如何防范个人信息处理不当带来的处罚风险？

答 信息在社会发展中的运用越来越频繁，游戏运营商等企业在个人信息的收集、储存、使用、加工、传输、提供、公开、删除等方面的参与程度也越来越高，其中所涉及的法律风险也越来越多。随着我国《个人信息保护法》等相关法律法规的出台，这种风险愈加明显，如何从源头上进行科学防范，规避个人信息处理活动带来的法律风险，是游戏运营商需要着重考虑的一个问题。

游戏运营商等企业在游戏玩家个人信息处理方面是否合规，是近年来网信办监管的重点。不少游戏企业因隐私合规等问题不合格，如第三方软件开发工具包（SDK）披露不到位、未经授权先收集信息及频繁索权等，被责令整改，甚至被下架产品、终止提供服务。因此，无论从合规要求，还是发行运营的切实需要来讲，都应注意个人信息处理合规。游戏运营商面临的难点之一是一家公司一般拥有多款游戏，不同游戏处理的个人信息不同，导致合规处理和维护的成本比较高。各大厂商也不断在寻找办法解决，如分产品单独公布隐私政策、在标准隐私政策中披露特殊适用的产品或渠道等。

网络游戏企业应当遵守《个人信息保护法》中对个人信息处理者规定的义务，如《个人信息保护法》第 51 条要求个人信息处理者应当制定相应的内部管理制度、操作规程、安全技术措施、应急预案等，以规范个人信息处理的流程，降低侵权风险。对于向境外提供个人信息，或者其他敏感的、对个人权益有重大影响的个人信息处理问题，《个人信息保护法》第 55 条规定，个人信息处理者应当进行个人信息保护的影响评估，并且切实提供有效措施，防范信息泄露、篡改、丢失造成的危害等。否则，游戏运营商可能会面临巨大的法律风险。

（1）民事侵权。《个人信息保护法》第 69 条第 1 款规定，处理个人信息侵害个人信息权益造成损害，个人信息处理者不能证明自己没有过错的，应当承担损害赔偿等侵权责任。

（2）行政处罚。《个人信息保护法》第 66 条规定，违反本法规定处理个人信息，或者处理个人信息未履行本法规定的个人信息保护义务的，由履行个人信息保护职责的部门责令改正，给予警告，没收违法所得，对违法处理个人信息的应用程序，责令暂停或者终止提供服务；拒不改正的，并处罚款；对直接负责的主管人员和其他直接责任人员处罚款。情节严重的，由省级以上履行个人信息保护职责的部门责令改正，没收违法所得，并处罚款，还可以责令暂停相关业务或者停业整顿、通报有关主管部门吊销相关业务许可或者吊销营业执照；对直接负责的主管人员和其他直接责任人员处罚款，并可以决定禁止其在一定期限内担任相关企业的董事、监事、高级管理人员和个人信息保护负责人。《个人信息保护法》以“情节严重”为标准，将罚款划分为“100 万元以下”（第一档），以及“5000 万元以下或上一年度营业额 5% 以下”（第二档）两档。这种处罚力度相当大，如果涉及情节严重，游戏运营商还可能面临上一年度营业额 5% 以下的处罚。因此，还需要谨慎对待相关的法律风险，后期的处罚成本可能远远大于前期在个人信息保护相关规范流程和人员配套方面的投入，游戏运营商等企业应当在个人信息处理方面建立规范化处理流程并投入资金，切莫因小失大，造成更大的损失。

（3）刑事处罚。《刑法》第 253 条之一规定了侵犯公民个人信息罪，即违反国家有关规定，向他人出售或者提供公民个人信息，情节严重的，构成侵犯公民信息罪。

法律依据

《个人信息保护法》

第六十六条 违反本法规定处理个人信息，或者处理个人信息未履行本法规定的个人信息保护义务的，由履行个人信息保护职责的部门责令改正，给予警告，没收违法所得，对违法处理个人信息的应用程序，责令暂停或者终止提供服务；拒不改正的，并处一百万元以下罚款；对直接负责的主管人员和其他直接责任人员处一万元以上十万元以下罚款。

有前款规定的违法行为，情节严重的，由省级以上履行个人信息保护职责的部门责令改正，没收违法所得，并处五千万元以下或者上一年度营业额百分之五以下罚款，并可以责令暂停相关业务或者停业整顿、通报有关主管部门吊销相关业务许可或者吊销营业执照；对直接负责的主管人员和其他直接责任人员处十万元以上一百万元以下罚款，并可以决定禁止其在一定期限内担任相关企业的董事、监事、高级管理人员和个人信息保护负责人。

第六十九条 处理个人信息侵害个人信息权益造成损害，个人信息处理者不能证明自己没有过错的，应当承担损害赔偿等侵权责任。

前款规定的损害赔偿责任按照个人因此受到的损失或者个人信息处理者因此获得的利益确定；个人因此受到的损失和个人信息处理者因此获得的利益难以确定的，根据实际情况确定赔偿数额。

《刑法》

第二百五十三条之一 【侵犯公民个人信息罪】违反国家有关规定，向他人出售或者提供公民个人信息，情节严重的，处三年以下有期徒刑或者拘役，并处或者单处罚金；情节特别严重的，处三年以上七年以下有期徒刑，并处罚金。

违反国家有关规定，将在履行职责或者提供服务过程中获得的公民个人信息，出售或者提供给他人的，依照前款的规定从重处罚。

窃取或者以其他方法非法获取公民个人信息的，依照第一款的规定处罚。

单位犯前三款罪的，对单位判处罚金，并对其直接负责的主管人员和其他直接责任人员，依照各该款的规定处罚。

律师建议

为了有效防范个人信息储存和处理不当带来的处罚风险，游戏运营商应采取以下措施。

首先，建立健全内部管理制度，制定详细的个人信息处理流程，确保每个环节的责任明确，同时采取必要的技术手段来保护信息安全。定期组织法律合规培训，提高员工的合规意识与操作能力，避免因疏忽导致的法律风险。此外，在进行新的个人信息处理活动前，务必进行全面的风险评估，确保收集和处理个人信息的合法性、正当性和必要性。在收集用户个人信息时，明确告知其信息用途并获取用户的明确同意。

其次，公开透明的隐私政策至关重要，应在应用程序或网站上明确用户的权利和信息处理的细节,并根据法律法规变化及时更新该政策。建立监控机制,实时监督个人信息处理活动,并制定应急预案以应对潜在的数据泄露或安全事件。

最后,建议企业聘请专业法律顾问进行合规审查,并与行业协会和监管机构保持沟通,及时获取法律法规的动态信息。通过以上措施,企业不仅能有效降低法律风险,还能提升用户的信任度和品牌形象。

第三章　网络游戏侵权

018　在研发及运营游戏类产品时，应如何保护游戏产品的著作权？

答 从网络游戏研发过程看，网络游戏是多种创作要素的复合，涉及运行所需要的计算机程序，即可被计算机执行的代码化指令序列[1]，以及游戏资源库里面的各种游戏元素，包括文字、图形、音频、视频、地图、人物造型、非玩家角色造型等。所以，在研发时，前述计算机程序、各项游戏元素具有独创性，构成《著作权法》相应的作品，能获得著作权法的保护。实践中，对于游戏类著作权的保护，可分为确权和维权两个方面。

（1）确权。首先，在游戏研发时，对于游戏产品本身，就游戏软件应进行软件著作权登记申请，取得计算机软件著作权登记证书；就游戏中的音乐、地图、人物造型等各元素，可进行作品著作权登记。实践中，可结合成本考虑，就前述游戏软件、游戏元素进行全部或部分登记申请，对于不进行作品登记的游戏元素应做好设计原稿的保存。要注意，著作权登记证书属于合法证明文件，是证明作品著作权归属的初步证据，也是最直接、最直观的证明方式，做好前期确权能大大减少权利人在后期维权中的举证负担。其次，要做好游戏产品保密工作，包括做好游戏软件源代码的保密措施，做好与能接触到软件源代码的核心人员（包括但不限于研发人员）的保密协议、竞业限制协议的签订工作。

（2）维权。在游戏上线运营后，应做好游戏监控，并对同质化游戏的上线及运营情况进行监控。若发现涉嫌侵权的游戏产品，应立即进行公证等证据保全工作；若选择诉讼维权，应根据被诉侵权游戏的具体侵权情形，选

〔1〕 具体规定见《计算机软件保护条例》第3条。

择被诉主体、确定案由、明确被侵权权利,从而进行维权。

法律依据

《著作权法》

第三条 本法所称的作品,是指文学、艺术和科学领域内具有独创性并能以一定形式表现的智力成果,包括:

(一)文字作品;

(二)口述作品;

(三)音乐、戏剧、曲艺、舞蹈、杂技艺术作品;

(四)美术、建筑作品;

(五)摄影作品;

(六)视听作品;

(七)工程设计图、产品设计图、地图、示意图等图形作品和模型作品;

(八)计算机软件;

(九)符合作品特征的其他智力成果。

《最高院关于审理著作权民事纠纷案件的解释》

第七条 当事人提供的涉及著作权的底稿、原件、合法出版物、著作权登记证书、认证机构出具的证明、取得权利的合同等,可以作为证据。

在作品或者制品上署名的自然人、法人或者非法人组织视为著作权、与著作权有关权益的权利人,但有相反证明的除外。

律师建议

网络游戏的研发需要投入大量的人力、物力和财力,因此,做到对网络游戏著作权的有效保护至关重要。网络游戏是一个计算机软件,但又包含很多独立的游戏元素,对于游戏应采取独立保护还是整体保护,实践中争议不断。《著作权法》在 2020 年修订后,游戏被作为视听作品进行保护,但这并不影响游戏软件、相应游戏元素构成的作品享有对应的著作权。

确权和维权是保护游戏产品的重要手段,作为游戏研发和运营公司,一方面，对内应做好著作权登记申请的确权工作，软件源代码等核心事项的保密工作，以及修改日志、原稿等保存工作；另一方面，对外要有效监控同质化游戏产品的情况，第一时间对侵权游戏做好证据保全工作。

019 游戏玩法、游戏规则能否获得法律保护？

答 网络游戏的动态画面是开发者将规则设计、数值设定等编写成代码，通过玩家操作指令调动游戏素材，在终端屏幕上呈现的综合视听表达。这种表达在开发者预设范围内，相当于将游戏素材"摄制"为可视动态画面，因此游戏整体可认定为视听作品。在认定游戏为视听作品的情况下，保护范围仅限于连续动态画面，不包括游戏玩法、规则等"思想"层面的元素。只有当这些元素具有情节的叙事性与可表演性时，才可酌情认定为视听作品的情节予以保护。尽管游戏玩法、游戏规则不受《著作权法》保护，但同行抄袭具有商业价值的具体规则，即使"换皮"使视听效果大相径庭，仍可能构成不正当竞争行为。

"换皮游戏"是指对原游戏的实质玩法、规则、情节设置等进行高度相似的模仿或完全照搬，仅将原游戏的美术风格、文字表达、音乐氛围替换而制作的一类游戏。[1] 关于游戏"换皮"的侵权认定，司法实践中的裁判思路也在不断演变，经历了从认定受《著作权法》保护到通过《反不正当竞争法》予以保护的过程。

例如，在最高人民法院发布的2024人民法院知识产权典型案例——乐狗公司、莉莉丝公司诉九九互动公司、海南番茄公司侵害著作权及不正当竞争纠纷案[2]中，二审法院的裁判观点如下：

第一，关于电子游戏（玩法）规则设计能否获得《著作权法》保护的问题，根据涉案游戏特征和当事人主张的证据，法院认为，乐狗公司、莉莉丝公司

---

〔1〕 参见何培育、李源信：《"换皮游戏"司法规制的困境及对策探析》，载《电子知识产权》2020年第9期。

〔2〕 参见广东省深圳市中级人民法院民事判决书，(2021)粤03民初6854号；广东省高级人民法院民事判决书，(2023)粤民终4326号。

诉请保护的游戏结构、系统体系、数值策划及对应关系，属于玩法机制设计，不构成“其他符合作品特征的智力成果”，不应受到《著作权法》保护。需要强调的是，《著作权法》是保护智力成果的重要法律制度，但不能指望其对所有智力成果“包打一切”，否则可能既使其承担与自身法律功能不匹配之重，又使其进入其他法律制度专属领地甚至干涉公有领域。如果将电子游戏作为“产品”而非“作品”看待，对电子游戏“换皮”纠纷产生原因追根溯源，实际上就是经营主体以同质玩法的游戏（产品）争夺市场份额、抢占商业利益的问题，而规制不法行为不必执着于作品权利保护模式，还有更妥当的路径选择。

第二，关于九九互动公司、海南番茄公司被诉行为是否构成不正当竞争的问题，法院认为，在本案中，《指挥官》游戏的玩法机制与在先游戏《万国觉醒》基本相同，还大量使用了另一款在先游戏《帝国时代》中的美术素材或资源，实际上就是将两款知名游戏的“皮”（美术）与“骨”（玩法）相互“嫁接”或简单“缝合”——这种游戏“换皮”甚至连美术资源都未自主创新，而是未经他人合法授权的“不问自取”，有违诚信原则。此外，基于国内游戏领域行政监管政策和市场环境，国产游戏在发行时选择“先境外后境内”并不鲜见，《万国觉醒》就是国产游戏“出海”取得商业成功后向国内“回流”的典型。《万国觉醒》游戏国服于2020年9月上线，必然进行相应宣传推广。九九互动公司正是通过对上述游戏的“换皮”加“缝合”行为，才得以在短短数月内就将《指挥官》游戏推向市场，充分利用《万国觉醒》游戏国服宣发热度，攀附《万国觉醒》游戏在相关玩家群体中的吸引力和影响力，从而分流《万国觉醒》游戏既有或潜在玩家群体，迅速抢占本不属于其应得的市场份额，对诚信经营、公平竞争的市场秩序造成严重负面影响。值得注意的是，两款游戏中文字介绍的具体表述和标点等细节存在大量相同的谬误，这种连错漏之处都照抄照搬的情形，足见九九互动公司为了快速推出游戏竞品而肆意侵权之主观恶意。这种为一己私利不惜扰乱市场竞争秩序且毫无自主创新的行为，即使以最宽松的商业伦理标准来看，也有违商业道德。若不予以禁止，巨大的商业利益势必引来其他游戏开发者纷纷效仿，玩法同质化甚至劣质化的“换皮”游戏将大行其道，而致力于内容研发创新的诚信经营者反而处于竞争成本劣势地位，甚至被迫退出市场。无序竞争下的“劣币驱逐良币”，最终也将损害游戏玩家作为消费者的利益。

综合上述，二审法院认为九九互动公司、番茄公司并非凭借自身智力劳动或资金投入赢得竞争优势，而是通过不正当竞争方式直接攫取了他人智力成果的个性化商业价值，有违诚信原则和商业道德，扰乱市场竞争秩序，损害乐狗公司、莉莉丝公司合法权益，构成不正当竞争行为。需要强调的是，游戏玩法设计的模仿和创新有其市场自身运行规律，司法应当秉持谨慎态度进行定性判断——重点不在保护垄断性权利，而在规制不正当竞争行为。游戏产品市场的良性竞争，不能停留在“依样画葫芦”式的简单模仿，而是要在游戏玩法等要素上不断推陈出新，做到“长江后浪推前浪”“青出于蓝胜于蓝”，如此才能真正推动游戏产业健康、长远发展。

法律依据

《广东省高院网游知识产权民事案件审判指引（试行）》

第十六条 【游戏元素构成作品的审查】审理涉及网络游戏的著作权纠纷案件，原告对其游戏组成元素分别主张权利的，应分别审查相关元素是否符合相应作品的构成要件。

原告主张游戏名称、背景介绍、技能说明、人物对话等游戏元素构成文字作品的，应重点审查相关元素的表达是否体现了作者个性化的取舍、选择、安排、设计，以及能否相对完整地表达一定的信息。

原告主张游戏标识、界面、地图、场景、角色形象等游戏元素构成美术作品的，应重点审查其是否具有审美意义。

原告主张游戏背景音乐、插曲、音效、动画等游戏元素构成音乐作品或者以类似摄制电影的方法创作的作品的，应依照相应作品的构成要件予以审查。

第十七条 【游戏画面构成作品的审查】本指引所称游戏画面，是指网络游戏运行时呈现在终端设备的由文字、声音、图像、动画等游戏元素构成的综合视听表达。

运行网络游戏某一时刻所形成的静态画面，符合美术作品构成要件的，应予保护。

运行网络游戏某一时段所形成的连续动态画面，符合以类似摄制电影的方法创作的作品构成要件的，应予保护。

第十八条 【游戏连续动态画面构成作品的审查】判断游戏画面是否符合以类似摄制电影的方法创作的作品构成要件，一般综合考虑以下因素：

(1)是否具有独创性；

(2)是否可借助技术设备复制；

(3)是否由有伴音或无伴音的连续动态画面构成；

(4)因人机互动而呈现在游戏画面中的视听表达是否属于游戏预设范围。

判断游戏连续动态画面是否具备独创性，主要考虑其是否由作者独立完成，以及是否体现了作者个性化的取舍、选择、安排和设计。

第二十九条 【游戏元素作为商业标识的审查】原告主张被诉行为属于反不正当竞争法第六条规定的不正当竞争行为的，应依照相关构成要件进行审查。

原告主张其网络游戏的名称属于有一定影响的商品名称的，应重点审查该游戏名称是否具有一定知名度，能否起到识别商品来源的作用。

原告主张游戏图标、界面构成有一定影响的包装、装潢的，除审查相关游戏图标、界面是否具有一定知名度外，还应审查其是否作为包装、装潢使用，以及能否起到识别商品来源的作用。

游戏角色、装备、场景等游戏元素虽不属于有一定影响的商品名称、包装、装潢，但其单独或者组合使用已具备一定知名度并起到识别商品来源作用的，如被告擅自使用与之相同或近似的标识，足以引人误认为是原告网络游戏或者与原告存在特定联系的，可认定属于反不正当竞争法第六条第四项规定的“其他混淆行为”。

原告提交其网络游戏的运营时间、运营规模、下载数量、获奖情况或者广告宣传等证据，证明相关游戏元素为一定范围的相关公众所知晓并实际起到商业标识作用的，可认定为“有一定影响”。

《反不正当竞争法》

第二十二条 经营者违反本法规定，给他人造成损害的，应当依法承担民事责任。

经营者的合法权益受到不正当竞争行为损害的，可以向人民法院提起诉讼。

因不正当竞争行为受到损害的经营者的赔偿数额，按照其因被侵权所受到的实际损失或者侵权人因侵权所获得的利益确定。经营者故意实施侵犯商业秘密行为，情节严重的，可以在按照上述方法确定数额的一倍以上五倍以下确定赔偿数额。赔偿数额还应当包括经营者为制止侵权行为所支付的合理开支。

经营者违反本法第七条、第十条规定，权利人因被侵权所受到的实际损失、侵权人因侵权所获得的利益难以确定的，由人民法院根据侵权行为的情节判决给予权利人五百万元以下的赔偿。

律师建议

随着我国游戏行业的不断发展壮大，加大对原创游戏的保护力度的呼声越来越高。相比仅通过美术作品、文字作品等对游戏元素提供“零散”的保护，行业对游戏“整体”进行保护的需求更为迫切。一般来说，游戏侵权的判定标准包括如下几点：

第一，独创性。游戏玩法是否具有独创性，即是否为开发者独立创作，而非抄袭他人作品。可以重点考量游戏玩法是否包含独特的创意、设计或者是否实现了某种新颖的组合。

第二，实质性相似。玩家体验是否大致相同，即两款游戏在玩法上存在足够程度的相似性，以至于普通玩家可能认为它们是同一款游戏，这无疑造成普通玩家对游戏的混淆，借用了其他游戏的影响力，属于一种较为典型的侵权行为。可以考量两款游戏的玩法是否在核心机制、玩家体验、游戏流程等方面具有高度一致性。

第三，非公知领域。是否为行业通用或广为人知的玩法，即游戏玩法不属于普遍已知的、标准化的或者广泛使用的元素。可以考量游戏玩法是否为行业内公认的创新，或者是否超出了一般游戏设计师的技能和知识范围。

第四，表达形式。表达形式在游戏中的具体实现，包括规则、界面设计、操作方式等。可以考量游戏玩法的具体表达是否与指控方的作品相似、是否存在直接抄袭的情况。游戏玩法规则中蕴含的功能性设置也是表达方式，如道具、皮肤、整体审美等，道具的用途和功能、具体使用场景都是将抽象的玩法规则进行具体化表达的途径。

第五,专利或著作权保护。如果游戏玩法中的某些元素受到专利或著作权的保护,那么未经授权的使用可能构成侵权,即识别游戏玩法中的特定技术方案、艺术表达等是否受到法律保护。

第六,市场影响。判断侵权游戏是否对原游戏的市场表现造成了损害,可以考量侵权游戏是否分流了原游戏的玩家群体,是否影响了原游戏的销售和利润。

第七,玩家认知。对两款游戏之间关系的看法,即玩家是否认为两款游戏在玩法上高度相似,以至于可能产生混淆。

第八,行业标准。普遍接受和遵循的一系列规则和准则,可以重点考察游戏玩法是否遵循了行业内公认的设计原则和道德标准。

但是,因游戏玩法设计的模仿和创新有其市场自身运行规律,对游戏玩法等要素的保护,司法实践中的裁判思路也不断在演变。所以,在判定游戏玩法是否侵权、能否得到保护时,需要专业法律人士的评估和判断。

020 网络游戏企业在设计和推广游戏时,应特别注意哪些法律风险?

答 网络游戏企业在设计和推广游戏时,应注意知识产权侵权风险、不正当竞争风险、隐私和数据保护风险、内容审查和合规风险、合同法律风险、消费者权益保护风险、出口管制和国际法律风险、网络安全法律风险等。

(1)知识产权侵权风险。包括著作权、商标权、专利权侵权风险,如游戏玩法中的特定表达(如角色、故事情节、美术设计等)未经授权使用;使用与他人注册商标相同或相似的标志;未经许可使用已被他人申请为专利的技术方案。

(2)不正当竞争风险。在设计游戏时,应避免模仿竞争对手的游戏界面、广告宣传等,以免造成市场混淆。在推广活动中,不得对竞争对手的产品进行不实的负面评论或比较。游戏角色、装备、场景等游戏元素虽不属于有一定影响的商品名称、包装、装潢,但其单独或者组合使用已具备一定知名度并起到识别商品来源作用的,足以引人误认,可认定属于《反不正当竞争法》第 6 条第 4 项规定的“其他混淆行为”。例如,在广州网易公司、上海网之易公司诉深圳迷你玩公司著作权侵权及不正当竞争纠纷案[1]中,法院认定深圳迷你玩公司的行为构成不正当竞争中的混淆行为。

(3)隐私和数据保护风险。隐私是指自然人的私人生活安宁和不愿为他人知晓的私密空间、私密活动、私密信息。而今非法获取、超范围收集、过度索权等侵害个人信息的现象频发,《个人信息保护法》提出敏感个人信息的分类,对其提供强化保护,对应个人信息处理者的增强式义务,专章规定个人信息处理者从一般性义务、制度保障、特殊主体要求等方面提升个人信息保护。在设计和推广游戏的过程中,要确保玩家的个人信息得到妥善保护。

(4)内容审查和合规风险。确保游戏内容符合当地法律法规的要求,不含有违法违规内容,注意根据游戏内容设定合适的年龄分级,并在推广中遵守相应的规定。例如,2021 年发布的《预防中小学生沉迷网游的通知》、2022 年发布的《规范网络直播打赏、加强未成年人保护的意见》,均旨在保护未成年人身心健康,解决青少年沉迷游戏等问题。

(5)合同法律风险。从合同上进行规范,建立合同管理制度,与游戏开发者、分销商、广告商等合作伙伴签订的合同应当明确双方的权利和义务。例如,作为网络游戏开发者,与运营者签订协议时须明确许可给运营商的权利的具体内容,穷尽列举方式,避免出现"著作权、商标权等"开放式的权利范围;作为网络游戏运营者,须核实知识产权被许可权利是否稳固、权利链条是否完整、开发者是否享有该权益(具有授权资格)。

(6)消费者权益保护风险。提供准确的产品信息,确保游戏内购买、退款等流程透明公正,保护消费者合法权益,建立有效的客户服务体系,确保售后服务到位,能及时解决消费者的投诉和纠纷。

(7)出口管制和国际法律风险。关注跨境运营和文化差异,严格遵守目标国家的法律法规,如出口管制和外汇管理等。同时,应充分考虑不同国家和地区的文化差异,避免因文化冲突而引发的法律问题和市场风险。

(8)网络安全法律风险。网络游戏企业应采取措施防范网络攻击,了解并承担因网络安全事件可能产生的法律责任,提前做好风险防范措施,建立健全的法律风险防控机制,定期进行法律风险评估,并根据评估结果调整和完善相关政策和流程。

---

[1] 参见广东省高级人民法院民事判决书,(2021)粤民终 1035 号。

法律依据

《反不正当竞争法》

第七条 经营者不得实施下列混淆行为，引人误认为是他人商品或者与他人存在特定联系：

（一）擅自使用与他人有一定影响的商品名称、包装、装潢等相同或者近似的标识；

（二）擅自使用他人有一定影响的名称（包括简称、字号等）、姓名（包括笔名、艺名、网名、译名等）；

（三）擅自使用他人有一定影响的域名主体部分、网站名称、网页、新媒体账号名称、应用程序名称或者图标等；

（四）其他足以引人误认为是他人商品或者与他人存在特定联系的混淆行为。

擅自将他人注册商标、未注册的驰名商标作为企业名称中的字号使用，或者将他人商品名称、企业名称（包括简称、字号等）、注册商标、未注册的驰名商标等设置为搜索关键词，引人误认为是他人商品或者与他人存在特定联系的，属于前款规定的混淆行为。

经营者不得帮助他人实施混淆行为。

《个人信息保护法》

第二十八条 敏感个人信息是一旦泄露或者非法使用，容易导致自然人的人格尊严受到侵害或者人身、财产安全受到危害的个人信息，包括生物识别、宗教信仰、特定身份、医疗健康、金融账户、行踪轨迹等信息，以及不满十四周岁未成年人的个人信息。

只有在具有特定的目的和充分的必要性，并采取严格保护措施的情形下，个人信息处理者方可处理敏感个人信息。

律师建议

网络游戏是广大互联网用户喜闻乐见的娱乐形式，在丰富人民群众文化娱乐活动、引导和扩大文化消费等方面发挥了积极作用。网络游戏企业在设计和运营游戏时,应致力于创作和提供更多内容健康向上、形式丰富多样的网络游戏产品,并做到合法合规经营,还应提前建立风险防范意识,及时规避风险。同时,建议网络游戏企业与专业的法律顾问合作,以便在遇到具体法律问题时能够及时获得专业的法律服务和支持。

021 网络游戏企业如何防范游戏侵权的风险?

答 防范游戏侵权,网络游戏企业可以从以下几点着手:

(1)增强知识产权意识。定期对员工进行知识产权法律知识的培训,增强其自我保护意识。同时建立内部审核机制,确保游戏开发过程中尊重并保护知识产权。

(2)重视游戏研发。不断开发原创游戏设计,鼓励团队进行原创设计,避免模仿或复制已有的游戏玩法,确保游戏玩法具有独创性,并及时对游戏的独特元素进行版权登记,确保法律保护。

(3)法律审查和咨询。在游戏开发和发布前咨询知识产权律师,进行法律风险评估以及详尽的法律审查,确保不侵犯他人知识产权,也确保所有与游戏开发相关的合同都已经过法律审查,明确各方权利义务。

(4)合规运营。严格遵守国家和地区的知识产权法律法规,尊重行业自律规范和标准,避免不正当竞争行为。

(5)尊重第三方权利。在使用第三方素材或技术时,确保已获得合法授权。与其他游戏公司合作开发时,明确各自的知识产权归属和使用范围。

(6)透明度和公开沟通。对于游戏玩法的灵感来源和参考,可以适时进行公开声明,增加透明度。在发现可能的侵权风险时,主动与权利人沟通协商,寻求解决方案。

(7)建立应急机制。制定应对侵权指控的预案,包括法律行动、公关响应等,一旦发现侵权行为,应及时采取措施,包括但不限于协商解决、行政投诉、法律诉讼等。在发现他人侵犯自己游戏玩法时,及时采取维权行动。

(8)持续监控市场。做好市场监测,持续监控市场,了解同类游戏的发展动态,及时发现潜在的侵权行为。同时随着技术的发展,不断更新游戏玩法,保持创新性和竞争力。

法律依据

《广东省高院网游知识产权民事案件审判指引(试行)》

第二条 【保护创造和运用】审理网络游戏知识产权案件,应保护和促进网络游戏知识产权的创造和运用,依法保护从事网络游戏开发、运营、服务等活动的主体的合法权益。

从事网络游戏衍生产业经营活动的,应尊重他人知识产权和其他在先权益,诚信经营。衍生产业经营者再创造的知识产权,依法予以保护。

第三十二条 【侵权责任的认定】在审查认定被告的侵权责任时,应结合被告在涉案游戏的开发、运营、推广等环节的具体行为,判断其是否直接实施侵权行为。

被告未直接实施被诉侵权行为的,应审查被告对被诉侵权行为是否具有主观过错,综合认定被告应否承担相应侵权责任。

律师建议

近年来,随着知识产权保护力度加大,赤裸裸地复制抄袭已经不常见,取而代之的是"换皮"抄袭。司法实践中,对"换皮"抄袭的定义为:在后游戏使用与在先游戏不同的 IP 形象、音乐等元素,而在玩法规则、数值策划、技能体系、操作界面等方面完全与在先游戏相同或者实质性相似。为此,权利人越来越重视对游戏玩法的保护。通过上述措施,网络游戏企业不仅可以有效防范游戏玩法侵权的风险,还能够在竞争激烈的游戏市场中保持自身的竞争优势,促进企业的长期健康发展。

022 如果一款游戏被指控"换皮"抄袭,游戏公司应该如何应对?

答 面对游戏被指控"换皮"抄袭,游戏公司应采取以下应对措施。

(1)立即进行内部审查。游戏公司首先应该组织内部团队或聘请专业的知识产权律师对被指控侵权的游戏玩法进行全面的内部审查。审查内容包括但不限于比对游戏玩法与指控方所声称拥有权利的游戏玩法之间的相似性、评估游戏玩法的独创性和是否涉及第三方知识产权、检查游戏开发过程中的文档记录并确认是否有侵权行为的证据。

(2)开展法律咨询与评估。在内部审查的基础上,游戏公司应当咨询专业的知识产权律师,对可能涉及的法律问题进行深入分析和评估。律师可以提供专业的法律意见,帮助公司了解侵权指控是否成立、可能面临的法律后果以及可行的法律应对策略。

(3)准备应对措施。根据法律评估的结果,游戏公司应准备相应的应对措施,可能包括修改游戏玩法,消除侵权元素;准备与指控方进行协商和谈判,寻求和解;准备应对可能的法律诉讼,收集证据、准备法律文件等。

(4)与指控方沟通协商。游戏公司可以尝试与指控方进行沟通,了解具体的侵权指控内容和对方的诉求。在律师的协助下,双方可以探讨和解的可能性,如通过许可协议、合作开发或其他商业安排来解决问题。

(5)公开回应与公关管理。如果情况允许,游戏公司可以对外发布公开声明,说明公司对侵权指控的立场和应对措施。公关管理在此过程中非常关键,公司需要妥善处理与媒体、玩家社区和公众的关系,维护公司和游戏的声誉。

(6)法律诉讼准备。如果协商未能达成一致,且指控方提起法律诉讼,游戏公司应做好充分的法律诉讼准备。包括但不限于指定专门的法律团队或律师负责案件、收集并整理所有相关证据、准备法庭陈述和辩护策略。

(7)持续监控与评估。在整个应对过程中,游戏公司应持续监控事件的发展,并根据实际情况调整应对策略。同时,公司还应评估事件对业务的影响,采取必要措施减少潜在的负面影响。

通过上述步骤,游戏公司可以有效地应对玩法侵权的指控,保护自身的合法权益,同时为游戏行业的健康发展作出贡献。

法律依据

《广东省高院网游知识产权民事案件审判指引(试行)》

第三十四条 【网络服务提供者“明知”或“应知”审查】对于网络服务

提供者明知或应知被诉侵权信息侵犯他人权利的，可根据案件情况认定其应否承担相应侵权责任。

对于前款规定的"明知或应知"情形，可结合当前技术条件，综合考虑以下因素审查判断：

(1)侵权事实是否明显；

(2)被告是否对被诉侵权信息进行选择、编辑、修改和推荐；

(3)被告是否从服务对象侵权行为中直接获得经济利益；

(4)被告管理信息的能力以及是否采取了预防侵权的合理措施；

(5)原告是否发出了准确表述侵权行为或足以定位侵权信息的合格通知；

(6)其他相关因素。

第三十五条 【停止侵权的具体方式】认定被告应承担的民事责任时，应遵循民事责任与损害后果相适应原则。

被告构成知识产权侵权或不正当竞争，原告请求停止运营被诉侵权游戏，被告抗辩可采取整改等其他停止侵权方式的，可综合考虑以下因素确定停止侵权的具体方式：

(1)被诉游戏与原告游戏在题材、内容、目标人群等方面的可替代程度；

(2)被诉游戏的整改难度和效果；

(3)其他相关因素。

律师建议

游戏玩法作为网络游戏的核心内容之一，其侵权问题不容忽视。游戏公司应当加强知识产权保护意识，通过合法合规的开发和运营，促进游戏行业的健康发展。同时，也需要相关法律法规的不断完善为游戏产业的创新和保护提供更加坚实的法律基础。

023 利用游戏捏脸系统创作的形象是著作权法意义上的作品吗？受著作权法保护吗？

答 著作权的保护客体是作品，著作权意义上的作品是指文学、艺术和科学领域内具有独创性并能以一定形式表现的智力成果。游戏捏脸一般泛指对游戏中虚拟角色的外貌数据进行自定义修改以自主设计游戏角色的外貌。判断在游戏捏脸系统中创作的形象是否属于作品，关键是需要思考其是否具备独创性。

尽管随着游戏技术的飞速发展，游戏中的捏脸系统变得越发完善，为玩家提供了前所未有的自由度来定制和塑造角色的外貌特征，但必须认识到，捏脸系统本质上是一种预设的工具集合，提供了一系列可供选择的面部特征、发型、肤色等元素，玩家只需根据自己的喜好进行选择和调整。虽然这种系统允许玩家创造出看似个性化的角色形象，但这些形象往往是在系统预设的框架和限制下完成的，缺乏足够的原创性。

在著作权法的视角下，作品的独创性要求作品必须是作者独立构思和创作的，具有非模仿性和差异性。然而，通过捏脸系统捏出的形象往往难以满足这些条件。因为这些形象的形成大多依赖于系统的预设元素和规则，玩家只是在已有的选项中进行选择和组合，并未进行真正意义上的独立创作。

例如，在陶某诉敖某侵害作品信息网络传播权纠纷案[1]中，陶某通过操作《一梦江湖》游戏捏脸系统制作产生游戏人物形象并进行了著作权登记。后其发现敖某开设的淘宝店铺中在售卖显示有被诉侵权形象的虚拟商品，陶某认为，敖某未经授权擅自使用其作品，侵害了其对文字作品享有的信息网络传播权。而法院认为，通过游戏捏脸系统生成的角色形象，系玩家在游戏算法规则所载初始形象基础上所作的二次创作，只有当新形象能体现玩家新的表达、个性化创作，且与他人已有表达区别明显时，才能达到一定的创作高度，方可被纳入著作权法保护的范围。陶某制作产生的游戏人物形象中的脸型和五官均不具有独创性，不构成著作权法意义上的作品，故法院驳回了陶某的诉讼请求。

此外，游戏中的捏脸系统通常受到游戏公司版权和知识产权的保护，玩家在使用这些系统时，往往需要遵守游戏公司的相关规定和限制。因此，即使玩家通过捏脸系统制作出了看似独特的形象，这些形象的所有权和使用权仍然受到游戏公司的控制，玩家并不能将之视为自己的原创作品。

---

〔1〕 参见浙江省杭州市中级人民法院民事判决书，(2020)浙01民终1426号。

律师建议

尽管游戏中的捏脸系统为玩家提供了丰富的自定义选项，但通过这些系统捏出的形象并不具备著作权法所要求的独创性，因为这些形象的形成大多依赖于系统的预设元素和规则，而非玩家的独立创作。因此，在享受游戏带来的乐趣时，我们也需要认识到这些形象的法律属性和归属问题。

024 游戏的捏脸系统是否存在侵犯他人肖像权的风险？

答 随着游戏技术的发展完善，游戏玩家可以通过功能强大的捏脸系统创造出与现实人物几乎一致的形象。捏脸系统的随意应用，是否存在侵犯他人肖像权的风险？

肖像权，是指自然人即肖像权人以在自己的肖像上所体现的人格利益为内容，享有的制作、使用、公开以及许可他人使用自己肖像的具体人格权，其内容主要包括制作权、使用权、公开权以及许可权。《民法典》中明确规定了自然人享有肖像权，有权依法制作、使用、公开或者许可他人使用自己的肖像。同时，也规定了任何组织或者个人不得以丑化、污损，或者利用信息技术手段伪造等方式侵害他人的肖像权。未经肖像权人同意，不得制作、使用、公开肖像权人的肖像，但是法律另有规定的除外。同时，《广告法》第 49 条对未经同意使用他人名义或者形象进行广告宣传的行为设定了行政处罚措施。《刑法》中关于侮辱罪、诽谤罪[1]以及侵犯公民个人信息罪[2]的规定，也为侵犯肖像权可能涉及的刑事责任提供了法律依据。

对于游戏中的“明星脸”是否会侵犯明星的肖像权的问题，需要首先确认该形象能否准确反映该明星的相貌特征并与之建立关系。如果大多数一般自然人都能认出该形象系某个明星，则有可能认定该游戏形象与该明星建立了联系。若行为人在此基础上于游戏中丑化、污损或利用信息技术手

---

〔1〕 具体规定见《刑法》第 246 条。
〔2〕 具体规定见《刑法》第 253 条之一。

段伪造等方式恶搞该形象，则有可能构成侵犯该明星的肖像权。此外，若行为人未经肖像权人同意，将该明星的捏脸参数进行商业贩卖，也同样可能会面临承担侵犯肖像权的责任。同时，我们需要注意，在《民法典》中，侵犯肖像权不再将“以营利为目的”作为构成要件，所以，如果游戏人物与明星形象相似度高，导致游戏形象与明星形象建立直接的联系，即使出于非营利目的，擅自创制、使用、公开、丑化他人肖像的，依然可能构成侵犯肖像权。

对于侵犯肖像权的行为，行为人一般需要承担停止侵害、消除影响、恢复名誉、赔礼道歉等民事责任，若侵权行为还导致肖像权人经济损失的，行为人还需要承担赔偿损失的责任。

法律依据

《民法典》

第一千零一十八条　自然人享有肖像权，有权依法制作、使用、公开或者许可他人使用自己的肖像。

肖像是通过影像、雕塑、绘画等方式在一定载体上所反映的特定自然人可以被识别的外部形象。

第一千零一十九条　任何组织或者个人不得以丑化、污损，或者利用信息技术手段伪造等方式侵害他人的肖像权。未经肖像权人同意，不得制作、使用、公开肖像权人的肖像，但是法律另有规定的除外。

未经肖像权人同意，肖像作品权利人不得以发表、复制、发行、出租、展览等方式使用或者公开肖像权人的肖像。

《广告法》

第四十九条　市场监督管理部门履行广告监督管理职责，可以行使下列职权：

（一）对涉嫌从事违法广告活动的场所实施现场检查；

（二）询问涉嫌违法当事人或者其法定代表人、主要负责人和其他有关人员，对有关单位或者个人进行调查；

（三）要求涉嫌违法当事人限期提供有关证明文件；

（四）查阅、复制与涉嫌违法广告有关的合同、票据、账簿、广告作品和其他有关资料；

（五）查封、扣押与涉嫌违法广告直接相关的广告物品、经营工具、设备等财物；

（六）责令暂停发布可能造成严重后果的涉嫌违法广告；

（七）法律、行政法规规定的其他职权。

市场监督管理部门应当建立健全广告监测制度，完善监测措施，及时发现和依法查处违法广告行为。

《刑法》

第二百四十六条　【侮辱罪】【诽谤罪】以暴力或者其他方法公然侮辱他人或者捏造事实诽谤他人，情节严重的，处三年以下有期徒刑、拘役、管制或者剥夺政治权利。

前款罪，告诉的才处理，但是严重危害社会秩序和国家利益的除外。

通过信息网络实施第一款规定的行为，被害人向人民法院告诉，但提供证据确有困难的，人民法院可以要求公安机关提供协助。

第二百五十三条之一　【侵犯公民个人信息罪】违反国家有关规定，向他人出售或者提供公民个人信息，情节严重的，处三年以下有期徒刑或者拘役，并处或者单处罚金；情节特别严重的，处三年以上七年以下有期徒刑，并处罚金。

违反国家有关规定，将在履行职责或者提供服务过程中获得的公民个人信息，出售或者提供给他人的，依照前款的规定从重处罚。

窃取或者以其他方法非法获取公民个人信息的，依照第一款的规定处罚。

单位犯前三款罪的，对单位判处罚金，并对其直接负责的主管人员和其他直接责任人员，依照各该款的规定处罚。

律师建议

为了不在捏脸过程中侵犯他人的肖像权，玩家应当尊重他人权利，避免在游戏中使用他人的肖像。同时，作为游戏开发者，在游戏中设置的预设画像若可能涉及他人肖像的，应当确保已经获得了相关肖像权人的授权，避免不必要的法律风险。

025 在网络游戏买量广告中使用与其他网络游戏知名角色、道具、场景等美术资源或宣传语相同或近似的元素，是否构成侵权？

答 网络游戏开发、运营主体为了宣传、推广自身网游产品，往往会通过购买流量广告的方式进行推广，如当下常见的在今日头条、抖音、快手等电商平台制作、投放流量广告。若网游公司能够提供其网游知名角色、道具、场景等作品的版权登记证书或作品原稿等权属证据，以及涉案作品的在先发表证据，则可以认定其对网游知名角色、道具、场景等作品依法享有著作权，可以主张著作权保护。若广告视频在使用美术作品的同时，还使用其他网络游戏知名宣传语，意图攀附声誉，使消费者产生两款游戏具有相关性的联想的，则违反了《反不正当竞争法》第 2 条、第 7 条第 4 项或第 9 条的相关规定，构成不正当竞争。所以，在网络游戏买量广告中使用与其他网络游戏知名角色、道具、场景等美术资源或宣传语相同或近似的元素，将构成侵权。在责任主体认定问题上，相关网游广告视频的制作、发布及投放主体，涉案视频广告的受益主体往往被认定构成共同侵权主体。

法律依据

《著作权法》

第三条 本法所称的作品，是指文学、艺术和科学领域内具有独创性并能以一定形式表现的智力成果，……

《最高院关于审理著作权民事纠纷案件的解释》

第七条 当事人提供的涉及著作权的底稿、原件、合法出版物、著作权登记证书、认证机构出具的证明、取得权利的合同等，可以作为证据。

在作品或者制品上署名的自然人、法人或者非法人组织视为著作权、与著作权有关权益的权利人，但有相反证明的除外。

《反不正当竞争法》

第二条 经营者在生产经营活动中，应当遵循自愿、平等、公平、诚信的原则，遵守法律和商业道德，公平参与市场竞争。

本法所称的不正当竞争行为，是指经营者在生产经营活动中，违反本法规定，扰乱市场竞争秩序，损害其他经营者或者消费者的合法权益的行为。

……

第七条 经营者不得实施下列混淆行为，引人误认为是他人商品或者与他人存在特定联系：

……

（四）其他足以引人误认为是他人商品或者与他人存在特定联系的混淆行为。

第八条 经营者不得对其商品的性能、功能、质量、销售状况、用户评价、曾获荣誉等作虚假或者引人误解的商业宣传，欺骗、误导消费者和其他经营者。

经营者不得通过组织虚假交易、虚假评价等方式，帮助其他经营者进行虚假或者引人误解的商业宣传。

律师建议

网游开发、运营主体应特别注意保证在网络游戏开发和宣传中使用元素的独创性，避免因未经授权使用而产生被诉侵权的纷争。同时，对自身独创完成的元素，可以尽早进行版权登记和保存留证，以充分保护自身合法权益。

026 委托网游公会对网游进行运营推广，公会推广人员以虚拟玩家的身份在其他网游中发送拉人言论和所推广游戏链接，是否侵权？责任主体是谁？

答 行为人非出于真实参加游戏的目的，注册游戏账号获得玩家身份，在游戏中以虚拟玩家的身份通过地图周围喊话或私聊等方式，以赠送游戏福利等为诱饵，让真实玩家添加自己的微信号，再通过微信聊天推荐游戏并发送游戏链接供玩家下载。这种发布其他游戏的奖励政策、渠道充值溢价返利，以拉取真实用户改玩自己所推广游戏的“拉人行为”，违反经营者应遵循的诚信原则和商业道德。

例如，在欢娱公司诉顺火公司不正当竞争纠纷案[1]中，法院审理认为，被告委托游戏公会推广其游戏，推广人员以虚拟玩家身份实施被诉行为，被告是拉人行为的提出者和受益人，在对该行为具有制止的权利和能力的情况下，采取了实质上认可的态度并下达指令使该行为持续进行，应当认定是被诉行为的实施主体；被告用比正常宣传推广更低成本的方式争夺涉案游戏既有客户资源，抢夺交易机会以获得利益，主观上具有明显恶意，客观上破坏了公平竞争的市场秩序，违反了诚信原则及网络游戏行业普遍认可的商业道德，影响了原告对玩家的后续交易机会和经济利益，对原告造成经济损害，因此被告的行为构成不正当竞争。法院据此判令被告停止不正当竞争行为，赔偿原告经济损失 200 万元及合理费用 3 万元。

游戏运营商运营游戏软件，享有对玩家收费的权利，玩家在游戏中的消费也是游戏运营商除广告投放等收入外的一项重要收入来源。想要增加游戏消费，要么增加游戏玩家人数，要么提高游戏玩家的人均消费数额，因此，获取更多的玩家当然也成为游戏运营商增加收入的重要手段。但是，游戏运营商获取用户应当采取合法正当的手段，采用在游戏中拉人的方式，令游戏公会推广人员伪装成游戏玩家的身份介入涉案游戏，用比正常宣传推广更低成本的方式获取客户，此种行为手段难言正当。以此方式获取游戏玩家，事实上是对涉案游戏既有客户资源的争夺，抢夺交易机会以获得利益，主观上具有明显恶意，客观上破坏了公平竞争的市场秩序，违反了诚信原则，其行为具有可责性。恶意拉人同时也违反了网络游戏行业运行守则，系为该行业所普遍禁止的行为，给其他网游公司带来实际经济损失，有违公平、诚信原则及商业道德，依法构成不正当竞争。

法律依据

《反不正当竞争法》

第二条 经营者在生产经营活动中，应当遵循自愿、平等、公平、诚信的原则，遵守法律和商业道德，公平参与市场竞争。

---

[1] 参见江苏省无锡市中级人民法院民事判决书，(2022)苏 02 民初 472 号。

本法所称的不正当竞争行为，是指经营者在生产经营活动中，违反本法规定，扰乱市场竞争秩序，损害其他经营者或者消费者的合法权益的行为。

……

《最高院关于反不正当竞争法的司法解释》

第三条第一款 特定商业领域普遍遵循和认可的行为规范，人民法院可以认定为反不正当竞争法第二条规定的“商业道德”。

律师建议

网游经营者的商业经营、推广行为应该遵守商业道德和诚信原则，正确把握游戏推广的手段与边界，得知存在虚拟游戏玩家拉人的情形后应及时采取措施有效地阻止、停止该行为，维护和遵循市场竞争规则，才能更好地持续发展。

027 角色扮演在线动态游戏画面属于著作权法保护的哪类客体类型？判定角色扮演在线动态游戏是否构成相同或实质性相似的比对标准是什么？

答 视听作品，[1]是指摄制在一定介质上，由一系列有伴音或者无伴音的画面组成，并且借助适当装置放映或以其他方式传播的作品。多人在线角色扮演游戏具有特定的故事情节，由玩家遵循相应的游戏规则，操作游戏角色在场景中打怪升级，并有组队、参与行会等互动性操作内容。随着玩家的操作，游戏角色在场景中不断展开剧情，所产生的游戏画面由图片、文字、音乐、视频等多种内容集合而成，并随着玩家的不断操作而出现画面的连续变动。在线动态游戏画面由一系列有伴音或者无伴音的画面组成，通过电

〔1〕 2020年新修正的《著作权法》将“电影作品和以类似摄制电影的方法创作的作品”修改为“视听作品”。此处有关“视听作品”的概念借鉴于《著作权法实施条例》中有关“电影作品和以类似摄制电影的方法创作的作品”概念。

脑进行传播，故整体画面可以作为视听作品获得著作权法的保护。

对于网络游戏而言，一般通过游戏人物角色、技能、武器、服装、首饰、防具等道具、怪物、地图、建筑物、地形背景、非玩家角色等游戏具体内容逐一比对判断两款游戏整体是否构成实质性相似。在角色扮演类游戏中，上述内容并非割裂的，不同游戏人物角色的职业对应不同的武器、首饰、防具等道具、服装和角色技能等人物要素，不同的地图对应不同的怪物、非玩家角色、建筑物、地形背景等场景要素，人物要素和场景要素存在对应关系，统一构成了游戏作品的核心表达内容。

由于网络游戏画面繁多且需要依赖玩家的操作而产生，难以进行逐帧比对，因此，可以通过对游戏的人物角色、数值属性、技能设置、各类道具、地图、怪物、非玩家角色等游戏元素的比对来判断两款游戏整体画面的核心表达内容是否构成实质性相似。此外，角色扮演类网络游戏的游戏人物随着玩家的操作，其等级由低到高发展，认定两款游戏是否构成实质性相似时，不应也没有必要穷尽全部的游戏内容及要素。

法律依据

《著作权法实施条例》

第二条　著作权法所称作品，是指文学、艺术和科学领域内具有独创性并能以某种有形形式复制的智力成果。

第四条　著作权法和本条例中下列作品的含义：

……

（十一）电影作品和以类似摄制电影的方法创作的作品，是指摄制在一定介质上，由一系列有伴音或者无伴音的画面组成，并且借助适当装置放映或者以其他方式传播的作品；

……

律师建议

网络游戏开发者在开发设计其网络游戏时，应注意避免复制借鉴他人享有合法权益的元素,若有使用必要,应当提前获得授权,以免后续引发侵权危机和风险,导致更严重的后果。

028 游戏角色"二创"是否存在侵权风险?

答 "二创"即二次创作,是指使用了已存在著作权的文字、图像、影片、音乐或其他艺术作品,并在此基础上进行再创作、改编、演绎或重新创作的行为,这种创作方式盛行于文字、动漫、影视等多个领域,在游戏中也屡见不鲜。

"二创"并不直接等同于剽窃,其往往以需要用来"二创"的物品或角色为基调,延伸、扩展其背景、情节及内涵,"二创"往往会对标的物进行明显的改编,并加入新的元素和内容,来引出不同的解答。但是,对于游戏角色的不当"二创"仍有可能存在侵犯他人合法权利的风险。例如,在乐玩公司诉金刚时代公司、威驰克公司、湃拉影视工作室侵害著作权及不正当竞争案[1]中,原告乐玩公司因认为《拳皇》游戏中的角色形象被擅自用于电影《三流女侠》的拍摄,将被告金刚时代公司、威驰克公司、湃拉影视工作室诉至法院。法院经审理认为,《拳皇》游戏中的"不知火舞""蔡宝奇""陈国汉""二阶堂红丸"四个角色形象属于《著作权法》规定的美术作品。乐玩公司经合法授权,对四个游戏角色形象享有著作权。电影《三流女侠》是以摄制电影的方法将乐玩公司享有权利的上述美术作品固定在了相应载体上,后又通过网站进行传播,该行为构成对摄制权及信息网络传播权的侵害。故法院认定被告的行为构成侵害著作权,判决连带赔偿乐玩公司经济损失及合理开支 80 万元。

"二创"侵权主要体现在对著作权的侵犯和对肖像权的侵犯这两个方面:

第一,玩家如果在"二创"过程中未经原作品版权方的授权,就使用了其游戏角色、场景、剧情等元素,那么就可能构成对原作品著作权的侵犯。如

---

〔1〕 参见北京市海淀区人民法院民事判决书,(2018)京 0108 民初 64742 号。

行为人在可能侵犯原作品完整性，特别是背离作品原意的情况下以非合理目的擅自篡改他人作品，或者未进行充分创作即将他人作品直接剽窃为自己作品并直接发表、公示等。

第二，玩家如果在“二创”作品中对原作品中的角色形象进行了不当使用或篡改，如恶意丑化、污损等，也可能侵犯原作品角色的肖像权。如通过在原版角色中恶意涂画污秽物、添加不文明印记标记或利用 AI 换脸等技术伪造、恶搞原作品形象等。

法律依据

《著作权法》

第五十二条 有下列侵权行为的，应当根据情况，承担停止侵害、消除影响、赔礼道歉、赔偿损失等民事责任：

（一）未经著作权人许可，发表其作品的；

（二）未经合作作者许可，将与他人合作创作的作品当作自己单独创作的作品发表的；

（三）没有参加创作，为谋取个人名利，在他人作品上署名的；

（四）歪曲、篡改他人作品的；

（五）剽窃他人作品的；

（六）未经著作权人许可，以展览、摄制视听作品的方法使用作品，或者以改编、翻译、注释等方式使用作品的，本法另有规定的除外；

（七）使用他人作品，应当支付报酬而未支付的；

（八）未经视听作品、计算机软件、录音录像制品的著作权人、表演者或者录音录像制作者许可，出租其作品或者录音录像制品的原件或者复制件的，本法另有规定的除外；

（九）未经出版者许可，使用其出版的图书、期刊的版式设计的；

（十）未经表演者许可，从现场直播或者公开传送其现场表演，或者录制其表演的；

（十一）其他侵犯著作权以及与著作权有关的权利的行为。

律师建议

玩家在对游戏角色进行“二创”时，首先，要取得原作者的授权，或注意原作品的版权状态是否允许“二创”。其次，玩家要确保“二创”作品具有足够的独创性，与原作品形成显著区别，以规避侵权风险；此外，“二创”作者还可通过注明原作者信息、给予原作者报酬等方式来体现对原作者的尊重。最后，玩家要避免将“二创”作品用于商业用途，尽量秉持非营利目的进行创作。

029 开发 MOD 的行为是否构成侵权？

答 MOD(modification)是修改的意思，在游戏领域一般翻译为游戏模组，即基于一款游戏的故事情节、美术素材、武器道具进行修改而成的新的游戏模组。开发 MOD 的行为是否涉及侵权问题，需要判断 MOD 的开发是否已经对游戏作品作出了实质性修改？是否得到官方许可授权？是否属于合理使用或法定许可情形？如果 MOD 的开发属于对游戏原作品进行改编，且该行为也不属于《著作权法》规定的“合理使用”和“法定许可”等法定免责情形，在未获得游戏厂商许可的情况下，构成对游戏作品的著作权侵权。

法律依据

《著作权法》

第十三条 改编、翻译、注释、整理已有作品而产生的作品，其著作权由改编、翻译、注释、整理人享有，但行使著作权时不得侵犯原作品的著作权。

第十六条 使用改编、翻译、注释、整理、汇编已有作品而产生的作品进行出版、演出和制作录音录像制品，应当取得该作品的著作权人和原作品的著作权人许可，并支付报酬。

律师建议

很多游戏玩家和游戏爱好者出于对作品的喜爱才会投入时间和精力去开发 MOD,但在开发和制作 MOD 之前,需仔细阅读玩家和游戏公司的协议,或者游戏公司官网公示的相关 MOD 的规则。有些游戏公司对于 MOD 的开发是公开许可的,如《我的世界》在官网会提供 MOD 的开发工具。但大多数游戏需要查明游戏公司关于 MOD 的政策和许可,如果和游戏公司签订相关 MOD 开发协议或约定,应从其约定。另外还需要注意的是,玩家在获得授权开发 MOD 之后,是否能发行 MOD 同样需要游戏公司的授权。

030 破解游戏运营商的付费设置,复制游戏后低价出售的行为,需要承担什么法律后果?

答 破解游戏,是指破解者未经游戏权利人的许可,擅自通过某些技术手段,使其能绕开游戏软件的授权验证或以其他方式通过验证,破解游戏权利人的原有设置,如付费设置、解锁角色或皮肤设置、复活次数设置、恶意加入广告等。实践中,相当数量的破解者通过对在国内外市场上得到验证的热门游戏进行破解,再利用渠道信息不对称和规则漏洞,低价销售、提供破解版游戏进行获利。该行为构成民事侵权,甚至可能构成犯罪。

1. 民事侵权

首先,此类未经许可擅自破解游戏软件,并在破解后通过上传至特定服务器、云盘等方式直接向公众提供,致使公众能够在其选定的时间和地点下载该游戏的行为,侵害了游戏权利人对游戏所享有的复制权和信息网络传播权。其次,该类破解版游戏破坏了游戏运营商设定的保护性计费程序,使游戏玩家在未经许可、不付报酬的情况下即可使用游戏软件,给游戏运营商造成经济损失。根据相关法律规定,法院可按权利人的实际损失或侵权人的违法所得确定赔偿金额。若实际损失及违法所得均不能确定,则由法院根据侵权情节,如侵权行为的持续时间、侵权方的恶意程度、游戏的知名度、游戏的商业价值、损害结果以及实际维权的合理费用等方面,确定赔偿金额。

例如,在凉屋公司诉网侠公司侵害计算机软件著作权纠纷案[1]中,法院认为,首先,网侠公司是"手机乐园"App的开发者和运营者,在"手机乐园"App中可下载《元气骑士》游戏,但该App提供下载的《元气骑士》游戏有凉屋公司研发的正版,也有破解版,用户可以自己选择。网侠公司称,《元气骑士》破解版是用户自己上传的,但是其提交的证据仅是用户上传软件的操作说明,而且也不能提供上传用户的详细信息或相应证据。因此,网侠公司的抗辩不成立,法院不予支持。其次,依据《著作权法》[2]第49条第2款的规定,权利人的实际损失或者侵权人的违法所得不能确定的,由法院根据侵权行为的情节,判决给予50万元以下的赔偿。本案中,因凉屋公司的实际损失与网侠公司的违法所得均不能确定,故法院适用法定赔偿确定赔偿数额。网侠公司辩称,被诉侵权游戏《元气骑士》破解版由用户自行上传,其在收到本案一审材料时已第一时间删除涉案游戏,并无侵权的故意,也尽到了管理义务。另外,网侠公司认为其侵权行为影响小,未给凉屋公司正版游戏运营带来较大影响。最后,法院综合考虑游戏软件研发需要付出较大的成本,涉案游戏具有较高的市场知名度,网侠公司实施著作权侵权行为的方式为信息网络传播,侵权传播较快且传播范围较广,侵权在主观上为故意,网侠公司的侵权行为给凉屋游戏正版游戏运营带来较大影响,凉屋公司为维权支付的必要合理费用等因素,判定网侠公司赔偿凉屋公司经济损失及合理维权费用50万元。

2. 刑事犯罪

若破解游戏行为的违法所得金额达到法律规定的标准,可能构成侵犯著作权罪[3]。

法律依据

《著作权法》

第十条第一款 著作权包括下列人身权和财产权:

---

〔1〕参见广东省深圳市中级人民法院民事判决书,(2020)粤03民初773号;最高人民法院民事判决书,(2021)最高法知民终1092号。

〔2〕此为2010年修正的《著作权法》,在2020年修正的《著作权法》已无此规定。

〔3〕具体规定见《刑法》第217条。

……

（五）复制权，即以印刷、复印、拓印、录音、录像、翻录、翻拍、数字化等方式将作品制作一份或者多份的权利；

……

（十二）信息网络传播权，即以有线或者无线方式向公众提供，使公众可以在其选定的时间和地点获得作品的权利；

……

《最高院关于审理著作权民事纠纷案件的解释》

第二十五条　权利人的实际损失或者侵权人的违法所得无法确定的，人民法院根据当事人的请求或者依职权适用著作权法第四十九条第二款的规定确定赔偿数额。

人民法院在确定赔偿数额时，应当考虑作品类型、合理使用费、侵权行为性质、后果等情节综合确定。

当事人按照本条第一款的规定就赔偿数额达成协议的，应当准许。

《刑法》

第二百一十七条　【侵犯著作权罪】以营利为目的，有下列侵犯著作权或者与著作权有关的权利的情形之一，违法所得数额较大或者有其他严重情节的，处三年以下有期徒刑，并处或者单处罚金；违法所得数额巨大或者有其他特别严重情节的，处三年以上十年以下有期徒刑，并处罚金：

（一）未经著作权人许可，复制发行、通过信息网络向公众传播其文字作品、音乐、美术、视听作品、计算机软件及法律、行政法规规定的其他作品的；

……

律师建议

首先，未经游戏权利人许可对游戏实施破解，无论是何种破解行为，均破坏了游戏权利人设定的游戏保护程序，使公众可以在其个人选定的时间和地点随时随地使用游戏软件，或进行解锁相应角色等操作，这侵害了游戏权利人享有的著作权。

其次，正版和盗版不是衡量游戏破解行为是否构成犯罪的标准。无论被破解的游戏是正版还是盗版，也无论在实施破解行为后提供的是有偿下载还是免费下载，都应被认定构成犯罪，例如，销售翻版游戏光盘、出售盗版安装包等行为。因为在当前市场环境下，游戏软件的销售并不是游戏获得收益的唯一途径，其他途径还包括游戏充值、流量广告等，所以通过盗版游戏获得的收益同属于违法所得，这种行为可被认定构成侵犯著作权罪。

031 将付费网络游戏软件破解后提供给其他主体的，网络服务提供者对行为人在其服务平台实施的上述行为是否应承担侵权责任？

答 未经游戏软件著作权人许可，通过破解的方式获取其开发、运营的网络游戏的运行软件程序，并上传网络供社会公众下载、使用的，构成对网络游戏著作权人的复制权、信息网络传播权的侵害。

网络服务提供者提供的服务平台，虽然有用户注册通道，注册用户可在该应用平台自由发布信息、评论等。但若网络服务提供者对注册用户及其活动内容和范围实施分类管理，对其行为进行奖励或指导，那么此类账号主体实施的侵权行为，一般应视为网络服务提供者通过实质雇用用户提供资源，应认定为网络服务提供者实施的侵权行为。

不能因网络服务提供者通过应用平台提供存储空间服务，而一概认为其仅系网络服务提供者。仍应根据发帖账号的性质、具体行为的表现方式等事实，对该行为可否认定为网络服务提供者的行为进行具体判断。相关游戏类应用平台上游戏资源侵权的可能性较高，网络服务提供者对此应属明知。在此情况下，网络服务提供者对网络用户在其平台发布的游戏资源应尽到比一般综合性平台更高的注意义务。

法律依据

《最高院关于审理侵害信息网络传播权民事纠纷的规定》

第三条 网络用户、网络服务提供者未经许可，通过信息网络提供权利人享有信息网络传播权的作品、表演、录音录像制品，除法律、行政法规另有规定外，人民法院应当认定其构成侵害信息网络传播权行为。

通过上传到网络服务器、设置共享文件或者利用文件分享软件等方式，将作品、表演、录音录像制品置于信息网络中，使公众能够在个人选定的时间和地点以下载、浏览或者其他方式获得的，人民法院应当认定其实施了前款规定的提供行为。

第九条　人民法院应当根据网络用户侵害信息网络传播权的具体事实是否明显，综合考虑以下因素，认定网络服务提供者是否构成应知：

（一）基于网络服务提供者提供服务的性质、方式及其引发侵权的可能性大小，应当具备的管理信息的能力；

（二）传播的作品、表演、录音录像制品的类型、知名度及侵权信息的明显程度；

（三）网络服务提供者是否主动对作品、表演、录音录像制品进行了选择、编辑、修改、推荐等；

（四）网络服务提供者是否积极采取了预防侵权的合理措施；

（五）网络服务提供者是否设置便捷程序接收侵权通知并及时对侵权通知作出合理的反应；

（六）网络服务提供者是否针对同一网络用户的重复侵权行为采取了相应的合理措施；

（七）其他相关因素。

律师建议

网络服务提供者往往会为了吸引用户或刺激活跃度而以雇用用户的方式参与应用日常活动，应特别注意对雇用用户的行为规范，避免因雇用用户的行为而引发侵权危机和风险。

第四章　网络游戏宣传推广与停服

032　游戏公司网络宣传推广应该注意哪些风险？

答 游戏产品在初期运营推广时，发布广告是吸引客户必不可少的手段，游戏公司在进行网络宣传推广时应当注意防范相关法律风险。

《广告法》第3条、第4条、第11条及《反不正当竞争法》第9条等规定，广告主为推销商品或者服务而自行或者委托他人设计、制作、发布的广告应当真实、合法，以健康的表现形式表达广告内容，并须遵守一系列具体的广告内容要求及发布准则，不得对商品的性能、功能、质量、销售状况、用户评价、曾获荣誉等作虚假或者引人误解的商业宣传，欺骗、误导消费者。

《广告法》第9条规定，广告中不得使用“国家级”“最高级”“最佳”等绝对化用语，如“最火爆”“最刺激”“排名第一”等表述常见于网络游戏产品广告中，存在被行政处罚的风险。《广告法》第57条规定，使用绝对化广告用语的，由市场监督管理部门责令停止发布广告，处20万元至100万元的罚款；情节严重的，可以吊销营业执照，由广告审查机关撤销广告审查批准文件，1年内不受理其广告审查申请。

买量宣传的，一些游戏厂商在购买广告流量时容易违规或侵犯他人权利，如在宣传上使用虚假素材，游戏推广时是一个画面，实际体验游戏时却是另外一个画面，涉嫌欺诈游戏玩家。

游戏推广时未经许可使用明星、网红的肖像进行宣传的，很可能侵犯他人的肖像权，进而导致巨额索赔。

有的游戏公司在推广游戏时，将其他游戏厂商的游戏名称设置为关键词，可能会构成不正当竞争。

法律依据

《广告法》

第三条　广告应当真实、合法,以健康的表现形式表达广告内容,符合社会主义精神文明建设和弘扬中华民族优秀传统文化的要求。

第四条　广告不得含有虚假或者引人误解的内容,不得欺骗、误导消费者。

广告主应当对广告内容的真实性负责。

第九条　广告不得有下列情形:

……

(三)使用“国家级”、“最高级”、“最佳”等用语;

……

第十一条　广告内容涉及的事项需要取得行政许可的,应当与许可的内容相符合。

广告使用数据、统计资料、调查结果、文摘、引用语等引证内容的,应当真实、准确,并表明出处。引证内容有适用范围和有效期限的,应当明确表示。

第五十七条　有下列行为之一的,由市场监督管理部门责令停止发布广告,对广告主处二十万元以上一百万元以下的罚款,情节严重的,并可以吊销营业执照,由广告审查机关撤销广告审查批准文件、一年内不受理其广告审查申请;对广告经营者、广告发布者,由市场监督管理部门没收广告费用,处二十万元以上一百万元以下的罚款,情节严重的,并可以吊销营业执照:

(一)发布有本法第九条、第十条规定的禁止情形的广告的;

……

《反不正当竞争法》

第九条第一款　经营者不得对其商品的性能、功能、质量、销售状况、用户评价、曾获荣誉等作虚假或者引人误解的商业宣传,欺骗、误导消费者和其他经营者。

律师建议

游戏公司在广告推广时应当合法合规,要加强对宣传推广内容的合规把控,如对广告内容及广告素材进行事先文义审查、内容侵权风险审查以及做好第三方委托管理等工作,重视合规并咨询专业人士。

033 "搭便车"具体包括什么?网络游戏宣传推广可以"搭便车"吗?

答 网络游戏宣传推广中的"搭便车"行为,是指网络游戏经营者在宣传推广游戏过程中所实施的,足以致使相关公众产生误解,错认为宣传推广的游戏是他人游戏,或者与他人游戏存在特定联系的混淆行为。

1. 网络游戏宣传中"搭便车"的常见行为

在网络游戏宣传推广的过程中,常见的"搭便车"行为有擅自使用与他人游戏相同或相似的名称、海报、宣传文案、人物形象,使玩家误将其当作他人游戏;擅自使用他人电影、小说的名称、人物形象等进行宣传,使玩家误以为宣传推广的游戏是基于相关电影、小说改编而成;在搜索引擎上擅自将他人游戏、电影、小说的名称、人物形象或宣传文案等设置为自己游戏的检索关键词;等等。

2. 网络游戏宣传中"搭便车"的后果

(1)"搭便车"行为可能构成不正当竞争。网络游戏经营者在宣传推广游戏过程中"搭便车",意图让相关公众误认为宣传推广的游戏是他人游戏或者与他人游戏存在特定联系,以此使自身游戏获得更多的用户及收益的,该行为严重扰乱市场经济秩序,损害他人合法权益,属于《反不正当竞争法》第7条规定的典型不正当竞争行为。

(2)"搭便车"行为可能构成商标侵权。若网络游戏经营者在游戏宣传推广过程中存在《商标法》第57条规定的情形,则构成商标侵权。

(3)"搭便车"行为可能构成著作权侵权。网络游戏宣传推广中的"搭便车"行为,常表现为擅自使用他人游戏、电影、小说的名称、人物形象等。如果相关游戏、电影、小说的名称、人物形象等属于《著作权法》规定的作品,那么这种“搭便车”行为也会构成著作权侵权。

法律依据

《反不正当竞争法》

第七条　经营者不得实施下列混淆行为，引人误认为是他人商品或者与他人存在特定联系：

（一）擅自使用与他人有一定影响的商品名称、包装、装潢等相同或者近似的标识；

（二）擅自使用他人有一定影响的名称（包括简称、字号等）、姓名（包括笔名、艺名、网名、译名等）；

（三）擅自使用他人有一定影响的域名主体部分、网站名称、网页、新媒体账号名称、应用程序名称或者图标等；

（四）其他足以引人误认为是他人商品或者与他人存在特定联系的混淆行为。

……

《商标法》

第五十七条　有下列行为之一的，均属侵犯注册商标专用权：

（一）未经商标注册人的许可，在同一种商品上使用与其注册商标相同的商标的；

（二）未经商标注册人的许可，在同一种商品上使用与其注册商标近似的商标，或者在类似商品上使用与其注册商标相同或者近似的商标，容易导致混淆的；

……

《著作权法》

第三条　本法所称的作品，是指文学、艺术和科学领域内具有独创性并能以一定形式表现的智力成果，包括：

（一）文字作品；

（二）口述作品；

（三）音乐、戏剧、曲艺、舞蹈、杂技艺术作品；

（四）美术、建筑作品；

（五）摄影作品；

（六）视听作品；

（七）工程设计图、产品设计图、地图、示意图等图形作品和模型作品；

（八）计算机软件；

（九）符合作品特征的其他智力成果。

律师建议

针对网络游戏宣传推广中的“搭便车”行为，建议网络游戏经营者务必遵守相关法律法规，确保宣传推广活动的合法性和正当性。具体而言，网络游戏经营者在宣传推广过程中，应避免擅自使用与他人游戏、电影、小说等相同或相似的名称、海报、宣传文案、人物形象等元素，以免引起相关公众的误解，进而避免构成不正当竞争、商标侵权或著作权侵权。同时，网络游戏经营者应增强法律意识，构建并完善内部审核机制，对宣传推广内容进行严格把关，确保所有宣传素材来源合法且经授权使用。此外，若面临相关侵权指控，网络游戏经营者应积极应对，及时寻求专业法律支持，通过合法途径维护自身权益。总之，遵守法律、尊重知识产权，既是网络游戏行业持续健康发展的基石，也是网络游戏经营者应尽的社会责任。

034 网络游戏宣传“搭便车”应当承担什么民事责任？

答 网络游戏宣传推广中的“搭便车”行为，严重扰乱社会经济秩序，损害他人合法权益，为我国相关法律法规所不容许。网络游戏经营者在宣传推广游戏过程中“搭便车”，给他人造成损失的，应当承担相应的民事责任。

1. 典型的不正当竞争行为

根据《反不正当竞争法》的规定，网络游戏经营者在游戏宣传推广过程中存在“搭便车”行为，造成他人损失的，应当承担相应的民事责任。

例如，在网易公司与火箭公司、玖壹玩公司著作权侵权及不正当竞争纠纷案[1]中,二审法院认为,《梦幻西游》是一款具有较高知名度的游戏,网易公司已经举证证明其具有非常高的知名度。《梦幻西游》游戏不仅涉及知名游戏的作品名称,而且游戏中美术元素、游戏登录页面、角色创建界面等均具有一定指向性,被诉侵权游戏在游戏界面使用《梦幻西游》的上述游戏元素构成综合性商业标识来吸引流量,相关仿冒行为容易导致游戏玩家产生混淆,其根本目的是将玩家引导到被诉侵权游戏,以篡夺权利人的交易机会,属于《反不正当竞争法》第 7 条第 4 项所规定的不正当竞争行为。虽然上述使用行为中包含了使用被诉侵权美术作品,但是其并不属于著作权法所保护的具有独创性的作品,而是属于区分商品或者服务来源的商业标识意义上的使用行为,火箭公司、玖壹玩公司共同实施上述行为,构成不正当竞争行为。同时,被诉侵权游戏在与《梦幻西游》网络游戏存在高度相似性的游戏界面上宣传"经典西游,全新版本""经典回合,重温西游",然而进入被诉侵权游戏后,实际内容与宣传语言毫无关联,这属于引人误解的虚假宣传行为,欺骗、误导相关公众,给网易公司的商誉造成了损害。综上,一审法院认定火箭公司、玖壹玩公司共同实施了不正当竞争行为并无不妥,二审法院依法予以维持。

2. 商标侵权责任

网络游戏经营者在游戏宣传推广过程中侵犯他人商标专用权的,应承担商标侵权责任。

例如,在津虹公司、华多公司与千骐公司、骐游公司、搜狗公司侵害商标权及不正当竞争纠纷案[2]中,二审法院认定华多公司将"丫丫玩""丫丫玩下载"作为搜狗推广搜索关键词,用以推广华多公司直播平台软件,构成商标侵权。二审法院认为:"首先,华多公司确有实施向搜狗公司购买关键词搜索推广服务,设置的关键词为'丫丫玩''丫丫玩下载'等。……其次,一、骐游公司是涉案第 37700 某某号、第 13330 某某号注册商标的权利人,千骐公司经授权,享有该两商标的使用权,该两商标均处于有效期内,依法应当受法律保护。二、华多公司将'丫丫玩'作为搜狗推广搜索关键词,用以推广华多公司直播平台软件,搜索结果相关链接显示有'丫丫玩'字样,且'丫

---

[1] 参见广州知识产权法院民事判决书,(2021)粤 73 民终 2164 号。

[2] 参见广州知识产权法院民事判决书,(2022)粤 73 民终 109 号。

丫玩’字样为红色,该‘丫丫玩’字样起到了指示商品或服务来源的作用,属于商标性使用。三、《中华人民共和国商标法》第五十七条规定,未经商标注册人的许可,在同一种商品上使用与其注册商标近似的商标,或者在类似商品上使用与其注册商标相同或者近似的商标,容易导致混淆的,属于侵犯注册商标专用权的行为。涉案第377007某某号商标核定使用商品项目为第9类,包括‘可通过全球计算机网络和无线设备下载的计算机游戏软件、可下载的手机应用软件’等。第13330某某号商标核定使用服务项目为第41类,包括‘在计算机网络上提供在线游戏’等。被诉侵权链接所涉直播平台软件与第377007某某号注册商标核定使用类别属于同种商品,与第13330某某号注册商标属于类似的商品与服务。”

3. 著作权侵权责任

网络游戏宣传推广中的“搭便车”行为,通常表现为擅自使用他人游戏、电影、小说的名称、人物形象等。如果相关名称、人物形象符合《著作权法》规定的作品范畴,这种“搭便车”行为就构成著作权侵权,依法应当承担著作权侵权责任。

例如,在网易公司、三五零公司与云锐公司、执云公司著作权侵权及不正当竞争纠纷案〔1〕中,二审法院认为,《梦幻西游》游戏经过多年宣传、推广、经营,具有较高的影响力和知名度,其游戏美术元素与游戏存在较高的指向性。被诉侵权广告视频是为推广《西游单机版》游戏而发布的,《西游单机版》游戏通过网络向公众发布并进行经营,三五零公司作为游戏经营者向下载游戏的公众收取费用,其理应对推广该游戏的视频广告内容知晓且有决定的权利。该公司上诉称对被诉侵权视频的内容不知情,实难令人信服。因此二审法院认定,云锐公司是被诉侵权广告视频的制作和发布者,三五零公司对确定视频制作与发布内容有共同意思联络,与云锐公司构成共同行为。一审法院认定三五零公司实施了侵害著作权的行为及不正当竞争行为,认定正确,二审法院予以维持。

〔1〕 参见广州知识产权法院民事判决书,(2021)粤73民终2849号。

法律依据

《反不正当竞争法》

第二十二条　经营者违反本法规定，给他人造成损害的，应当依法承担民事责任。

经营者的合法权益受到不正当竞争行为损害的，可以向人民法院提起诉讼。

因不正当竞争行为受到损害的经营者的赔偿数额，按照其因被侵权所受到的实际损失或者侵权人因侵权所获得的利益确定。经营者故意实施侵犯商业秘密行为，情节严重的，可以在按照上述方法确定数额的一倍以上五倍以下确定赔偿数额。赔偿数额还应当包括经营者为制止侵权行为所支付的合理开支。

经营者违反本法第七条、第十条规定，权利人因被侵权所受到的实际损失、侵权人因侵权所获得的利益难以确定的，由人民法院根据侵权行为的情节判决给予权利人五百万元以下的赔偿。

《商标法》

第六十三条　侵犯商标专用权的赔偿数额，按照权利人因被侵权所受到的实际损失确定；实际损失难以确定的，可以按照侵权人因侵权所获得的利益确定；权利人的损失或者侵权人获得的利益难以确定的，参照该商标许可使用费的倍数合理确定。对恶意侵犯商标专用权，情节严重的，可以在按照上述方法确定数额的一倍以上五倍以下确定赔偿数额。赔偿数额应当包括权利人为制止侵权行为所支付的合理开支。

人民法院为确定赔偿数额，在权利人已经尽力举证，而与侵权行为相关的账簿、资料主要由侵权人掌握的情况下，可以责令侵权人提供与侵权行为相关的账簿、资料；侵权人不提供或者提供虚假的账簿、资料的，人民法院可以参考权利人的主张和提供的证据判定赔偿数额。

权利人因被侵权所受到的实际损失、侵权人因侵权所获得的利益、注册商标许可使用费难以确定的，由人民法院根据侵权行为的情节判决给予五百万元以下的赔偿。

……

《著作权法》

第五十四条第一款　侵犯著作权或者与著作权有关的权利的，侵权人应当按照权利人因此受到的实际损失或者侵权人的违法所得给予赔偿；权利人的实际损失或者侵权人的违法所得难以计算的，可以参照该权利使用费给予赔偿。对故意侵犯著作权或者与著作权有关的权利，情节严重的，可以在按照上述方法确定数额的一倍以上五倍以下给予赔偿。

……

律师建议

鉴于网络游戏宣传推广中的“搭便车”行为可能引发的严重法律后果，包括承担不正当竞争、商标侵权及著作权侵权的民事责任，建议网络游戏经营者务必加强法律合规意识，采取有效措施避免此类行为的发生。

首先，网络游戏经营者应构建完善的内部审核机制，对所有宣传推广内容展开严格审查，确保不侵犯他人的知识产权。包括但不限于对游戏名称、海报、宣传文案、人物形象等元素的审查，以及确保所有使用元素的合法来源和授权。

其次，网络游戏经营者应密切关注市场动态，及时发现并应对潜在的侵权指控。一旦收到侵权指控，应立即寻求专业法律支持，通过合法途径维护自身权益，同时积极与权利人沟通，探寻和解或调解的可能性。

最后，网络游戏经营者应增强知识产权保护意识，尊重他人的知识产权成果。通过加强知识产权保护宣传和培训，提高全体员工对知识产权的认识和重视程度，共同营造尊重知识产权的良好氛围。

综上所述，遵守法律法规、尊重知识产权是网络游戏经营者持续健康发展的基石。只有加强法律合规意识，采取有效措施避免“搭便车”等侵权行为的发生，才能确保网络游戏行业的健康有序发展。

035 “搭便车”行为同时构成不正当竞争和商标侵权或著作权侵权的，侵权人应承担何种责任？

答 为达到“混淆”的目的，网络游戏经营者在宣传推广游戏的过程中，容易出现侵犯他人商标专用权或著作权的行为。司法实践中，如何适用《反不正当竞争法》、《商标法》和《著作权法》对被侵权人的权益进行保护呢？

关于司法实践中如何适用知识产权专门法与《反不正当竞争法》对被侵权人的权益进行保护的问题，根据最高人民法院的相关司法解释，最高人民法院的立场为：首先，《反不正当竞争法》的补充保护作用不得与知识产权专门法的立法政策相抵触；其次，专门法已作穷尽性规定的，《反不正当竞争法》原则上不再提供补充或附加保护，但是在与专门法立法政策相兼容的范围内，仍可以从制止不正当竞争的角度给予保护。因此，当"搭便车"行为构成商标侵权或著作权侵权，能够依据《商标法》或《著作权法》等知识产权专门法保护被侵权人合法权益时，应优先适用知识产权专门法来保护，当知识产权专门法无法充分保护被侵权人合法权益时，则可以同时适用《反不正当竞争法》进行保护。

例如，在津虹公司、华多公司与千骐公司、骐游公司、搜狗公司侵害商标权及不正当竞争纠纷案〔1〕中，因商标权侵权行为能够涵盖津虹公司、华多公司的全部违法行为，二审法院优先适用《商标法》保护千骐公司、骐游公司的权益，不再适用《反不正当竞争法》对千骐公司、骐游公司的权益进行保护。二审法院认为："千骐公司、骐游公司就相同行为同时主张侵害商标权及不正当竞争行为，鉴于本院已经认定相关行为属于侵害商标权的行为并对千骐公司、骐游公司的商标权加以保护，故对其就相同事实指控不正当竞争的主张不予采纳，对千骐公司、骐游公司据此提出的诉讼请求亦不再予以支持。"

又如，在网易公司与火箭公司、玖壹玩公司著作权侵权及不正当竞争纠纷案〔2〕中，因著作权侵权行为不能涵盖火箭公司、玖壹玩公司的全部违法行为，仅适用《著作权法》不能充分保护被侵权人的合法权益，一审和二审法院均认定火箭公司、玖壹玩公司的行为同时构成著作权侵权及不正当竞争，同时适用《著作权法》《反不正当竞争法》对被侵权人的权益进行保护。一审法院认为："火箭公司、玖壹玩公司未经网易公司的授权或许可，在其案涉侵权网站对于案涉侵权游戏下载页面使用与网易公司享有著作权的美术作品

〔1〕 参见广州知识产权法院民事判决书，(2022)粤73民终109号。
〔2〕 参见广州知识产权法院民事判决书，(2021)粤73民终2164号。

实质性相似的美术形象进行宣传推广，使相关公众可以在其选定的时间或地点浏览、获取案涉权利美术作品，其行为侵犯了网易公司对案涉权利美术作品依法享有的信息网络传播权……玖壹玩公司、火箭公司在案涉侵权网站中对案涉侵权游戏进行宣传，称其是'西游经典再续'，结合其所大量使用的《梦幻西游》的游戏元素，易使玩家误以为被诉游戏与《梦幻西游》存在特定联系。再者，案涉侵权游戏在下载页面大量使用了与《梦幻西游》登录界面、角色创建界面等实质性相似的界面进行宣传，火箭公司确认游戏下载页面的元素与其游戏内的元素不同，亦属于欺骗相关公众的行为……玖壹玩公司、火箭公司主观上具有攀附网易公司案涉游戏声誉的故意，客观上进行虚假宣传，并足以导致相关公众混淆两款游戏的来源或者误认为两者具有特定联系，违背公平竞争及诚实信用原则，构成不正当竞争。"

法律依据

《最高院关于当前知识产权审判服务大局的意见》

11、加强不正当竞争和反垄断审判，统筹兼顾自由竞争与公平竞争的关系，积极促进市场结构完善和社会主义市场经济体制的健全。妥善处理专利、商标、著作权等知识产权专门法与反不正当竞争法的关系，反不正当竞争法补充性保护不能抵触专门法的立法政策，凡专门法已作穷尽规定的，原则上不再以反不正当竞争法作扩展保护。……

《最高院关于充分发挥知识产权审判职能作用的意见》

24、加强不正当竞争案件的审判，维护市场公平竞争。妥善处理好知识产权专门法与反不正当竞争法的关系，在激励创新的同时，又要鼓励公平竞争。反不正当竞争法补充保护作用的发挥不得抵触知识产权专门法的立法政策，凡是知识产权专门法已作穷尽性规定的领域，反不正当竞争法原则上不再提供附加保护，允许自由利用和自由竞争，但在与知识产权专门法的立法政策相兼容的范围内，仍可以从制止不正当竞争的角度给予保护。……

《最高院关于反不正当竞争法的司法解释》

第二十四条　对于同一侵权人针对同一主体在同一时间和地域范围实施的侵权行为，人民法院已经认定侵害著作权、专利权或者注册商标专用权等并判令承担民事责任，当事人又以该行为构成不正当竞争为由请求同一侵权人承担民事责任的，人民法院不予支持。

律师建议

被侵权人在面对网络游戏中的“搭便车”侵权行为时，应优先适用《商标法》或《著作权法》等知识产权专门法，若保护不足则可补充适用《反不正当竞争法》。同时，应积极收集侵权证据，包括侵权情况、损失等，并密切关注司法实践和法律规定的变化，以适时调整维权策略，全面维护自身权益和市场秩序。

036 网络游戏宣传“搭便车”应当承担什么行政责任？

答 对于网络游戏宣传“搭便车”行为应承担的行政责任，应从以下几个方面进行分析：

(1)《反不正当竞争法》规定的行政责任。网络游戏经营者在宣传推广游戏过程中存在“搭便车”行为，造成相关公众混淆的，应根据《反不正当竞争法》的规定承担停止违法行为，没收违法商品、并处罚款，情节严重的吊销营业执照等相关行政责任。[1]

(2)《商标法》规定的行政责任。网络游戏经营者在宣传推广游戏过程中存在“搭便车”行为，如其实施的具体行为侵犯他人商标专用权的，侵权人应当根据《商标法》的规定承担停止侵权行为，没收、销毁侵权商品和主要用于制造侵权商品、伪造注册商标标识的工具，违法经营额5万元以上的，可以处违法经营额5倍以下的罚款等相关行政责任。[2]

(3)《著作权法》规定的行政责任。网络游戏经营者在宣传推广游戏过程存在的“搭便车”行为，如其实施的具体行为侵犯他人著作权的，侵权人应

---

〔1〕 具体规定见《反不正当竞争法》第23条。

〔2〕 具体规定见《商标法》第60条第2款。

当根据《著作权法》的规定承担停止侵权行为，警告，没收违法所得，没收、无害化销毁处理侵权复制品以及主要用于制作侵权复制品的材料、工具、设备等，并处罚款等相关行政责任。[1]

法律依据

《反不正当竞争法》

第二十三条　经营者违反本法第七条规定实施混淆行为或者帮助他人实施混淆行为的，由监督检查部门责令停止违法行为，没收违法商品。违法经营额五万元以上的，可以并处违法经营额五倍以下的罚款；没有违法经营额或者违法经营额不足五万元的，可以并处二十五万元以下的罚款；情节严重的，并处吊销营业执照。

……

《商标法》

第六十条第二款　工商行政管理部门处理时，认定侵权行为成立的，责令立即停止侵权行为，没收、销毁侵权商品和主要用于制造侵权商品、伪造注册商标标识的工具，违法经营额五万元以上的，可以处违法经营额五倍以下的罚款，没有违法经营额或者违法经营额不足五万元的，可以处二十五万元以下的罚款。对五年内实施两次以上商标侵权行为或者有其他严重情节的，应当从重处罚。销售不知道是侵犯注册商标专用权的商品，能证明该商品是自己合法取得并说明提供者的，由工商行政管理部门责令停止销售。

《著作权法》

第五十三条　……侵权行为同时损害公共利益的，由主管著作权的部门责令停止侵权行为，予以警告，没收违法所得，没收、无害化销毁处理侵权复制品以及主要用于制作侵权复制品的材料、工具、设备等，违法经营额五万元以上的，可以并处违法经营额一倍以上五倍以下的罚款；没有违法经营额、违法经营额难以计算或者不足五万元的，可以并处二十五万元以下的罚款……

---

〔1〕 具体规定见《著作权法》第53条。

律师建议

一旦被发现实施混淆行为、侵犯商标专用权或著作权的，将可能面临严厉的行政处罚，包括但不限于责令停止违法行为、没收违法所得及侵权商品、销毁相关工具和设备，以及高额罚款等。因此，网络游戏经营者应当充分认识到相关行为后果的严重性，建议网络游戏经营者在宣传推广过程中严格遵守相关法律法规，尊重他人的知识产权，避免“搭便车”等不正当竞争行为。同时，企业也应加强内部合规管理，建立健全知识产权保护机制，提高员工对知识产权的尊重和保护意识，以减少潜在的法律风险。

037 游戏 IP 元素联名如何防范侵权及商誉等风险？

答 品牌联名，是指不同品牌之间借助特定方式，开展知识产权或者其他层面的合作，以此实现强强联合，达成提升品牌知名度、拓宽市场、激发消费者购买欲望等效果。曾引发广泛关注的联名案例，包括 2 天卖出 1000 万杯由贵州茅台和瑞幸咖啡联名推出的“酱香拿铁”。近年来，随着多款网络游戏的火爆，网络游戏 IP 元素也备受市场青睐，从而出现众多“跨界”品牌联手合作，合作的形式也是多种多样，如《原神》与小米手环、一加手机等联名推出的产品，深受线上线下诸多玩家的追捧。然而，品牌联名在带来诸多益处的同时，也伴随着一系列的法律风险。

首先，联名可能会存在知识产权侵权的风险。品牌联名中最为常见的法律风险就是商标侵权，我国《商标法》对商标侵权有明确的规定。所以，品牌联名双方在使用注册商标时要特别注意，不要超出核准的使用范围使用注册商标。如果要在自己的产品上使用他人的商标标识，需要获得商标权利人的许可。

品牌联名需要彼此之间相互授权，这意味着不同品牌在自家产品上使用联名品牌的 IP 元素或其他知识产权。在这个过程中，就可能会出现超出授权许可范围使用合作品牌知识产权等情形，进而引发知识产权侵权纠纷。

品牌之间的联名，本质上是希望借助对方品牌或者 IP 元素的影响力，实现宣传自身品牌、提升自身品牌市场知名度和扩大市场份额等目的。品牌联名是将自身品牌与合作品牌进行深度绑定,这与产品的明星代言类似,本质上需要双方具有良好的信誉、商誉及影响力。在深度绑定的情况下,一旦一方出现舆论争议、负面事件,或者产品本身存在质量问题等状况,另一方的声誉将会受到牵连,遭受影响或者受损,给双方带来无法估量的损失,进而影响原本另一方的品牌声誉和价值。

其次,联名的主题等方面也可能因涉嫌违反法律法规或公序良俗,而引发面临处罚的风险。例如,2023 年 11 月 28 日,喜茶和景德镇中国陶瓷博物馆联名推出的“佛喜茶拿铁”深受追捧,但因其外包装上的宗教元素,也遭到众多批评。2023 年 12 月 1 日,深圳市民族宗教事务局工作人员约谈了喜茶公司,该公司于 12 月 3 日将相关产品下架处理,同时就相关情况作出检查。

最后,除知识产权以及品牌形象等方面可能给合作双方带来风险外,合作过程中存在的欺诈或违约等法律风险同样不可忽视。例如,2020 年“老干妈”被伪造印章案,便是腾讯公司旗下《QQ 飞车》手游与老干妈公司因品牌联名宣传而引发的法律风险事件。2020 年 4 月,腾讯公司起诉老干妈公司,案由系拖欠广告费纠纷,腾讯公司申请查封、冻结老干妈公司 1624 余万元的资产。2020 年 6 月底,老干妈公司发布公告,声称从未与腾讯公司有过任何形式的商业广告合作,同时向公安机关报案。2020 年 7 月,贵阳市公安局双龙分局发布官方通报称,初步查明,有三名犯罪嫌疑人故意伪造老干妈公司印章,冒充公司员工与腾讯公司签订合同,以非法方式获取腾讯公司在推广活动中的网游礼包。

在该案中,腾讯公司作为网络游戏运营商,为扩大《QQ 飞车》手游的知名度以及通过代言广告合作等方式获取营销利益等目的,在未谨慎核查合作方的真实性以及主体资质、履约能力等的情况下与对方签订合同达成合作,并且投放资源用于老干妈油辣椒系列推广,从而产生了腾讯公司自认为履约完毕而老干妈公司未支付相应推广费用的乌龙纠纷。

法律依据

《民法典》

第一百二十三条 民事主体依法享有知识产权。

知识产权是权利人依法就下列客体享有的专有的权利：

（一）作品；

（二）发明、实用新型、外观设计；

（三）商标；

（四）地理标志；

（五）商业秘密；

（六）集成电路布图设计；

（七）植物新品种；

（八）法律规定的其他客体。

第一百四十八条 一方以欺诈手段，使对方在违背真实意思的情况下实施的民事法律行为，受欺诈方有权请求人民法院或者仲裁机构予以撤销。

第一百四十九条 第三人实施欺诈行为，使一方在违背真实意思的情况下实施的民事法律行为，对方知道或者应当知道该欺诈行为的，受欺诈方有权请求人民法院或者仲裁机构予以撤销。

第一百五十五条 无效的或者被撤销的民事法律行为自始没有法律约束力。

第五百七十七条 当事人一方不履行合同义务或者履行合同义务不符合约定的，应当承担继续履行、采取补救措施或者赔偿损失等违约责任。

《商标法》

第四十八条 本法所称商标的使用，是指将商标用于商品、商品包装或者容器以及商品交易文书上，或者将商标用于广告宣传、展览以及其他商业活动中，用于识别商品来源的行为。

第五十六条 注册商标的专用权，以核准注册的商标和核定使用的商品为限。

第五十七条 有下列行为之一的，均属侵犯注册商标专用权：

（一）未经商标注册人的许可，在同一种商品上使用与其注册商标相同的商标的；

（二）未经商标注册人的许可，在同一种商品上使用与其注册商标近似的商标，或者在类似商品上使用与其注册商标相同或者近似的商标，容易导致混淆的；

（三）销售侵犯注册商标专用权的商品的；

（四）伪造、擅自制造他人注册商标标识或者销售伪造、擅自制造的注册商标标识的；

（五）未经商标注册人同意，更换其注册商标并将该更换商标的商品又投入市场的；

（六）故意为侵犯他人商标专用权行为提供便利条件，帮助他人实施侵犯商标专用权行为的；

（七）给他人的注册商标专用权造成其他损害的。

律师建议

在开展品牌联名合作时，各方应充分认识到其中潜藏的法律风险，时刻保持警惕，加强合规管理，确保合作过程的合法性和规范性，以维护自身的合法权益和商业信誉。首先，要确保合作双方拥有清晰、合法的知识产权授权，防止超出授权范围使用合作品牌的知识产权，进而引发知识产权侵权纠纷。其次，要关注合作双方的信誉和商誉状况，一旦出现舆论争议、负面事件或产品质量问题，应及时采取行动，降低对自身品牌声誉和价值的影响。此外，联名主题的选择应遵守法律法规和公序良俗，避免引发处罚风险。

在合作过程中，各方应严格遵守《商标法》等相关法律法规，确保商标使用的合法性和规范性。在使用注册商标时，要特别注意不要超出核准的使用范围，如需使用他人商标标识，应获得商标权利人的明确许可。

除知识产权和品牌形象风险外，还应警惕合作过程中的欺诈和违约行为。在签订合同前，要对合作方的真实性、主体资质、履约能力和信誉风险进行全面调查，确保合作方的可靠性和合法性。同时，合同内容应审慎制定，明确各方的权利和义务，以及违约责任和争议解决方式，以防范潜在的法律风险。

038 网络游戏停服了,怎么办?

答 游戏停服对游戏玩家的影响是巨大的。因多数游戏玩家都在游戏过程中进行了充值消费,投入大量的财产和精力,游戏停服会让游戏玩家遭受财产损失。同时,针对部分社交性很强的游戏,很多游戏玩家在该类游戏停服后会感觉精神寄托缺失,在一段时间内难以适应退出游戏圈子的生活,亦对游戏玩家的精神造成很大的伤害。对游戏推广商和运营商来说,游戏停服后其很可能会因营利终止出现资金短缺的情况,这进一步导致游戏玩家的利益无法得到充分保障。

网络游戏中的游戏账户、充值未使用的金额、游戏装备等属于网络虚拟财产。虽然《民法典》规定“法律对数据、网络虚拟财产的保护有规定的,依照其规定”,但现行有效的相关规范性文件如《加强网游虚拟货币管理的通知》也只在第 11 条中规定了虚拟货币的处理方式,对于被侵权后如何维权以及向谁维权,并没有特别明确的依据。针对此情况,笔者提供如下处理思路建议。

首先,厘清游戏推广商、游戏运营商、游戏玩家三者之间的法律关系。具体包括:(1)游戏推广商与游戏玩家之间存在合同关系;(2)游戏推广商与游戏玩家之间存在消费关系;(3)游戏运营商与游戏推广商之间存在代理关系;(4)游戏运营商与游戏玩家之间存在合同关系。

其次,明确网络游戏运营商停服应履行的义务。具体包括:(1)游戏公司应确保提前60 日,通过官网、官方微博、短信、用户预留邮箱及游戏内公告弹窗等方式,有效告知玩家游戏停服时间,避免因通知期限不符合法定要求而导致不必要的诉讼风险。(2)应结合游戏厂商自身情况与法律规定设置游戏停服后的补偿方案。根据《加强网游虚拟货币管理的通知》第 11 条的规定,“终止服务时,对于用户已经购买但尚未使用的虚拟货币,网络游戏运营企业必须以法定货币方式或用户接受的其它方式退还用户”。

最后,游戏玩家的维权路径如下:(1)在了解具体情况后,玩家可以与游戏运营商沟通,要求其履行合同义务或提供合理解决方案;(2)向相关监管机构寻求帮助,要求对游戏运营商的行为进行调查和调解;(3)沟通无果的,游戏玩家可以根据合同中的约定或法律规定,选择向有管辖权的法院或仲裁机构提出申请,要求运营商承担违约责任。

法律依据

《加强网游虚拟货币管理的通知》

(十一)网络游戏运营企业计划终止其产品和服务提供的,须提前 60 天予以公告。终止服务时,对于用户已经购买但尚未使用的虚拟货币,网络游戏运营企业必须以法定货币方式或用户接受的其它方式退还用户。

网络游戏因停止服务接入、技术故障等网络游戏运营企业自身原因连续中断服务 30 天的,视为终止。

律师建议

针对网络游戏停服的情况,游戏玩家维权需要各方协同发力。首先,期待相关主管部门尽快出台专门规制网络虚拟财产保护的法规或规章,对网络服务合同相对方等问题予以说明,明确游戏停服后游戏玩家的维权途径等问题,这对网络游戏产业的进一步发展也将起到促进作用。其次,相关监管部门应督促网络游戏企业履行好自身职责,自觉维护游戏玩家的合法权益。可考虑由相关监管部门或者行业协会推出游戏合同示范文本,以规范平台的行为。此外,对于侵犯游戏玩家合法权益的违法行为,要依法依规予以惩治。最后,在法律规范和监管完善的基础上,游戏玩家应提升维权意识。现实生活中,游戏玩家面临游戏停服等变故时,许多时候会表现得“逆来顺受”。多数游戏玩家作为消费者,尚未转变观念,对网络服务合同相对方的认定意识较为淡薄。在日常化的维权路径逐步完善的情况下,游戏玩家作为消费者主动维权的示范性效应亦可推动行业内部良性发展。

第五章　网络游戏玩家纠纷

039　网络游戏财产的价值如何认定？

答 网络游戏财产一般包括网络游戏的装备、游戏币、道具、点卡、账号及游戏激活码等虚拟类型。网络游戏财产具有一定的财产性利益，在网络游戏中存在使用价值和交易价值，根据《民法典》第127条的规定可知，网络游戏财产属于法律保护的财产范畴。但因为其不像其他货币一样具有货币交易的属性，所以关于网络游戏财产价值的认定，在学术界和实务界均存在较大的争议，其中比较主流的观点有：(1)以社会必要劳动时间为准计算互联网财产的价值；(2)根据用户真实货币的投入计算互联网财产的价值；(3)根据市场交易价格确定互联网财产的价值；(4)网络运营商对互联网财产定价；(5)根据受害者的直接损失和间接损失来确定互联网财产的价值。其中，较为常见的是"根据用户真实货币的投入计算互联网财产的价值"，如购买的点卡和游戏币被盗了，一般在认定盗窃金额的时候会根据玩家当时购买点卡或者游戏币的交易金额来认定。

同时，对于很多游戏过程中通过打怪获取的装备或者培育的角色，以及此类由玩家投入时间精力或者通过概率抽奖获得的装备道具，并没有一个明确的价值标准来衡量，属于无有效价格证明的网络游戏财产。

根据《最高院、最高检关于办理盗窃刑事案件的解释》第4条的规定："盗窃的数额，按照下列方法认定：(一)被盗财物有有效价格证明的，根据有效价格证明认定；无有效价格证明，或者根据价格证明认定盗窃数额明显不合理的，应当按照有关规定委托估价机构估价……"而在实务中，游戏一般只允许用户在游戏内自行交易虚拟财产，无法提供确定某种虚拟财产具体价值的方法，评估机构也只能评估相应虚拟财产的现值，不能评估其当时的价值。

例如,在张某诉曹某网络侵害虚拟财产纠纷案[1]中,原告张某是某网络游戏的用户,将该游戏账号密码告知被告并委托被告进行代练,但被告曹某于 2020 年 10 月将该账号内的 44 种虚拟财产转出并与张某失去联系。原告诉至法院要求法院判令被告赔偿其虚拟财产损失 31,678.40 元。法院认为,网络虚拟财产系由用户投入时间、精力或者金钱获得,具有财产价值,受法律保护。综合在案证据,法院确认被告在未经原告同意的情况下擅自转移了原告所述的虚拟财产。经比较各类确定虚拟财产价值的方法,可见市场法和成本法较适合用于评估虚拟财产的价值,其中市场法因其灵活、明确、适用性广的特点,在确定虚拟财产价值方面具有更为广泛的应用空间。鉴于原告提供了游戏拍卖行界面截图,显示了"拍卖行"这一游戏内公允、公开的虚拟财产交易市场中被盗虚拟物品接近被盗日期的实际交换价格,法院对原告关于采用市场法即参考虚拟财产被盗时相关虚拟财产市场交易最低价格确定其损失的主张予以采纳。据此计算,案涉被盗的虚拟财产价值为 31,324.81 元。

参考上述判决观点,对于这些无有效价格证明的网络游戏财产评估,应当考虑该物品在公共交易平台的估价、玩家投入的时间、侵害行为造成的损失等,综合认定其价值。

法律依据

《民法典》

第一百二十七条 法律对数据、网络虚拟财产的保护有规定的,依照其规定。

《最高院、最高检关于办理盗窃刑事案件的解释》

第四条 盗窃的数额,按照下列方法认定:

(一)被盗财物有有效价格证明的,根据有效价格证明认定;无有效价格证明,或者根据价格证明认定盗窃数额明显不合理的,应当按照有关规定委

---

[1] 参见广州互联网法院民事判决书,(2021)粤 0192 民初 6525 号。

托估价机构估价；

……

盗窃行为给失主造成的损失大于盗窃数额的，损失数额可以作为量刑情节考虑。

律师建议

针对无有效价格证明的网络游戏财产价值认定问题，建议受害人在其网络游戏财产遭受侵害时，及时收集并保存相关证据，包括但不限于游戏道具的获取方式、投入的时间精力、侵害行为的具体情况等。同时，可以积极寻求专业估价机构的帮助，根据《最高院、最高检关于办理盗窃刑事案件的解释》的相关规定，委托估价机构对游戏道具进行估价。在估价过程中，应充分考虑该物品在公共交易平台的估价、玩家投入的时间成本以及侵害行为对受害人造成的实际损失等因素，以确保估价结果的公正性和合理性。此外，网络游戏运营商也应加强自律，制定明确、合理的游戏道具定价标准，以减少因价格争议而引发的法律纠纷。

040 对于玩家而言，游戏账号的性质和权属如何确定？

答 游戏账号，是玩家在特定的游戏或游戏平台中注册并使用的个人账户，是游戏玩家的身份标识，具有唯一性。随着网络技术的发展，网络游戏、客户端游戏成为新的主流，这类游戏的账号及其信息演变得更加复杂，通常包括以下元素：独一无二的用户名或者账号（ID）；用于验证登录和保护账号安全的密码；与账号进行绑定的个人信息（如真实姓名、身份证号码、电子邮箱、手机号码等）；游戏数据（如角色信息、游戏记录、成就、虚拟物品等）；部分游戏所具备的社交功能和信息（如好友列表、公域及私人聊天记录、组建公会或团队信息）；支付和交易功能，玩家可以通过购买游戏点卡、绑定银行卡或支付平台账号等方式将现实中的货币转化为游戏中的货币进行交易、购买道具，或者直接以现实中的货币购买游戏中的角色、技能、道具、材料等虚拟物品。由此可见,随着互联网技术的持续发展和游戏开发设计的水平不断提升,游戏的功能演变得更加多样化,所包含的信息也更加复杂。如今绝大多数的游戏账号已经不只是玩家的身份标识或通行证,而是同时具有人格属性与经济属性的信息集合体。

首先,游戏账号具有一定的人格属性。人格属性不是指游戏账号本身具有人格或意志,虽然游戏账号以及账号内的虚拟物品等只是玩家在游戏过程中产生的一连串数据信息,但是它还是在一定程度上反映了玩家的思想、偏好或行为模式。玩家通常会根据自己的喜好来定制个性化的用户名、角色身份与装扮;在经营类游戏中,通常还可以自由设计、搭建、构造自己的"家园""小镇"。玩家在游戏账号中的个人创造和设计,体现了玩家的个人风格和品位;而游戏中的成就、荣誉、排行榜系统和活动、奖励功能,则是玩家竞技水平和游戏能力的象征。无论是从账号、用户名的唯一性还是账号内数据产生的过程来看,游戏账号与游戏玩家之间都存在强烈的对应关系,每一个游戏账号都是依附于玩家而存在的,同样,游戏账号背后蕴含了玩家所付出的时间、精力、思考与创造,体现了玩家的审美水平、智力水平和游戏技能,是玩家宝贵精神财富的具象化呈现。

其次,游戏账号也具有一定的经济属性。游戏账号的经济价值,不仅包括玩家在游戏中直接投入的金钱成本,如购买游戏点卡或者充值购买的游戏商品、与其他游戏玩家进行买卖行为时所置换的物品;也包含玩家的游戏行为对游戏账号本身所产生的增值,如打怪升级加强游戏账号的等级、收集珍稀材料合成稀有道具、竞技活动中取得的排名和荣誉、多年游戏积累下来的"活动限定"虚拟物品。尤其是在如今网络游戏普遍具备多人互动或社交功能的情况下,玩家不仅从游戏过程本身获得感官上的满足,还从信息交流、市场交易和游戏角色互动中获得成就感和归属感,这是网络游戏的一大魅力,也是玩家愿意投入大量时间、精力和金钱为游戏账号增值的重要动力。上述对价与回馈的交换互动,赋予游戏账号明显的经济属性。

综合以上原因,不难理解游戏账号的权属争议声量逐渐增大的原因。正是因为如今游戏账号所蕴含的价值不断提升,其人格属性和经济属性越来越不容忽视,才使大众尤其是玩家希望法律能够明确游戏账号的权属问题。《民法典》第127条规定:"法律对数据、网络虚拟财产的保护有规定的,依照其规定。"这意味着我国法律在原则上支持对网络虚拟财产加以保护,但是游戏账号作为网络虚拟财产的定性和权属问题,我国立法、司法和学术界尚未达成统一意见。实践中,游戏公司通常会在服务条款中以协议约定的方式,限制玩家对游戏账号及其相关数据的权属,在保障玩家使用权的同时,明确由公司享有对游戏账号的所有权。

例如,米哈游的知识产权声明中提到,用户在使用米哈游的游戏服务中产生的游戏数据,其所有权、知识产权及相关权益归米哈游所有,米哈游有权保存、处置该游戏数据。除用户购买游戏虚拟货币的购买记录的保存期限将遵守相关法律、国家政策规定和国家法律法规另有规定的外,其他游戏数据的保存期限由米哈游自行决定。

网易的网络游戏《梦幻西游》的服务条款中也约定,用户在参与游戏过程中产生并储存于网易公司服务器中的任何数据信息(包括但不限于账号数据信息、角色数据信息、等级物品数据信息等,但用户的姓名、身份证号、电话号码等个人身份数据信息除外),属于游戏软件的一部分,由网易公司所有并进行管理。用户有权在遵守游戏规则的前提下,通过正当的途径对属于自身账号的数据信息进行修改、转移、抛弃等操作。

此外,有的公司为了强化玩家对游戏账号权属的理解,不仅明确玩家不享有游戏账号的所有权,还对玩家处分游戏账号的行为作出限制性规定。如腾讯的服务条款规定,游戏账号的所有权归腾讯所有,游戏用户仅享有游戏账号的使用权。同时规定用户不得将游戏账号以任何方式提供给他人使用,包括但不限于转让、出租、借用等,也不得提供给他人用于包括但不限于直播、录制、代打代练等商业性使用。

法律依据

《民法典》

第一百二十七条 法律对数据、网络虚拟财产的保护有规定的,依照其规定。

律师建议

从立法尚不明确、游戏公司普遍以协议限定玩家仅享有账号使用权的现状来看，普通游戏玩家一般不享有游戏账号及其数据的所有权，而是在有限的范围内享有对游戏账号的使用权，具体限度取决于不同游戏公司的风险把控力度。不过，在仅使用账号进行游戏娱乐活动而不涉及账号交易、营利的情境下，目前游戏公司的处理方式既未对玩家造成不利影响，也未实质性侵犯玩家权益。

041 游戏账户、游戏装备不能正常使用或交易是什么原因，应该如何处理？

答 如果游戏账户、游戏装备不能正常使用或交易，极大可能是游戏玩家在游戏过程中涉嫌违反游戏规则。现在市面上的游戏非常多，游戏玩家的选择也越来越多。大多数游戏玩家在第一次登录新游戏时，往往不会留意游戏规则，即便系统再三提醒，也鲜少有人关注并花时间查看。一般情况下，游戏玩家在正常玩游戏时，无须了解该游戏规则的具体内容，只有当游戏账户出现异常，如无法正常使用时，游戏玩家才会去查看游戏规则寻找原因。游戏账户、游戏装备不能正常使用或交易，有可能是因为玩家存在以下行为。

(1)违反游戏规则的行为。包括但不限于“外挂”、游戏辅助、脚本等，这些都是违反游戏规则，通过一些程序投机取巧，获取不当优势的行为。如果这种行为被运营商发现，自然会按照游戏规则对玩家进行处罚，如封禁账户一个月等。以“外挂”为例，又叫辅助、第三方辅助软件、编程游戏修改器，一般指通过修改游戏数据而为玩家谋取利益的作弊程序或软件，即利用计算机技术针对一个或多个软件进行非原本设计的操作，篡改游戏原本正常的设定和规则，大幅增强游戏角色的技能，并赋予游戏角色超越常规的能力，从而使玩家能够轻松获取胜利、奖励和快感。这是最为常见的违规行为，简单来说，就是游戏玩家为了用最小的力气获得最高的成绩，通过改变软件的部分程序制作而成的作弊程序。

从法律角度来看，当游戏玩家购买账号或者登录游戏，开始参与到游戏活动时，必然会在游戏开始前看到游戏规则同意页，这是玩家必须接受的内容，否则将无法登录游戏。从形式上看，它类似"霸王条款"，玩家没有选择余地，只能选择接受或放弃游戏。但是，将该游戏置于整个游戏行业背景下，会发现此规则并不具备市场支配力量，因为玩家拥有自主选择权，可以通过选择其他游戏进行消费，这使游戏开发者难以在游戏规则中随意规定玩家义务、剥夺玩家权利。即便如此，玩家在选择特定游戏时，仍不得不接受其游戏规则。这种情况下，只要游戏规则包含合理必要的规则要求，法律是认可的，玩家也应当遵守。

游戏规则也是一种合同，需要遵守《民法典》中关于合同的约定，当游戏玩家确认同意后，理应遵守运营商设定的合理规范要求。当玩家违反了相关规则，游戏运营商根据游戏规则中的处罚规定，对相关账户进行处罚，具有合理性。但是这种处罚规定应该是事先约定好的，而不能事后随意实施。因此，当账号因违规使用游戏辅助、"外挂"、脚本等工具而被处罚时，玩家需要重新研究游戏规则，查看处罚是否有章可循，是否适当合理。若发现处罚缺乏依据或不合理，玩家可以对此提出异议，要求运营商改正。否则就可以诉诸诉讼程序。

（2）违反法律法规的行为。除违反游戏规则等相关内容外，游戏玩家还可能因为违反国家法律法规而面临风险，如涉嫌淫秽色情、洗钱诈骗等违法犯罪行为。若游戏玩家存在这类行为，不仅会影响其账号使用，还会涉及违法犯罪。

因游戏需要经过审批才能上线发行，所以游戏本身违法犯罪的情况比较少见，多数情况是不法分子借助游戏平台开展违法犯罪行为，如通过网络游戏结识青少年然后进行色情服务，或者借助游戏的竞技属性设置赌博，获取违法所得等。

（3）其他情况。网络游戏也是一种竞技运动，在双方组队 PK 等对战过程中，玩家之间容易产生矛盾冲突。部分玩家可能会出现言语失当，甚至恶语相向、相约线下斗殴等不文明行为，此类行为可能涉及侵权。此时，就需要运营商出面进行管理处罚。除此之外，未经许可在游戏内擅自刷广告，一般也属于违规行为。

法律依据

《民法典》

第一百二十七条 法律对数据、网络虚拟财产的保护有规定的,依照其规定。

第五百零九条 当事人应当按照约定全面履行自己的义务。

当事人应当遵循诚信原则,根据合同的性质、目的和交易习惯履行通知、协助、保密等义务。

……

第五百七十七条 当事人一方不履行合同义务或者履行合同义务不符合约定的,应当承担继续履行、采取补救措施或者赔偿损失等违约责任。

律师建议

随着网络游戏的日益普及,其已成为许多人生活中不可或缺的一部分。在游戏过程中,游戏玩家要自觉遵守游戏规则,积极维护游戏秩序,提高对游戏规则的重视程度,明晰违规、违法行为的相应法律后果,在充分感受游戏乐趣的同时,一同营造良好的游戏环境。

042 游戏玩家可以要求退款吗?

答 游戏玩家能否要求退款,要结合游戏平台规则、法律法规以及游戏玩家的实际情况具体分析,不能一概而论。游戏玩家在以下特定情况下,可能会成功退款。

(1)网络游戏官方设有明确退款条款。每款游戏都有各自的游戏规则,根据各游戏运营商对游戏的政策设置,在一些特定情况下,允许游戏玩家申请退费,如游戏未上线或服务器故障导致无法正常体验等。

(2)停服。《加强网游虚拟货币管理的通知》第11条中规定,“网络游戏运营企业计划终止其产品和服务提供的，须提前60天予以公告。终止服务时，对于用户已经购买但尚未使用的虚拟货币，网络游戏运营企业必须以法定货币方式或用户接受的其它方式退还用户”。

(3)未成年人游戏充值。由于未成年人心智发育不成熟，法律对其民事行为能力有所限制，8周岁以上的未成年人为限制民事行为能力人，不满8周岁的未成年人为无民事行为能力人。所以，如果是未成年人实际参与游戏，其充值行为的效力会受到影响。为了保护未成年人的利益，国家出台了《进一步严防未成年人沉迷网络游戏的通知》，专门就未成年人的保护提出了要求。现有的网络游戏公司均应依据该通知，设置防止沉迷规则与机制。若未成年人进行大额充值，且网络游戏公司明知充值者为未成年人仍然收取，该行为是可以撤销的，可由未成年人的监护人向网络游戏公司申请返还。当然，最终判定还需要结合未成年人的实际年龄、充值行为实施主体等具体情况综合确定。

法律依据

《民法典》

第十七条 十八周岁以上的自然人为成年人。不满十八周岁的自然人为未成年人。

第十九条 八周岁以上的未成年人为限制民事行为能力人，实施民事法律行为由其法定代理人代理或者经其法定代理人同意、追认；但是，可以独立实施纯获利益的民事法律行为或者与其年龄、智力相适应的民事法律行为。

第二十条 不满八周岁的未成年人为无民事行为能力人，由其法定代理人代理实施民事法律行为。

律师建议

作为游戏玩家，在遇到可能需要退款的情况时，应首先查阅游戏平台的具体退款条款，了解自身权益和退款流程。若游戏因故停服，玩家应留意官方公告,并依据相关法律法规要求游戏运营商退还虚拟货币。特别是未成年人的监护人,应加强对未成年人游戏行为的监管,定期检查游戏充值记录,一旦发现未成年人存在大额充值行为,应及时与游戏公司沟通并申请退款。在申请退款时,应提供充分的证据证明充值行为系未成年人实施,并据理力争,维护自身合法权益。

同时,建议游戏运营商在制定游戏规则和退款政策时,应更加关注玩家的权益保护,明确退款条件和流程,提升服务质量,减少因退款问题而引发的纠纷。对于未成年人的游戏充值问题,游戏运营商应严格遵守相关法律法规,加强身份验证和防沉迷机制,切实保护未成年人的合法权益。

总之,游戏玩家在遇到退款问题时,应理性维权,依据法律法规和游戏平台规则,合理合法地维护自身权益。

043 游戏账号可以交易吗?

答 游戏账号交易的合法化仍面临诸多限制。

《民法典》并未赋予游戏账号这类网络虚拟财产明确的法律身份,仅认为可依照其他法律进行保护。在现实的法律事务中,"游戏账号具有相应财产权"的观念虽已深入人心,但对该权利的定义却尚无定论。若以严格物权处之,则许多游戏厂商施加在个人游戏账号上的诸多"条款",似乎已有严重限制物权基本属性的倾向;但若仅以债权对游戏账号进行定义,则对游戏账号绝对对世的保护方法又与债权相对人的基本属性相悖。在我国法律尚未明确网络虚拟财产法律定位的背景下,此两难局面直接导致实务中各地法院的判决标准不一。下文以王某诉上海某公司、夏某网络服务合同纠纷案[1]进行分析。

原告王某以其名下手机号在被告上海某公司运营的手机网络游戏中注册账号,并于游戏期间累计充值数万元。原告、被告之间的服务协议约定:

---

〔1〕 参见上海高院:《上海市高级人民法院发布 2024 年第一批参考性案例》,载微信公众号"上海高院"2024 年 2 月 29 日,https://mp.weixin.qq.com/s/EifMJKD－OreLWIMMYcKihw。

"本平台从未授权用户从任何第三方通过购买、接受赠与或者其他方式获得本平台账号,亦未授权用户将本平台账号转让或出借、共享给其他第三方使用(包括但不限于直播、录制、代练等情形)。因实施前述行为产生任何法律后果及责任均由用户自行承担。"后案外人玩家向原告转账 6000 元,原告告知该玩家涉案游戏账号和密码,并将该账号交付其使用。1 周后,原告将 6000 元退还案外人玩家。此后不久,被告将涉案游戏账号登记于第三人夏某名下,故原告诉至法院要求判令解除原告、被告之间的服务合同,并要求被告退还相应的充值费用。法院经审理认为,原告在登录游戏时与被告达成了服务协议,该协议不违反法律和行政法规的强制性规定,对双方均有法律约束力。因涉案游戏账号现已登记于第三人名下,原告已失去该游戏账号的控制权,合同目的已无法实现,故原告可依法行使合同解除权。原告、被告均违反服务协议的约定,原告未经被告授权将涉案游戏账号进行买卖;被告未遵循服务协议擅自将涉案游戏账号变更登记至他人名下,且被告作为游戏账号信息管理控制方,未提供涉案游戏账号注册至今的实名登记信息及变更登记信息,在管理上多有疏漏。评定原告的损失应考虑该游戏账号的市场价值,因原告持续充值购买该游戏的虚假货币,在游戏过程中利用虚拟货币购买道具等,以提升其游戏体验感,被告已为原告的充值提供对价服务,故原告的损失不能以充值金额来认定。结合案情,涉案游戏账号的市场价值即原告的损失应综合认定为 6000 元,根据原告、被告各自承担的过错,认定被告应赔偿原告 4200 元。

上述案例中还涉及"禁止游戏账号买卖"格式条款的效力认定问题。网络游戏账号是用户进入游戏的唯一身份凭证,对应着账号中的游戏角色、虚拟道具等信息数据,属于网络虚拟财产。《民法典》第 127 条将网络虚拟财产纳入了法律保护范围,但目前尚未有其他法律、法规对于网络游戏财产的保护问题作出详细规定。根据意思自治原则,对于涉及网络游戏账号、装备纠纷的处理,以游戏用户与运营商之间签订的网络游戏服务协议来确定双方的权利义务范围。上述案例中,服务协议中的格式条款实质内容为"未经平台授权禁止用户自行转让账号",该限制条款系运营商为符合网络游戏实名制监管规定要求而采取的必要措施,且未排除用户享受服务及其他对游戏账号的合法处分权利,不存在违反法律法规强制性规定或公序良俗的情形,法院认为,对其效力应予认可。

法律依据

《民法典》

第一百二十七条 法律对数据、网络虚拟财产的保护有规定的，依照其规定。

律师建议

游戏账号作为网络虚拟财产的一种，随着我国移动互联网的广泛普及，越来越频繁地出现在人们的生活之中，并引发相应的法律问题。转让流通应是财产权所固有的基本属性，但游戏账号在诞生之初，其财产权的这一基本属性就受到诸多限制。我国大部分游戏厂商会在玩家注册游戏账号时确认的服务协议中明确约定，账号的所有权属于厂商，玩家仅拥有使用权，且该使用权仅限注册玩家本人使用，禁止出售、租赁等转让行为。该条款虽因涉嫌"霸王条款"或不合理格式条款而屡遭诟病，但出于保护个人信息、防范信息泄露等现实因素考虑，现阶段我国的行政部门和各级司法部门似乎无意直接认定该条款无效，这导致即便审理同样或相似的案件，各法院因审判角度不同而可能作出不同判决。因此，建议游戏玩家应尽量遵守游戏厂商制定的基本协议条款，即便是要进行游戏账号的交易、租赁，也一定要杜绝个人之间的私下交易，在合法、正规的网上平台进行正规交易，并签订转让合同，以最大限度保障自己的合法权益。

044 玩家买卖游戏账号存在什么法律风险？

答 玩家买卖游戏账号，可能要承担违约责任，面临账号被封等民事责任，特殊情况下，甚至会因构成盗窃罪或诈骗罪而承担刑事责任。现实中，需要结合法律法规、游戏公司的协议约定和司法实践，综合判断买卖游戏账号的法律风险。

1. 游戏账号所有权人与游戏玩家之间的权益问题

游戏账号所有权人即游戏公司,游戏玩家处分游戏公司的所有物,必然存在法律风险。虽然《民法典》在第127条中原则上确认了对网络虚拟财产的保护,但具体如何保护,尚未有其他法律或规定进行细化。尽管遵循"法无禁止即可为"原则,但大部分游戏公司会明确约定禁止游戏账号转让、出租、代打代练等商业行为;如果存在违反服务协议的行为,游戏公司有权采取限制账号使用全部或部分功能、删除游戏账号及其数据、封停或注销账号等处理措施。这意味着玩家进行账号买卖等营利活动,虽然没有违反具体的法律规定,但由于侵犯了游戏公司的所有权并违反了协议约定,游戏公司有权收回授予游戏玩家的使用权。

2. 游戏账号买卖双方合同纠纷和财产权益保护问题

司法实践中,游戏公司为保护账号初始注册用户安全、防止非法窃取账号或用户遗忘账号密码,通常提供通过绑定的手机号、微信号或邮箱找回账号的功能。这使得即便玩家完成账号出售及换绑,卖家仍能通过绑定信息、充值记录或其他措施,向游戏公司客服申诉找回账号。游戏账号买受人因此面临过高的交易风险,这也是游戏账号买卖合同纠纷频发的原因。

3. 游戏账号买卖合同纠纷的法律性质

游戏账号买卖合同纠纷本质上属于普通买卖合同纠纷,但又有别于一般买卖合同纠纷。因此,法院在审理此类纠纷时,一方面,会结合买卖合同纠纷的一般性,即参考普通合同纠纷特征来确定案件争议焦点;另一方面,也会兼顾游戏账号作为虚拟买卖标的的特殊性,从而做出特别处理。

(1)结合买卖合同纠纷的一般性

首先,游戏账号卖家是否为游戏账号所有权人并不影响买卖合同的效力。《民法典》第597条第1款规定:"因出卖人未取得处分权致使标的物所有权不能转移的,买受人可以解除合同并请求出卖人承担违约责任。"可见,在我国物权法理论体系中,处分行为并不必然要求处分人拥有所有权,非所有权人与第三人订立的买卖合同效力不受影响,只是可能产生合同无法履行的违约后果。从全国各地关于游戏账号买卖合同纠纷的案例来看,司法实务也遵循上述物权理论,并未就游戏账号的所有权展开调查和论证。因此,尽管绝大多数的游戏账号买卖并未获得游戏公司也就是游戏账号所有权人的许可,但从法律规定和司法实践角度而言,并不影响买卖行为的效力。

其次，司法实践通常从合同效力的一般要件判断账号买卖合同效力。只要账号买卖合同不违反国家法律、行政法规的强制性规定和公序良俗，双方为具有民事行为能力的主体、不违反意思自治且不存在恶意串通损害当事人利益的情形，法院一般认可合同效力。就买卖标的是否合法这一要点，法院通常基于《民法典》的原则性条款认可游戏账号的财产属性。例如，在山东某电商公司诉黄某买卖合同纠纷案〔1〕中，法院认为，游戏账号是游戏公司开发并依法注册，由持有者申请注册，在使用中逐渐形成的一系列数据信息组合，具有数据、网络虚拟财产的性质，根据《民法典》第127条的规定，依法受到法律的保护。

最后，部分案件还会以"买卖合同纠纷"下一级案由"信息网络买卖合同纠纷"进行立案，但是并不改变案件属于普通买卖合同纠纷的本质，且更有利于确认案件管辖问题。因为游戏账号交易通常以信息网络的方式订立合同，且最终无须以有形载体进行交付，买卖双方终端位置不确定，甚至很可能相距甚远。为了更好地保护买受人的利益，以"信息网络买卖合同纠纷"为案由审理的案件，可以将买受人住所地优先认定为合同履行地，从而减少了买受人维权时起诉和应诉的困难。

（2）兼顾游戏账号作为网络虚拟财产在买卖过程中的特殊性

首先，交付义务的完成认定有特殊性。对于一般动产的买卖，以占有来认定权属，买卖合同中的交付义务通常意味着占有的转移；一般不动产的买卖，交付以登记为准，未登记则不发生物权效力。然而，对于游戏账号这种虚拟财产的买卖，无法形成物理空间上的占有，且玩家对账号无所有权，自然也不涉及权属登记制度。因此，游戏账号买卖中，只能从占有的基本概念，即权利人对物的控制力和支配力来判断交付义务是否完成。

其次，游戏账号的财产价值难以衡量，对造成违约责任的认定存在争议，并非约定了违约金额就能得到法院支持。司法实践虽承认游戏账号具有一定财产价值，游戏账号中的虚拟财产是无形并存在于特殊的网络游戏环境中，但这并不影响虚拟物品作为无形财产获得法律上的适当评价和救济。玩家在游戏中的装备、道具、皮肤等均需要以货币购买，这些事实均反

〔1〕 参见广西壮族自治区贺州市平桂区人民法院民事判决书，(2023)桂1103民初1164号。

映出游戏虚拟财产具有价值含量。故在账号买卖过程中,双方对于违约责任的约定在一定范围内能够得到认可。

4. 游戏账号买卖在一定条件下构成刑事犯罪

由于我国刑法学界的主流观点和司法实践的传统做法是直接将虚拟财产等同于现实世界的财物,并以侵犯财产罪来处罚非法获取虚拟财产的行为,游戏账号买卖后出卖人恶意找回账号的行为不仅属于违约行为,在一定情况下还可能成立盗窃罪或诈骗罪。

例如,在上海法院公布的典型案例——被告人印某盗窃案〔1〕中,印某通过游戏直播平台添加被害人李某微信,双方签订协议约定将印某所有的Steam平台账号以15,500元转让给李某,双方于同日完成转账和交付后,印某通过申诉找回已出售的Steam平台账号,并将该账号以13,000元再次出售。法院经审理认为,印某以非法占有为目的,秘密窃取他人财物,数额较大,其行为已触犯刑法,构成盗窃罪。该案作为典型案例,重点分析了非法占有他人具有经济价值的游戏账号行为的定性,为各地法院司法实践提供了指引。

该案中,在印某把游戏账号名称和密码告知李某并移除绑定的手机号码后,李某已经可以实际使用该账号,在李某重新设定密码和绑定新的手机号码后,就客观上占有了该账号,且根据转让协议和李某采取的措施可以认定该占有具有排他性,非李某本人不可使用该账号。而印某在收到出卖账号款项并转移账号占有的情况下,利用未解绑初始邮箱的漏洞,采用申诉方式,在李某不知情的情况下恶意找回已转让的游戏账号,导致李某丧失了对账号的控制权,侵害了李某对账号的占有。印某的行为手段具有秘密性,主观目的是非法占有他人控制下的财产,客观上侵害了他人对财产的占有且数额较大,符合盗窃罪的构成要件。

值得注意的是,印某在恶意找回账号后将该账号再次以13,000元出售,存在一物二卖的行为,若印某在将账号交付李某前就带着非法占有目的,使李某产生印某欲出卖账号的错误认识从而支付对价,而后又恶意找回账号再次出售,则印某这种意图通过一物二卖占有李某财产的行为显然属于欺诈,将构成诈骗罪。对于印某是否带有非法占有目的与李某进行交易,通常

---

〔1〕 参见上海市嘉定区人民法院刑事判决书,(2023)沪0114刑初133号。

以行为人的供述与事实是否印证进行判断。该案中,印某到案后供述出售账号后又想玩游戏才通过申诉途径找回账号,结合其在交付账号两个月后才找回账号的事实,且无相反证据,因此法院认定其行为不构成诈骗罪。

在刑法领域,除了买卖账号的行为定性外,仍存在许多争议,如成立盗窃罪或诈骗罪应当以涉及较大数额为前提,那么该如何衡量行为人的犯罪数额?有意见认为可以以交易价值认定犯罪数额,但是事实上游戏账号买卖中交易价值双方协商的主观色彩明显,常常过分高于直接充值到账号的金额,不能反映赃物的客观价值,缺少相关法律法规的支撑,也有违"存疑有利于被告人"的原则。一般情况下,销赃数额低于赃物的实际价值,以销赃数额认定犯罪数额更符合罪疑惟轻的一般认知,并有相关的司法解释规定可供参考。上述典型案例中,即以被告人印某二次出售账号的金额来认定犯罪数额,目前的主流观点认为,在无法明确价值的情况下,以销赃数额认定犯罪数额更加具有合理性。

法律依据

《民法典》

第五百九十七条第一款 因出卖人未取得处分权致使标的物所有权不能转移的,买受人可以解除合同并请求出卖人承担违约责任。

《刑法》

第二百六十四条 【盗窃罪】盗窃公私财物,数额较大的,或者多次盗窃、入户盗窃、携带凶器盗窃、扒窃的,处三年以下有期徒刑、拘役或者管制,并处或者单处罚金;数额巨大或者有其他严重情节的,处三年以上十年以下有期徒刑,并处罚金;数额特别巨大或者有其他特别严重情节的,处十年以上有期徒刑或者无期徒刑,并处罚金或者没收财产。

律师建议

玩家赋予游戏账号的增值效应是抽象且模糊的,往往需要通过交易才能具体体现,因此游戏账号的买卖才存在巨大的市场,这无可厚非。但是综上所述，买卖游戏账号的高收益同时伴随着巨大的法律风险：买家在交易过程中极易遭遇对方违约，经过辛苦的诉讼维权后也难以弥补这一过程带来的损失；卖家自以为这类新兴交易市场缺少法律规制就可以肆意妄为，殊不知有可能面临的是牢狱之灾；即便双方均诚实守信地履行了合同义务，由于买卖行为本身违反游戏公司的协议约定，也存在账号使用权被收回的风险。

045 网络游戏账号出借/出租给他人使用，因他人使用"外挂""脚本"等违规行为导致账号被封禁，玩家能要求赔偿吗？

答 此种情况下，网络游戏运营商一般不承担赔偿责任，但玩家可以向借用人/租用人主张损失赔偿。

玩家注册时会与游戏运营商签订用户协议等相关文件，通常用户协议会明确约定并以加粗加黑方式提示游戏账号所有权归游戏运营商所有，玩家仅有使用权，不得将游戏账号以任何方式提供给他人使用，包括但不限于赠与、转让、售卖、租赁、出借等；如游戏运营商发现或收到他人投诉玩家违反协议约定的，游戏运营商可视情节对违规账号进行包括但不限于警告、限制或禁止使用全部或部分功能、游戏账号封禁、注销等处罚。因此，如玩家将其游戏账号出借/出租给他人使用，他人因违规导致游戏账号被封禁的，游戏运营商不因此承担赔偿责任。

虽然游戏运营商依据用户协议的约定合法封禁玩家游戏账号无须向玩家赔偿，但并不意味着玩家的损失没有其他救济途径。玩家可向游戏账号的借用人/租用人主张赔偿。

第一，根据《民法典》依法保护数据和网络虚拟财产的原则，网络游戏账号、游戏装备、游戏道具等都属于网络虚拟财产的范畴，因他人的侵权、违约等行为导致玩家网络虚拟财产损失的，行为人应当承担赔偿责任。

第二，虽然游戏运营商的用户协议禁止玩家将游戏账号提供给他人使用，但玩家将游戏账号出借/出租给他人的行为并不必然无效。司法实践中，一般会认定双方成立租赁合同或其他无名合同法律关系。基于双方的合同法律关系，根据《民法典》第 509 条、第 577 条的规定，游戏账号借用人/租用人应当按照约定全面履行自己的义务，不履行合同义务或者履行合同义务不符合约定的，应当承担继续履行、采取补救措施或者赔偿损失等违约责任，即违规使用租借的游戏账号违反了双方的合同约定，对游戏账号被封禁导致账号出借玩家的损失应当承担赔偿责任。

第三，如上所述，游戏账号、游戏装备、游戏道具等都属于网络虚拟财产，而账号借用人/租用人违规使用账号导致账号被封禁，造成游戏账号出借玩家经济损失，账号借用人/租用人侵害了账号出借玩家的合法民事权益。根据《民法典》第 1165 条、第 1184 条的规定，应当承担侵权赔偿责任，参照账号出借玩家投入该账号的成本以及该游戏账号、游戏装备、道具的市场价格或其他合理计算方式来计算赔偿金额。但同时，游戏账号出借玩家在明知用户协议约定禁止将游戏账号向他人提供使用的情况下，仍然向他人出借/出租，账号出借玩家也具有一定的过错，可以减轻侵权人的责任。

法律依据

《民法典》

第一百二十七条 法律对数据、网络虚拟财产的保护有规定的，依照其规定。

第五百零九条 当事人应当按照约定全面履行自己的义务。

当事人应当遵循诚信原则，根据合同的性质、目的和交易习惯履行通知、协助、保密等义务。

……

第五百七十七条 当事人一方不履行合同义务或者履行合同义务不符合约定的，应当承担继续履行、采取补救措施或者赔偿损失等违约责任。

第一千一百六十五条 行为人因过错侵害他人民事权益造成损害的，应当承担侵权责任。

依照法律规定推定行为人有过错，其不能证明自己没有过错的，应当承担侵权责任。

第一千一百八十四条 侵害他人财产的，财产损失按照损失发生时的市场价格或者其他合理方式计算。

律师建议

网络虚拟财产包括网络本身和存在于网络上的虚拟财产。其中,存在于网络上的虚拟财产又可以分为三种形式:一是网络游戏中的网络虚拟财产,包括网络游戏中的账号及积累的“货币”“装备”“宠物”等财产;二是虚拟社区中的网络虚拟财产,包括网络虚拟社区中的账号、货币、积分、用户级别等;三是其他存于网络的虚拟财产,包括微信号、抖音号、QQ 号、电子信箱及其他网络虚拟财产等。

《民法典》明确了对网络虚拟财产予以保护的规则,网络游戏账号作为网络虚拟财产的一种,当然受法律保护。游戏用户在玩网络游戏时应遵守游戏平台的规则,若因违反游戏平台规则导致游戏账户被封禁,不一定能获得赔偿。以游戏“外挂”为例,游戏“外挂”不仅会破坏游戏生态环境,而且开发、贩卖、使用“外挂”可能涉嫌违法犯罪,因此游戏用户在玩游戏时因使用“外挂”被封号,不仅无法获得赔偿,甚至还会面临处罚。

如果游戏账号被盗或因他人原因导致账号被封禁,游戏用户可以向盗窃者或导致账号被封禁者主张赔偿。游戏账号的价值该如何计算?司法实践中,游戏账号财产价值的认定主要有游戏官方价格法、重置成本法、市场现价法、中立机构鉴定法几种方式,需要根据案件具体情况,结合公平原则和公众的一般认知,选择合理的判断标准,这也意味着游戏充值金额不等同于游戏账号价值。在追究账号借用人/租用人损害赔偿责任时,应当收集提供具有唯一性、排他性的证据,证明被告为导致账号被封禁者;如果是通过第三方游戏账号租借平台进行的租借服务,可以要求第三方租借平台提供实际租借人的信息。

要提醒游戏玩家注意的是,一方面,玩家应遵守游戏规则,不要随意出借账号;另一方面,杜绝使用“外挂”,提高风险防范意识,共同营造文明和谐的游戏娱乐环境。

046 如何应对游戏装备交易的法律风险?

答 针对网络游戏装备交易中存在的法律风险,各方可以采取以下措施予以应对。

1. 游戏公司应当完善内部管理机制

(1)在服务协议中明确游戏装备的法律属性。游戏公司应当在服务协议中明确规定,玩家对游戏装备不享有所有权,仅拥有临时使用权。同时,还应当禁止玩家将账号密码转让给他人使用,并制定相应的违规处罚机制。这既能防范玩家非法交易账号及装备,也有助于游戏公司维护游戏规则和经营秩序。

(2)建立健全账号安全管理机制。游戏公司应当建立完善的账号安全管理机制,为玩家提供便捷高效的投诉渠道,及时处理账号被盗等安全隐患,维护玩家合法权益。同时,游戏公司还可以采取多重身份验证、实名制等措施,提升账号安全性,降低被盗风险。

(3)加强对非法交易行为的监管。游戏公司应当加大对非法游戏装备交易行为的监管力度,一经发现立即采取冻结账号、删除装备等处罚措施。这不仅有利于维护游戏秩序,也能够警示其他玩家,减少违法行为的发生。

2. 交易平台应当履行主体责任

(1)建立健全用户信息审核制度。各类游戏装备交易平台应当建立健全用户信息审核制度,对交易双方的身份信息、支付信息等进行严格审查,杜绝使用他人账号、非法装备等违规行为的发生。

(2)完善交易安全保障机制。交易平台应当为交易双方提供账号安全保护、交易款项监管等交易保障机制,降低交易风险,维护各方合法权益。同时,平台还应当建立投诉处理机制,及时处理各类纠纷。

(3)加强对违法行为的打击。交易平台应当加大对涉嫌虚假宣传、使用非法装备等违法行为的打击力度,一旦发现,立即停止交易并移交有关部门处理。这不仅有利于维护交易秩序,也能彰显平台的社会责任。

(4)加强自身信息安全管理。装备交易平台应当高度重视玩家个人信息保护,建立健全信息安全防护机制,确保平台信息安全。一旦发生信息泄露事件,平台应当承担相应的法律责任。

(5)增强法律风险意识,提高合规运营水平。交易平台应当提高法律风险意识,深入学习相关法律法规,不断完善自身合规管理体系,如建立法务部门、聘请专业律师团队等,为平台的合规运营提供有力支撑。

3.监管部门应当完善法律体系

(1)明确游戏装备的法律属性。相关监管部门应当尽快出台针对性法律法规,明确游戏装备的法律属性,为交易各方提供明确的法律依据。对虚拟财产的性质、玩家拥有何种权利等问题,应当予以明确界定。

(2)规范游戏装备交易行为。监管部门应当对游戏装备交易的合法边界、禁止行为、纠纷解决机制等作出明确规定,规范行业秩序,维护各方权益。如禁止使用"外挂"、脚本等非法手段提升装备属性,要求交易平台履行主体责任等。

(3)加大执法力度。监管部门应当加大对违法游戏装备交易行为的执法力度,对于发现的各类违法行为,要依法从重处罚,以起到警示作用。同时,还应当建立健全跨部门执法协作机制,形成合力打击违法行为。

4.司法机关统一裁判标准

在审理涉及游戏装备交易的相关案件时,司法机关应当根据现有法律法规,结合行业实践,建立起统一的裁判标准。

(1)明确游戏装备的法律属性。司法机关应当根据现有法律规定,结合游戏公司服务协议的约定,合理确定游戏装备的法律属性。如果认定游戏装备属于虚拟财产,应当保护玩家的财产权利;如果认定仅为使用权,则应当维护游戏公司的经营秩序。

(2)确定各方主体的法律责任。在认定游戏装备性质的基础上,司法机关还应当明确界定玩家、交易商、游戏公司、交易平台等各方主体的法律责任。如账号被盗导致损失,对于是交易双方的责任还是游戏公司或交易平台的责任等问题,需要根据事实进行认定。

(3)建立统一的裁判标准。司法机关在审理一系列游戏装备交易纠纷案件时,应当逐步建立起统一的裁判标准,为维权提供明确依据。这将有利于降低各方主体的法律风险认知,为规范游戏装备交易行为提供有力支撑。

律师建议

网络游戏装备交易涉及多方主体，存在诸多法律风险，需要各方协同发力予以应对。游戏公司应当在服务协议中明确游戏装备的法律属性，建立健全账号安全管理机制，加大对非法交易行为的监管。第三方交易平台要切实履行主体责任，建立健全用户信息审核制度、交易安全保障机制，加强对违法行为的自律管控，确保信息安全。监管部门应当尽快出台针对性法规，明确游戏装备的法律地位，规范交易行为，加大执法力度。司法机关在审理案件时，应当建立统一的裁判标准。只有各方共同努力，才能推进网络游戏装备交易行为的合法合规，维护好各方的合法权益，推动整个游戏产业的健康有序发展。

047 玩家在游戏内通过与其他玩家进行物品交换获得游戏道具或装备后，发现这些物品是通过非法手段获得的，装备因此被冻结，玩家能否要求赔偿？

答 此种情况下，网络游戏运营商一般不承担赔偿责任，但在玩家不知情且善意的前提下，玩家可以向交易相对方主张赔偿。

玩家在进行用户注册时，已经与网络游戏运营商签订了用户协议等相关游戏协议，双方达成网络服务合同法律关系，应当按照协议的约定内容享有权利、履行义务。当游戏装备、道具的权属存在争议且尚不明确时，网络游戏运营商根据用户协议等文件，可以对有争议的游戏装备、道具采取暂时冻结的措施。因此，游戏运营商对有争议的游戏装备、道具进行暂时冻结并不构成违约，故无须向玩家承担赔偿责任。

玩家与进行物品交换的另一名玩家构成了买卖合同法律关系，根据《民法典》第 612 条的规定，出卖人应当保证第三人对买卖的标的物不享有任何权利。如果交换的游戏装备、道具是被盗物品，出卖人对交换的游戏装备、道具并不享有任何权利，违反了出卖人的权利瑕疵担保义务，导致作为买受人的玩家支付了相应对价却无法获得标的物或获得但无法使用，根据《民法典》第 610 条的规定，作为出卖人的玩家构成根本违约，买受人玩家可以向出卖人主张解除合同并赔偿损失。但买受人玩家对交换的游戏装备、道具明知是通过违法手段获得，属于被盗装备、道具的，则根据《民法典》第 613 条的规定，买受人玩家无权向出卖人玩家主张损失赔偿。

法律依据

《民法典》

第六百一十条 因标的物不符合质量要求，致使不能实现合同目的的，买受人可以拒绝接受标的物或者解除合同。买受人拒绝接受标的物或者解除合同的，标的物毁损、灭失的风险由出卖人承担。

第六百一十二条 出卖人就交付的标的物，负有保证第三人对该标的物不享有任何权利的义务，但是法律另有规定的除外。

第六百一十三条 买受人订立合同时知道或者应当知道第三人对买卖的标的物享有权利的，出卖人不承担前条规定的义务。

律师建议

游戏运营商作为游戏服务的提供方，有义务向玩家提供正常的游戏服务。游戏道具作为玩家进行游戏的重要工具，是游戏玩家开展正常游戏活动的前提。因此，即使用户协议没有明确约定，面对玩家装备被盗，游戏厂商也仍然需要履行如下义务：(1)做好数据保存工作，在玩家丢失装备时，及时向玩家提供协助；(2)对装备进行唯一性编号，记录装备转移情况；(3)积极配合司法机关调查工作，遵守公安机关冻结游戏装备的要求。

关于游戏公司冻结争议装备、道具是否对争议装备、道具的现持有人构成违约的问题。作为游戏公司，尽管履行的服务基本是以线上服务为主，但仍然需要遵循法律的一般规则。假设争议装备、道具的价值已达到刑事犯罪立案标准，且公安机关已立案调查的，或被盗玩家已采取诉讼等法律手段的，游戏公司配合暂时冻结争议装备、道具，是履行社会角色的必需义务。同时，即使没有司法机关的介入，游戏公司仍然有权在主动发现游戏数据异常的情况下，基于保证多数用户公平公正体验游戏的立场而进行主动冻结。为避免争议，建议游戏公司在用户协议中对此类可能的情况作出明确的约定。

网络游戏玩家在进行游戏装备、道具、游戏币等虚拟物品交易时，应当优先选择游戏公司的官方交易平台，其次是正规第三方交易平台，尽量避免玩家间的私下交易。

048 玩家在游戏内与其他玩家进行物品交换后，对方反悔并要求退还已交换的物品，是否必须退还？

答 在双方意思表示真实，不违反相关法律法规，也不违反游戏公司用户协议、运营规则等相关文件的前提下，玩家与其他玩家完成物品交换后，若对方反悔并要求退还已交换物品的，可以不予退还。

玩家在游戏中与其他玩家进行物品交换的行为，可以视为一种民事法律行为，即合同行为。在这种情况下，如果一方反悔并要求退还已交换的物品，是否必须退还需要根据合同的具体内容和现行法律法规的相关规定来判断。游戏中的物品交换通常属于双方行为，即构成合同。合同一旦成立，便具有法律约束力。双方当事人都应当按照约定履行自己的义务，不得擅自变更或者解除合同。

然而，如果在物品交换过程中存在欺诈、胁迫、显失公平等并非双方真实意思表示的情形，根据《民法典》第147～151条的规定，受损害的一方玩家有权请求法院或者仲裁机构变更或者撤销合同。

在网络游戏中，玩家之间的物品交换行为，虽然在法律性质上可以被视为一种合同行为，但其特殊性在于这种交换行为通常发生在虚拟环境中，且涉及的物品往往是游戏内的虚拟物品。因此，除了遵循《民法典》的相关规定外，还需要考虑游戏公司的用户协议、用户规范、运营规则等相关规定。如游戏公司的用户规范不允许玩家间私下线下交换、交易物品的，此时参与交换、交易的玩家双方均视为“明知而为之”，其交换、交易行为可能会被认定为无效，双方应当恢复原状、返还原物。

因此，在遵守游戏公司用户协议、用户规范、运营规则等规定的前提下，进行物品交换的双方玩家，若不存在意思表示不真实、违反法律法规强制性规定的情况，所进行的物品交换行为构成合同法律关系且履行完毕，一方玩家主张退还，另一方玩家可以不予退还。

法律依据

《民法典》

第一百四十七条 基于重大误解实施的民事法律行为，行为人有权请求人民法院或者仲裁机构予以撤销。

第一百四十八条 一方以欺诈手段，使对方在违背真实意思的情况下实施的民事法律行为，受欺诈方有权请求人民法院或者仲裁机构予以撤销。

第一百四十九条 第三人实施欺诈行为，使一方在违背真实意思的情况下实施的民事法律行为，对方知道或者应当知道该欺诈行为的，受欺诈方有权请求人民法院或者仲裁机构予以撤销。

第一百五十条 一方或者第三人以胁迫手段，使对方在违背真实意思的情况下实施的民事法律行为，受胁迫方有权请求人民法院或者仲裁机构予以撤销。

第一百五十一条 一方利用对方处于危困状态、缺乏判断能力等情形，致使民事法律行为成立时显失公平的，受损害方有权请求人民法院或者仲裁机构予以撤销。

律师建议

1. 游戏玩家

游戏玩家在进行物品交换时应当遵守游戏公司的用户协议约定以及运营规则，在允许的范围内进行交易，尽可能避免私下线下交易行为，以防被封号、冻结等。玩家应保存与物品交换有关的所有证据，包括但不限于聊天记录、交易记录、游戏内的系统通知等，以便在发生纠纷时作为证据使用。

2. **游戏公司**

首先,游戏公司应当在用户协议中明确规定物品交换、交易的规则,保存玩家交易的记录,以便在发生纠纷时提供必要的证据。其次,游戏公司应提供安全可靠的交易平台或机制,保护玩家的交易安全,防止欺诈和不公平交易的发生。最后,游戏公司应建立有效的纠纷处理机制,对于玩家间的交换纠纷,应根据用户协议和相关法律规定,公正、及时地进行调解和处理。

另外,《民法典》第 1197 条规定:“网络服务提供者知道或者应当知道网络用户利用其网络服务侵害他人民事权益,未采取必要措施的,与该网络用户承担连带责任。”这意味着,如果游戏平台知道或者应当知道玩家之间的交换行为存在问题而未采取措施,游戏平台可能需要承担相应的责任。

049 玩家在游戏内将游戏装备、道具出售给其他玩家后,通过“被盗找回”的方式找回已出售的装备、道具,需要承担什么法律责任?

答 将游戏装备、道具出售给其他玩家后,通过“被盗找回”的方式找回已出售的装备、道具的,轻则将被封号、冻结装备道具、承担赔偿责任,重则可能会涉嫌诈骗罪,被追究刑事责任。

首先,玩家的上述行为被证实后,游戏运营商有权根据游戏服务协议和用户行为规范,对违规玩家的账号采取包括但不限于临时或永久封禁的措施,对涉案装备、道具采取冻结措施。

其次,如果玩家在出售游戏装备、道具时与购买方达成了合法有效的合同,那么出售方有义务按照约定交付游戏物品。如果出售方在交易完成后通过“被盗找回”等不正当手段试图找回已出售的物品,这可能构成违约行为,需要承担违约责任,包括但不限于赔偿购买方因此遭受的损失。而游戏公司知道或应当知道该行为,但对该行为没有及时采取措施的,需要与侵权玩家承担连带侵权责任。

最后,如果玩家故意通过虚假陈述或其他欺骗手段,使游戏运营商或其他玩家相信其游戏装备、道具被盗,从而试图获取不正当利益,数额较大或有其他严重情节的,可能构成《刑法》第 266 条规定的诈骗罪,最少可处以 3

年以下有期徒刑、拘役或管制,并处或单处罚金。

法律依据

《刑法》

第二百六十六条 【诈骗罪】诈骗公私财物,数额较大的,处三年以下有期徒刑、拘役或者管制,并处或者单处罚金;数额巨大或者有其他严重情节的,处三年以上十年以下有期徒刑,并处罚金;数额特别巨大或者有其他特别严重情节的,处十年以上有期徒刑或者无期徒刑,并处罚金或者没收财产。本法另有规定的,依照规定。

律师建议

1. 游戏玩家

游戏玩家应当仔细阅读并理解游戏的服务条款、用户协议以及游戏内的物品交易规则,确保自己的行为符合游戏公司的规定。在进行游戏内物品的交易时,应通过官方认可的交易平台和渠道进行,避免私下交易带来的风险。同时,玩家应保存交易记录、聊天记录等相关证据,以便在发生纠纷时能够提供有效的证明。如果发现游戏装备或道具被盗,应及时联系游戏公司并提供相关证据,通过合法途径维护自己的权益。切勿自作聪明通过"被盗找回"的方式进行欺诈、营利行为。

2. 游戏公司

游戏公司应建立和完善游戏内的物品交易系统,提供安全可靠的交易平台,保护玩家的合法权益。还应制定清晰的游戏物品交易规则和用户行为指引,避免规则模糊导致的纠纷。同时要加强安全保护,不断提升游戏安全措施,防止游戏物品被盗,减少玩家损失,并建立有效的投诉和纠纷处理机制,及时响应玩家的问题和投诉,公正处理每一起纠纷。

050 游戏玩家找代练的行为有效吗？

答 游戏代练，是指游戏玩家花钱雇人替其使用游戏账号进行游戏，并按照游戏玩家的要求，在指定的时间内帮助指定游戏账号快速完成游戏任务、提升装备等级等。游戏代练的交易模式，往往是玩家支付价款后，将游戏账号及密码交付或者通过扫码登录的方式让代练者登录游戏并开始代练操作。这种现象在网络游戏中较为普遍，因其有着特定的市场需求，尤其是对于需要投入大量时间才能取得进展（角色等级、装备、游戏段位、游戏中道具资源、成就的获取或达成等）的游戏，一些玩家可能因为时间精力有限、技术水平不足等原因，选择委托拥有更高技术水平或更丰富游戏经验的代练者来帮助自己在短期内实现游戏目标。

对于游戏代练行为，虽然目前没有法律明确禁止，但也没有相关法律和司法解释明确个人之间签订的代练约定是否合法合规，如何处理等。在司法实践中，法院在审理个案时会依据游戏规则、市场规范和公序良俗进行综合判定。例如，在江苏省南京市江宁区人民检察院诉董某、陈某非法经营案〔1〕中，被告人董某、陈某利用“外挂”软件从事“代练升级”，构成非法经营罪。二被告人购买了电脑，聘用了工作人员，先后替 1 万多名不特定人使用非法“外挂”程序进行代练，并收取费用，客观上是对该非法“外挂”程序的发行、传播，属于出版非法互联网出版物的行为，根据《最高院关于审理非法出版物刑事案件的解释》第 11 条的规定，应当以非法经营罪定罪处罚。

律师建议

游戏代练虽未被明令禁止，但其实质上破坏了游戏的公平竞争机制，影响了其他玩家的游戏体验感等。随着网络游戏的发展，游戏代练市场的需求持续旺盛，游戏代练已经从最初有偿帮助他人通关升级的简单模式发展为复杂的商业模式，如商业化游戏代练服务平台，同时，也引发了许多游戏代练导致的游戏玩家与游戏运营商之间游戏服务用户协议纠纷案件。所

---

〔1〕 参见江苏省南京市中级人民法院刑事判决书，(2011)宁刑二终字第 10 号。

以，作为游戏玩家，应主动维护健康公正的网络游戏环境，拒绝游戏代练。

051 游戏运营方有权对存在代打、代练等行为的游戏账号进行封禁吗？

答 大部分游戏运营方为了保障游戏玩家的账号安全、维护游戏的公平竞技环境，通常会在游戏账号出现异常状态时予以封禁，封禁时长从几十天到几十年不等，乃至永久封禁。根据我国的法律，目前并没有明确禁止代打、代练行为，游戏运营方有权依据其与游戏玩家签订的游戏用户协议之约定，对游戏玩家存在代打、代练的违规行为进行账号封禁。具体说明如下。

首先，实践中的游戏玩家在使用游戏服务前都会被要求按游戏运营商设定的程序，在浏览完毕各项服务条款后点击注册，双方之间就建立了网络服务合同关系。游戏用户协议、服务条款、用户守则等内容虽然是游戏运营方单方制作的格式条款，但只要协议的形式及内容不违反法律、行政法规的强制性规定情形，该协议即合法有效，双方均受该协议约束。

其次，目前很多游戏用户协议中均明确禁止代打、代练行为，若游戏玩家严重违反相关约定，破坏游戏生态环境和其他游戏玩家的游戏体验，游戏运营方作为网络游戏环境的管理者和维护者，采取封禁等合理惩戒措施的行为不存在过错，不构成对玩家的侵权，其有权根据用户协议的约定和代打、代练行为的程度，对游戏账号采取合理的措施，进行相应期限的封禁。

最后，游戏运营商合法行使封禁游戏账号权利的前提是，必须有证据证明游戏玩家在游戏期间存在代打、代练等过错行为，即游戏运营商需要证明自己的行为有正当性。因此，游戏运营商应当保留好封禁游戏账号的事实依据，包括完整的用户行为后台数据、用户举报记录及反馈任务数据等。否则，其封禁账号的行为可能会被认定侵害了游戏玩家对网络虚拟财产的相关权利。

法律依据

《民法典》

第四百六十九条 当事人订立合同,可以采用书面形式、口头形式或者其他形式。

书面形式是合同书、信件、电报、电传、传真等可以有形地表现所载内容的形式。

以电子数据交换、电子邮件等方式能够有形地表现所载内容,并可以随时调取查用的数据电文,视为书面形式。

第四百九十一条 当事人采用信件、数据电文等形式订立合同要求签订确认书的,签订确认书时合同成立。

当事人一方通过互联网等信息网络发布的商品或者服务信息符合要约条件的,对方选择该商品或者服务并提交订单成功时合同成立,但是当事人另有约定的除外。

第四百九十七条 有下列情形之一的,该格式条款无效:

(一)具有本法第一编第六章第三节和本法第五百零六条规定的无效情形;

(二)提供格式条款一方不合理地免除或者减轻其责任、加重对方责任、限制对方主要权利;

(三)提供格式条款一方排除对方主要权利。

第一千一百六十五条 行为人因过错侵害他人民事权益造成损害的,应当承担侵权责任。

依照法律规定推定行为人有过错,其不能证明自己没有过错的,应当承担侵权责任。

律师建议

游戏运营商作为网络游戏环境的管理者和维护者,为了提供公平、绿色、稳定的游戏运营环境和保障全体游戏玩家的公共利益,有权制定规则并实施惩戒措施。在游戏玩家与游戏运营商之间的法律关系中,一方面,游戏玩家可以通过服务协议请求对其使用过程中产生的网络虚拟财产利益进行救济；另一方面，游戏运营商也可以以平台规则进行抗辩或行使权益，来保护其对平台持续的经济投入和维护产生的财产利益。司法实践中，游戏运营商在游戏运营过程中对游戏秩序进行管理，在履行充分告知和说明义务的前提下，通过合同约定等方式限制或禁止游戏玩家实施影响其他玩家游戏体验的行为，只要没有超出协议约定的范围而剥夺玩家账号的使用权利，法院通常会重视主体间的意思自治，根据用户协议的约定依法进行裁判。

052 游戏代练人员恶意毁号，游戏玩家有权向代练服务经营者主张赔偿吗？

答 游戏玩家向代练服务经营者购买游戏代练服务，如形式或内容不违背法律、行政法规强制性规定，双方之间订立的合同有效。在代练服务履行过程中，若代练经营者或其雇佣的人员恶意毁号，存在包括但不限于恶意删除账号内已存在的角色、皮肤、道具等，或随意使用玩家以人民币所兑换购买的游戏币在游戏中购买道具等消费行为，导致游戏账号所属玩家财产损失，构成违约，游戏玩家有权向代练服务经营者主张赔偿。

例如，在王某某诉安徽苏雨公司网络服务合同纠纷案[1]中，法院认为，第一，原告在被告经营的店铺购买游戏代练服务，双方之间成立网络服务合同关系，是双方当事人的真实意思表示，且形式和内容不违背法律、行政法规等强制性规定，合法有效。第二，被告毁号的行为构成违约。根据原告提交的证据，能够证明在原告向被告购买代练服务后，其账号内的“武将”角色被删除。同时，根据游戏运营商就涉案账号情况的回函可以看出，在原告购买代练服务后，案涉游戏账号登录地发生了变化，“武将”角色被删除也发生在这一时期。再结合双方微信聊天记录等证据，能够形成完整的证据链条，证明该账号“武将”角色被删除的情形发生在代练期间，由被告人员所为具有高度盖然性。原告向被告购买游戏代练服务并支付对价，被告应当按照

〔1〕 参见北京互联网法院民事判决书，(2021)京0491民初21284号。

约定完成该游戏账号的代练目标，至于被告通过何种方式完成该服务，并不影响其责任承担。因此，在被告提供服务期间，无论是代练人员还是被告的工作人员实施上述行为，被告均应对其未按约定履行合同义务承担违约责任，给原告造成损失的，应当予以赔偿。第三，玩家的虚拟财产受到法律保护，法院根据被删内容在游戏中的重要性、玩家对账号的消费投入，对原告主张的损害赔偿金额进行认定。在案涉游戏中，“武将”角色是推进游戏的重要因素，对游戏的娱乐价值有重要影响，将“武将”角色全部删除会导致该账号的娱乐价值极大减损甚至丧失。同时，原告购买账号的投入费用，以及购买账号后陆续给账号充值的费用，已转化为账号里的虚拟财产，在被告未提供相反证据证明该账号发生贬值，且被告提供代练服务的时间距离原告购买账号仅有月余的情况下，法院认为，可以根据原告购买账号和后续充值的投入成本来衡量其损失，对原告主张的损失金额，法院予以支持。

综上所述，法院判决作为代练服务经营商的被告，应就其雇佣的代练人员毁号的行为向作为游戏玩家的原告承担损害赔偿责任。

法律依据

《民法典》

第一百二十七条 法律对数据、网络虚拟财产的保护有规定的，依照其规定。

第五百七十七条 当事人一方不履行合同义务或者履行合同义务不符合约定的，应当承担继续履行、采取补救措施或者赔偿损失等违约责任。

律师建议

游戏代练服务是随着网络游戏发展衍生的新兴行业，部分玩家在遇到游戏瓶颈期时，会花钱雇佣代练人员通关。一方面，对于游戏代练行为，应建立正确的规范和指引，并就双方约定的代练方式是否违反法律、行政法规的强制性规定进行区别化认定。若游戏玩家购买的代练服务形式和内容不违反法律、行政法规的强制性规定，则该服务内容有效；若服务提供者恶意损害游戏账号导致财产损失，应当承担赔偿责任。另一方面，随着游戏代练公司的出现，代练公司经营模式问题随之涌现，在大部分情况下，代练公司作为中间商，连接玩家和实际代练人，将玩家的代练需求委托给实际代练人，通过赚取差价获利。实际代练人，或者是代练公司的员工，或者是其在第三方平台另行委托的第三人。而玩家和代练公司的交易关系，大部分在淘宝、闲鱼、抖音等电商平台通过订单形式建立，订单创建后，玩家会在服务提供方的指导下，通过微信或 QQ 等即时通讯平台沟通后续服务事项。所以，对于这种经营模式，代练公司对其代练人员应当进行严格的资格审查或建立保证金制度，这样既能保障用户的权益，也能在一定程度上规制代练人员的行为。

053 游戏代练擅自使用“外挂”软件造成封号，游戏玩家请求游戏代练承担所有损害赔偿能否被支持？

答 游戏账号属于网络虚拟财产，其形成通常需经过个人劳动（提升等级）、金钱付出（购买点卡、装备等），因此游戏账号具备价值与使用价值，符合商品的一般特征，受法律保护。近年来，因游戏代练人员擅自使用第三方“外挂”软件违规代练导致账号封禁，游戏玩家就封号损失提起诉讼维权的情况普遍存在。游戏玩家主张的损失包括账号购买款、装备、累计充值金额等消费投入，而游戏账号是否被合理使用，不仅会影响网络虚拟财产的受保护程度，还会直接影响法院对游戏玩家主张的损害赔偿诉求的支持程度。

在当前的司法实践中，游戏玩家请求游戏代练承担的损害赔偿难以被支持，大多数结果是游戏代练向游戏玩家退还全部代练服务款，而因封号给游戏玩家造成的损失则由游戏玩家自行承担。目前司法裁判之所以呈现此种倾向，原因在于游戏玩家起诉的主要目的是获得损害赔偿。根据现有法律，游戏玩家向游戏代练购买代练服务并未被法律禁止，二者约定的履行形式或内容若不违反法律、行政法规强制性规定，双方之间的约定具有法律效力。实践中，合同纠纷和侵权纠纷均为此类案件最常见的案由，事实上以合同纠纷起诉的案件，其核心主张还是因合同关系产生的损害赔偿责任，而非单纯主张违约责任。

此外,司法实践中存在损害行为认定标准高、损害结果认定难、原告有过错等问题,导致原告损害赔偿的主张难以被支持,具体如下:

第一,损害行为认定标准高。作为原告的游戏玩家须承担较重的证明责任,需要提供损害行为发生时的登录时间、登录地点,以及被告对违规代练行为的自认等证据,以此形成完整的证据链条,使封号期间由代练人员操作该账号达到高度盖然性的标准。因此,原告要做好相应证据的收集及固定工作。

第二,损害结果难以认定。司法实践中,目前大多数裁判观点认为,财产损失应以财产实际价值受损为前提,如出现财产毁损、灭失或完全失去使用价值的情况,而游戏账号被封禁只是使用期限受到影响,不存在财产损失:(1)游戏玩家在游戏里的消费充值,属于已经实际消费并使用的部分,不代表该游戏账号本身享有同等价值;(2)对于非永久封号的游戏账号,账号内充值的各类装备皮肤等一直存在,封禁期过后,账号及充值装备皮肤仍可继续使用。所以,根据"谁主张,谁举证"的原则,多数法院以此认定原告未能举证证明游戏账号被封禁给自己造成财产损失,或直接被认定不存在损失,进而驳回原告起诉。

第三,游戏玩家本身存在过错。很多游戏玩家抱着侥幸心理,认为只要明确要求游戏代练"纯人工",代练方就不会存在过错,过错全在于游戏代练的擅自违规操作。但事实上,"纯人工代练"同样为游戏运营商制定的游戏规范所禁止。

在实践中,游戏玩家在注册游戏账号时,须按游戏运营商设定的程序,阅读并接受游戏用户协议内容后,才可以进行下一步操作,并最终完成账号的注册。一般而言,游戏运营商都会在游戏协议中明确规定不得将游戏账号以任何方式提供给他人使用,包括代打、代练等行为,否则将面临账号被封禁等处罚。因此,审理此类案件的法官,大多数以原告和游戏运营商之间的游戏用户协议为依据,认定游戏玩家在明知代练会导致封号处罚的情况下,仍故意实施可能引发损害后果的行为,并放任损害后果的发生,自身存在明显的过错,应当自行承担封号的后果。[1] 同时,多数游戏代练都曾明确告知过玩家,代练行为可能存在账号被封禁的风险,致使玩家在维权时处于不利地位。

游戏玩家主张游戏代练赔偿损失能得到法院支持的特殊前提是游戏代练明确承诺由其承担代练期间账号的不利后果。

例如,在已公开的裁判文书中唯一得到法院支持的案件——卢某某诉A公司网络服务合同纠纷案[2]中,法院认为,首先,根据在案证据,被告明确表明“保证纯手工封号包赔”,在原告反馈账号被封后,被告也表示“肯定负责”。依据一般人的理解,“纯手工”指的是不借助任何外部技术手段,只依靠个人手工操作,“包赔”指的是若因未按约定履行合同导致损失产生,一定赔偿。结合涉案游戏账号被封的时间,被封时间前后账号登录的相应地址,以及原告提交的与代练人员的聊天记录,形成了完整的证据链条,使封号期间由代练人员操作该账号达到了高度盖然性的标准。同时,第三人游戏运营商确认账号被封的原因是使用了“外挂”。综上,被告未按照合同约定提供相应服务,导致账号被封,应当按照合同约定承担赔偿因账号被封所产生损失的违约责任。其次,关于损失赔偿的具体数额,原告主张以充值的金额进行计算。法院认为,账号封禁导致的后果是在封禁期间不能使用该账号登录游戏获得游戏体验,本案中因被告的行为导致原告账号封禁的时间非常长,解封后游戏的状态不可预料,因此被告应当对原告进行一定的经济赔偿。虽然原告进行的游戏充值是原告已经完成的消费,并不代表该游戏账号具有相应的价值,但在考虑已经消耗的游戏体验的情况下,可以作为赔偿财产损失的重要参考。最终,法院综合考量案件情况,酌定支持被告对原告的赔偿损失金额,支持比例为30%左右。

由此可见,游戏玩家的损害赔偿要得到法院支持,需要具备如下前提:(1)作为被告的游戏代练未向游戏玩家做出过可能封号的提示说明,且明确表示将承担代练期间账号出现的不利后果;(2)双方明确约定了违约责任,且被告的赔偿义务是代练服务合同的重要部分;(3)被告的损害行为明确,

---

〔1〕 参见广州互联网法院民事判决书,(2022)粤0192民初12263号;广东省广州市中级人民法院民事判决书,(2022)粤01民终23331号。

〔2〕 参见北京互联网法院民事判决书,(2021)京0491民初47690号。

有有效证据证明原告游戏账号被封是被告使用“外挂”所造成的，其侵权行为的证据链完整。

法律依据

《最高院关于民事诉讼法的解释》

第九十条 当事人对自己提出的诉讼请求所依据的事实或者反驳对方诉讼请求所依据的事实，应当提供证据加以证明，但法律另有规定的除外。

在作出判决前，当事人未能提供证据或者证据不足以证明其事实主张的，由负有举证证明责任的当事人承担不利的后果。

《民法典》

第五百七十七条 当事人一方不履行合同义务或者履行合同义务不符合约定的，应当承担继续履行、采取补救措施或者赔偿损失等违约责任。

第一千一百六十五条 行为人因过错侵害他人民事权益造成损害的，应当承担侵权责任。

……

第一千一百七十四条 损害是因受害人故意造成的，行为人不承担责任。

律师建议

此类案件中，被封禁的游戏账号往往都具有较高的价值，不少玩家还进行过高额充值，所以账号一旦被封禁数月、数十月乃至永久封禁，游戏玩家都希望让代练赔偿所有损失。虽然现有法律没有禁止代练行为，但在网络游戏中，使用“外挂”、代练等行为均是游戏运营商重点打击的对象，且大部分游戏用户协议都明确禁止以任何形式将账号密码提供给他人使用，并提示了风险。游戏玩家在明知游戏禁止代练的情况下仍为之，就应当做好游戏账号可能会被封禁的思想准备。

作为游戏玩家，一方面，应主动维护健康公正的网络游戏环境，不应沉迷“氪金”代练。另一方面，如真要找游戏代练，为减少损失，需要注意以下事项:(1)在建立游戏代练合同关系前,与代练明确代练方式,是“纯人工”还是使用“外挂”软件;(2)若使用“外挂”软件代练,代练是否会赔偿因游戏账号封禁造成的损失;(3)游戏账号被封,要第一时间和代练沟通,让其确认是其代练行为造成账号被封禁的事实;(4)保留好与代练的沟通记录、付款记录等;(5)先协商后诉讼,看能否先通过协商的方式得到满意的赔偿。

无论如何,建议游戏玩家遵守游戏用户协议,以正当方式进行游戏,避免因违规游戏而产生不利后果。

054 网络游戏中,一名玩家恶意侮辱、诽谤另一名玩家,需要承担什么法律责任?

答 在网络游戏中,若玩家的行为不当,可能会构成对另一玩家名誉权的侵犯,此时其需要承担停止侵害、消除影响、恢复名誉及赔偿损失等民事责任。

名誉,是指社会对个人或法人的品德、声望、信誉等方面的综合评价。《民法典》第1024条第1款规定:“民事主体享有名誉权。任何组织或者个人不得以侮辱、诽谤等方式侵害他人的名誉权。”在网络游戏中,若玩家存在恶意侮辱、诽谤其他玩家的行为,满足以下条件的,可构成侵犯名誉权:(1)行为人散布言论,即玩家发表了针对另一名玩家的不实言论;(2)公开性,即这些言论通过游戏平台等公开渠道传播,使不特定的第三人知晓;(3)损害名誉,即所散布的言论对另一名玩家的社会评价造成了负面影响;(4)故意或过失,即玩家发表不实言论的行为是故意的,或者至少存在过失。

一旦认定构成侵犯名誉权,侵权玩家可能需要承担以下法律责任:(1)停止侵害,侵权玩家应立即停止诽谤行为,删除不实言论;(2)消除影响、恢复名誉,侵权玩家可能需要通过公开道歉、澄清事实等方式,消除对受害人名誉的影响;(3)赔偿损失,侵权玩家可能需要赔偿受害人因名誉权受到侵害而遭受的精神损害和经济损失。

例如，在苏某与代某一般人格权纠纷案[1]中，原告苏某（游戏昵称“bewaternm”）在腾讯公司旗下的《王者荣耀》游戏平台的“梦境大乱斗”活动中与朋友游戏后，遭到该平台上昵称为“超呆呆超”（后更名为“CRISMR”）的玩家（被告代某）的人格侮辱、人身攻击。而该玩家看到原告性别为女性后，更变本加厉地辱骂原告，言语猥亵。法院认为，公民的人格尊严受法律保护，侵害公民人格权的，应予赔礼道歉，当事人要求赔偿损失的，则应视侵权人的过错程度、行为的具体情节、后果、影响等进行赔偿。判定被告于判决生效后10日内通过视频连线或当面向原告赔礼道歉，并向原告支付精神损害抚慰金3000元。

法律依据

《民法典》

第一百七十九条 承担民事责任的方式主要有：

（一）停止侵害；

（二）排除妨碍；

（三）消除危险；

（四）返还财产；

（五）恢复原状；

（六）修理、重作、更换；

（七）继续履行；

（八）赔偿损失；

（九）支付违约金；

（十）消除影响、恢复名誉；

（十一）赔礼道歉。

法律规定惩罚性赔偿的，依照其规定。

本条规定的承担民事责任的方式，可以单独适用，也可以合并适用。

第一千零二十四条 民事主体享有名誉权。任何组织或者个人不得以

---

[1] 参见河南省沁阳市人民法院民事判决书，（2020）豫0882民初2915号。

侮辱、诽谤等方式侵害他人的名誉权。

名誉是对民事主体的品德、声望、才能、信用等的社会评价。

律师建议

1. 游戏玩家

游戏玩家应避免在游戏中发表不实或损害他人名誉的言论。在游戏社区中，游戏玩家应通过理性和文明的方式解决分歧或冲突，不使用侮辱、诽谤等不当手段。如果玩家遭受诽谤，应及时截图保存相关证据，这些证据包括但不限于诽谤言论的具体内容、发表时间及地点等信息。玩家可以通过游戏内的举报系统向游戏公司进行投诉，或依法向法院提起诉讼，维护自己的合法权益。

2. 游戏公司

游戏公司应制定并完善游戏社区的行为规范，明确禁止诽谤、侮辱等侵犯玩家名誉权的行为。并建立健全用户投诉处理机制，及时处理侵权行为（如采取禁言、删帖等措施），维护游戏环境的良好秩序。此外还应加强对游戏内言论的监管，及时发现并制止侵权行为，防止诽谤事件的发生。同时，游戏公司也应加强对玩家的法律教育，提高玩家的法律意识，预防此类事件的发生。在接到侵权投诉后，应依法采取必要措施，如删除侵权内容、封禁违规账号等。若未采取必要措施，可能需要承担连带责任。

网络不是法外之地，近年来，因在网络上发布不实言论而受到行政处罚，甚至是刑事处罚的案例屡见不鲜。因此，网络用户在网络上也应当谨言慎行，共创和谐网络环境。

055 网络游戏中，一名玩家未经其他玩家授权同意，公开其他玩家的个人信息，是否构成侵犯其他玩家个人信息？

答 这种行为构成侵权。如将玩家个人信息擅自向他人出售或提供，且情节严重的，甚至可能构成《刑法》第253条之一规定的侵犯公民个人信息罪。

网络游戏中玩家的个人信息，包括但不限于玩家的游戏账号密码、真实姓名、性别、年龄、照片等与身份相关的信息等，根据《个人信息保护法》的规定，均属于法律规定的个人信息范畴。

根据《民法典》和《个人信息保护法》的相关规定，任何个人和组织都需要尊重他人的隐私权和个人信息，不得非法收集、使用、加工或者传输他人的个人信息，不得非法买卖、提供或者公开他人的个人信息。在网络游戏中，玩家收集获取其他玩家的个人信息首先需要合法，即获得其他玩家的授权同意。如未获得其他玩家的授权同意，通过其他手段获取玩家个人信息，属于非法收集个人信息的行为，如在此基础上再将其他玩家的个人信息向不特定人公开，属于非法公开个人信息的行为，以上均属于侵犯其他玩家个人信息的行为。

所以，在网络游戏中，公开其他玩家的个人信息属于个人信息处理活动，需要遵循《个人信息保护法》中关于处理个人信息的相关规定，处理个人信息时应当遵循合法、正当、必要和诚信原则，不得通过误导、欺诈、胁迫等方式处理个人信息，处理个人信息应当获得当事人的授权同意等。

玩家通过非法手段收集获取了大量其他玩家个人信息向他人出售或提供的，还可能会构成《刑法》第 253 条之一的侵犯公民个人信息罪，情节严重的，处 3 年以下有期徒刑或者拘役，并处或者单处罚金。

法律依据

《民法典》

第一百一十一条 自然人的个人信息受法律保护。任何组织或者个人需要获取他人个人信息的，应当依法取得并确保信息安全，不得非法收集、使用、加工、传输他人个人信息，不得非法买卖、提供或者公开他人个人信息。

《个人信息保护法》

第四条 个人信息是以电子或者其他方式记录的与已识别或者可识别的自然人有关的各种信息，不包括匿名化处理后的信息。

个人信息的处理包括个人信息的收集、存储、使用、加工、传输、提供、公开、删除等。

《刑法》

第二百五十三条之一 【侵犯公民个人信息罪】违反国家有关规定,向他人出售或者提供公民个人信息,情节严重的,处三年以下有期徒刑或者拘役,并处或者单处罚金;情节特别严重的,处三年以上七年以下有期徒刑,并处罚金。

违反国家有关规定,将在履行职责或者提供服务过程中获得的公民个人信息,出售或者提供给他人的,依照前款的规定从重处罚。

窃取或者以其他方法非法获取公民个人信息的,依照第一款的规定处罚。

单位犯前三款罪的,对单位判处罚金,并对其直接负责的主管人员和其他直接责任人员,依照各该款的规定处罚。

律师建议

1. 游戏玩家

游戏玩家应增强个人信息保护意识,不要轻易向他人透露自己的个人信息,包括但不限于游戏账号密码、真实姓名、联系方式、地址等。在游戏或其他在线服务平台上,只对必要的个人信息进行授权,并定期检查和更新自己的隐私设置。一旦发现自己的个人信息被未经授权公开或滥用,应立即保存相关证据,并根据情况向游戏公司反映、投诉或采取法律手段维权。

2. 游戏公司

游戏公司应制定公开透明的个人信息保护政策,明确收集、使用、存储和共享个人信息的规则和程序。加强数据安全管理,采取适当的技术和管理措施,确保玩家个人信息的安全,防止数据泄露、丢失或被滥用。在收集和使用玩家个人信息时,必须获得玩家的明确同意,并提供便捷的撤回同意的途径。同时,建立有效的个人信息保护投诉和举报机制,对玩家的投诉和举报进行及时处理,并采取必要措施。定期对员工进行数据保护和隐私安全相关法律的培训,提高员工的法律意识和合规操作能力,并制定应急预案,以应对可能的数据泄露事件,减少对玩家和公司的影响。

第六章　未成年人玩家

056　未成年人在网络游戏中的充值行为如何定性？

答 不是所有未成年人在网络游戏中充值的行为都是无效的，应根据未成年人的年龄、充值情况进行综合判定，部分未成年人的网络游戏充值行为可能得到法律的承认。

在网络游戏中，玩家的充值是一种消费行为，属于自然人的民事行为。我国对于18周岁以下未成年人的民事行为能力，根据年龄进行了分级规定。所以，在讨论“未成年人”的充值行为时，应参考《民法典》的相应规定，将未成年人划分为8周岁以下、8周岁至18周岁。

（1）8周岁以下的未成年人，属无民事行为能力人，不具有任何独立进行民事法律活动的能力。8周岁以下的未成年人尚不具有对社会事务进行判断、分辨的能力，法律出于对该阶段未成年人的保护，以及维护民事活动有序性的考虑，认定不满8周岁的未成年人全部的民事法律行为均须由父母、祖父母、外祖父母等法定代理人暨监护人代理实施，所以其在游戏中的充值行为是无效的。如果该类未成年人进行了游戏充值，游戏运营商或平台应将充值金额返还。

（2）8周岁以上不满18周岁的未成年人，属限制民事行为能力人，可以独立实施与其年龄、智力相适应的民事法律行为。所以，其在游戏中的充值行为原则上是无效的，但如果得到了其法定代理人同意、追认，或者其充值是小额度的、偶发性的，则其充值行为仍然是有效的。

（3）特殊规定。根据《民法典》第18条的规定，16周岁以上的未成年人，如果以自己的劳动收入为主要生活来源的，在法律上也被视为完全民事行为能力人，也就是说，该类人虽然年龄未达到18周岁，但其充值消费的行为是有效的。

最高人民法院2022年3月公布的未成年人权益司法保护典型案例的第5个案例——李某某诉某电商公司网络服务合同纠纷案[1]中，就明确指出了未成年人实施与其年龄、智力不相符的支付行为无效。在该案中，14周岁的原告李某某在父母不知情的情况下，通过某平台先后七次从被告经营的网店“X游戏”购买了374个游戏账号，共计支付36,652元，上述游戏账号内的装备都是皮肤、面具、小花裙子等。原告父母次日发现后，及时与被告经营网店的客服人员联系，表示对原告购买游戏账号及付款行为不予追认并要求被告退款，被告不同意全额退款。法院经审理认为，原告李某某案发时未成年，属于限制民事行为能力人，购买游戏账号支付36,652元的行为，显然与其年龄、智力不相适应，李某某的法定代理人亦明确表示对该行为不予追认，故原告李某某实施的购买行为无效，判决被告向原告全额返还购买游戏账号款36,652元。

从该公布的典型案例中可以看出，本案主要是认定未成年人实施与其年龄、智力不相适应的支付行为的效力问题。根据《民法典》第19条的规定，8周岁以上未成年人实施与其年龄、智力不相适应的购买支付行为，在未得到其家长或者其他法定代理人追认的情况下，其购买支付行为无效，经营者应当依法返还价款。

法律依据

《民法典》

第十七条　十八周岁以上的自然人为成年人。不满十八周岁的自然人为未成年人。

第十八条　成年人为完全民事行为能力人，可以独立实施民事法律行为。

十六周岁以上的未成年人，以自己的劳动收入为主要生活来源的，可以视为完全民事行为能力人。

---

[1] 参见河北省大城县人民法院民事判决书，(2021)冀1025民初403号。

第十九条 八周岁以上的未成年人为限制民事行为能力人,实施民事法律行为由其法定代理人代理或者经其法定代理人同意、追认;但是,可以独立实施纯获利益的民事法律行为或者与其年龄、智力相适应的民事法律行为。

第二十条 不满八周岁的未成年人为无民事行为能力人,由其法定代理人代理实施民事法律行为。

律师建议

提醒广大家长,作为未成年人的监护人,应当加强对孩子的引导、监督,并保管好自己的手机、银行卡密码,防止孩子利用其进行大额支付绑定操作。网络公司则应当进一步强化法律意识和社会责任,依法处理因未成年人实施与其年龄、智力不相符的支付行为所引发的纠纷。

057 在对未成年人充值金额有明确限制的情况下,未成年人的超额充值行为是如何实现的?

答 根据《防止未成年人沉迷网络游戏的通知》对网络游戏中未成年人充值行为的相关规定,对于同一网络游戏企业提供的游戏付费服务,8 周岁以上未满 16 周岁的用户,单次充值金额不得超过 50 元,每月充值金额累计不得超过 200 元;16 周岁以上未满 18 周岁的用户,单次充值金额不得超过 100 元,每月充值金额累计不得超过 400 元。

在网络游戏实名注册制下,正规发行的网络游戏都严格遵照《防止未成年人沉迷网络游戏的通知》的规定,对以未成年人信息注册的游戏玩家,8 周岁以下不允许充值,8 周岁以上的未成年人依照该通知第 3 条的规定,对日充值金额和月累计金额进行限制。对于该部分实名认证的未成年人玩家,在法律规定的额度内完成充值消费后,若其自身或监护人以未成年身份,或以未成年人偷用其他成年人支付渠道为由要求退款,游戏运营商和平台一般不予退款。

但现实中,普遍存在未成年人使用成年人的身份信息在网络游戏中进行认证注册,并利用成年人的身份进行超额充值的情况。由于玩家在游戏中的实名认证与支付平台的实名认证并不要求为同一人,经常出现未成年人利用家中老人的身份信息在网络游戏中进行实名认证,在充值时再跳转到自己的支付宝或微信进行支付的现象。在此种情况下,该未成年人的监护人或被利用身份的成年人往往并不知情。因为在网络游戏支付过程中,是玩家在网络游戏内发起支付请求以调起支付接口,此时会查询用户选择的支付软件,并检测软件是否存在于玩家的电子设备中,之后发起调起请求,即我们通常看到的跳转到微信或支付宝等支付渠道,然后直接进入支付阶段。从该充值支付的流程中可以看到,游戏充值并不要求游戏实名注册玩家与支付平台实名认证者为同一人,只要在支付时能够顺利跳转并知道支付密码,就可以完成充值。

例如,笔者身边就有一个关于未成年人突破限制进行超额充值的真实案例。该名未成年玩家 15 周岁,平日父母工作繁忙,由于家境较为富裕,过年时总能得到数额较大的压岁钱,每年的压岁钱都由该名未成年玩家自行保管,他将这些压岁钱存入了自己的微信钱包内。后来,该名未成年玩家升读初三,临近中考成绩却下滑严重,引起了父母的重视。父母知道孩子有在手机上玩游戏的习惯,便查看了其手机游戏内容,查看过程中其父母发现孩子利用母亲的身份信息在某款冒险角色扮演游戏中进行了实名认证,并通过该账号在游戏内进行充值消费,充值消费的资金则来自孩子自己存在微信钱包内的压岁钱,一年多时间里,其累计充值消费金额高达 3 万余元。其父亲在了解该情况后,联系游戏运营商,以该账号是未成年人实际使用为由,要求游戏运营商进行退款。游戏运营商经过核实该游戏账号的游戏习惯和特征,并根据该名未成年人的父亲所提供的身份证明材料,判定并认可了该账号确实可能为未成年人实际使用,但由于部分充值消费行为时间较为久远,仅同意就近期的部分充值消费进行退款。最后,双方经协商达成一致,由游戏运营商退款 7000 余元,同时将该游戏账号进行注销。

从上述案例可见,未成年人玩家可以通过使用成年家属的身份信息在网络游戏中进行实名认证,再用自己的支付账户进行充值消费。因为目前法律法规仅对网络游戏在注册时要求实名认证,对玩家的年龄进行核验,但对于支付渠道是否实名、支付账户实际使用人是否为成年人并无法核验。

网络游戏运营方和支付渠道运营方是不同的企业，也无须保证游戏账户和支付渠道实名保持一致。因此，该种充值消费方式不仅绕过了法律中对未成年人网络游戏充值消费金额的限制，还让未成年人的监护人或其他家属难以发现自己的孩子在网络游戏中进行了充值消费，加大了对未成年人监管的难度。

法律依据

《防止未成年人沉迷网络游戏的通知》

三、规范向未成年人提供付费服务。网络游戏企业须采取有效措施，限制未成年人使用与其民事行为能力不符的付费服务。网络游戏企业不得为未满 8 周岁的用户提供游戏付费服务。同一网络游戏企业所提供的游戏付费服务，8 周岁以上未满 16 周岁的用户，单次充值金额不得超过 50 元人民币，每月充值金额累计不得超过 200 元人民币；16 周岁以上未满 18 周岁的用户，单次充值金额不得超过 100 元人民币，每月充值金额累计不得超过 400 元人民币。

律师建议

建议支付渠道在使用时强制增加实名核验、人脸核验或指纹识别功能，但更重要的是，作为未成年人的监护人应该注意未成年人的日常消费，并对未成年人的支付渠道设置限额消费。

058 未成年人如果利用法律法规的漏洞故意充值消费后又申请退费，应如何处理？

答 由于法律对未成年人在网络游戏中的充值行为的性质有明确规定，一些未成年玩家，尤其是一些年龄偏大的青少年，在明知网络游戏充值有关限制的情况下,仍在网络游戏内进行充值,在享受完充值带来的游戏体验后,便联系游戏运营商或平台,故意利用相关法律规定,以自己是未成年人为由投诉要求退款。甚至有未成年人通过购买、注册不同游戏账号多次申请退款。

目前,在这种情况下,网络游戏运营商或者平台如果核实到充值对应的游戏账户的实际使用人确实是未成年人,无论其是否利用未成年人的限制存在充值消费后再退款的故意,大部分会进行退款。

面对未成年人或未成年人监护人以未成年人充值为由要求退款的投诉,游戏企业往往无法以未成年人存在故意为由而拒绝退款。未成年人在充值消费后是否故意利用法律规则漏洞要求退款,并不是游戏运营商或平台判定是否退款的依据。针对该类未成年人玩家,游戏运营商或平台仅能在退款后对其游戏账户进行封存或注销,以规避后续风险。

律师建议

建议游戏运营商和平台在封存、注销游戏账户时,可要求未成年人的监护人签署相关承诺书,不仅要求监护人同意对申请退款的游戏账号进行封存或注销,还应要求监护人承诺加强管理和监督。如果后续该名未成年人再次注册其他游戏账户并进行充值,都应视为监护人对该未成年人充值行为的追认和许可。

059 实践中,网络游戏运营商及平台如何判定及处理未成年人退款?法院又如何认定该类问题?

答 未成年人是否存在充值消费后再退款的故意并不是游戏运营商或平台判定是否应当进行退款的因素。但网络游戏运营商及平台在考虑是否应当退款时,仅会以判断该充值是否实际为未成年人所为作为依据。即便该名未成年人玩家存在故意的可能,仍会进行退款,只是存在退多少、怎么退的问题。

1. 如何判定

目前,大部分的游戏运营商或平台都有自己的一套判定规则。笔者结合当前多家游戏运营商及平台针对未成年玩家的退费规则,对未成年人玩家和成年人玩家的判定标准总结如下。

第一,在网络游戏实名认证中,如果认证的信息是未成年人,就应当推定游戏充值行为系未成年人所为,除非游戏运营商或平台能够拿出相反的证据证明;反之,如果认证的信息是成年人,就应当推定充值行为系成年人所为,除非监护人能够拿出相应的证据证明该未成年人盗用了成年人的身份信息进行实名认证。

第二,游戏运营商还会根据玩家玩游戏时的特征综合判断其是否为成年人。成年人玩家在游戏中通常表现出如下特征:(1)一名成年玩家通常能够连续玩几天游戏而且持续数月;(2)每天玩游戏的时长在 1 个小时以上;(3)在工作日也能够玩游戏(通常未成年人是需要上学的);(4)在 20 点至 0 点时在线时间较多,不符合未成年人通常早睡的习惯;(5)通过成年人名下的微信、支付宝支付,这些支付方式需要输入密码。只要符合以上特征的 3 条以上的,基本可以判断为成年人玩家。当玩家被判定为成年人的,游戏运营商或平台会直接拒绝赔付。

第三,除上述判断条件外,当游戏玩家的实名身份信息是老年人(年龄在 60 岁以上),不符合游戏玩家通常年龄段的,该种情况系未成年人使用成年人身份信息的可能性极大,较容易被认定为未成年人。

2. 如何处理

根据上述判定标准,一旦游戏玩家被判定可能是未成年人,游戏运营商或平台在被要求退款时,一般会让监护人提供相应的户口本、身份证、充值记录截图等内容。同时,游戏运营商或平台会要求该账号实名注册人(被利用身份信息进行注册的成年人)签署退款相关的知情同意书或申请书之类的文件,让账号实名注册人同意申请退款的金额转账至指定的收款账户,并对所涉的游戏账号在退款完成后进行永久封停或注销,同时不再对相关的充值和退款追究游戏运营方或平台的法律责任。如果涉及金额较大,游戏运营商或平台还可能要求监护人带未成年人到当地派出所做备案,并提供笔录证明。通常情况下,此类退款会返还到未成年人的监护人的指定账户,即并不一定会要求将退款进行原路返回。

3. 司法实践

在目前的司法实践中，法院的判决大致如下。

第一，涉及未成年人充值退款的诉讼中，通常的案由是网络服务合同纠纷。在该类诉讼中，法院首先需要判断涉案的游戏账号是否为未成年人实际使用。

例如，在苏某某诉优点创想公司网络服务合同纠纷案[1]中，苏某某诉请法院判令优点创想公司与其之间的游戏许可及服务协议无效，以及相关的充值行为无效，并要求优点创想公司退回充值金额14万余元。在一审中，优点创想公司抗辩涉案游戏账号并非未成年的苏某某使用，并提交了涉案游戏账号在游戏内的聊天记录作为证据。法院认为本案的争议焦点在于涉案账号的充值行为是否为苏某某本人所为。法院在认定该争议焦点时，采取了"两步走"的方法，第一步，先判断涉案游戏账号的实际使用者是否为苏某某；第二步，判断涉案游戏账号的充值行为是否为苏某某所为。在第一步中，法院综合了游戏账户的名称、游戏内的聊天内容进行判断。首先，该游戏账户的角色、昵称、头像均为女子身份，与苏某某作为一名10周岁的男童的身份不符；其次，在游戏充值期间的聊天记录显示，该游戏账户曾表示自己"三十加""我家娃都会打酱油了""我之前意外流产了"，该聊天内容也与苏某某的身份、年龄不相符合。因此，法院对游戏账户的实际使用者为苏某某的说法不予采信。在第二步中，法院认为，涉案的充值支付账户为苏某某的母亲庞某，充值金额高达近15万元，庞某却称其不知情，这与一般认知不符，且账户的充值时间较为分散，大量的充值时段都在深夜，不符合未成年学生的消费习惯及生活规律，因此不认可充值行为系苏某某所为。据此，一审法院驳回了苏某某的诉讼请求。后苏某某上诉至广州市中级人民法院[2]，二审驳回上诉，维持原判。

因此，未成年人是否为游戏账户的实际使用者，以及游戏充值行为是否为未成年人所为，是审理该类案件首先要考虑的因素，也是被诉游戏企业在该类案件中常见的抗辩理由。通常，法院会从游戏账号的用户信息，用户在游戏内的行为特征、社交互动特征、消费习惯，未成年人的生活习惯及未成

---

〔1〕 参见广州互联网法院民事判决书，(2021)粤0192民初22751号。

〔2〕 参见广东省广州市中级人民法院民事判决书，(2022)粤01民终3782号。

年人的出庭陈述等多角度进行考量。这种考量并非仅要求相关举证达到存在未成年人进行充值消费的可能性,而是要达到能够排除充值行为系成年人所做出的合理怀疑,形成足够确信的程度。否则,未成年人在网络游戏中的退款机制仍可能被滥用。

第二,在该类案件中,如果有足够的证据证明游戏账户的实际使用者及游戏充值行为均指向未成年人,接下来需要考量的问题就是充值金额如何退款,即退多少款的问题。通常,原告在起诉时都会要求退还全部的充值金额。而根据《防止未成年人沉迷网络游戏的通知》的相关规定,法律许可的充值金额外的其他金额似乎也应该全额退款。但在目前的司法实践中,大多数法院已不会"一刀切"地要求被诉的游戏企业进行全额退款,而是会对监护人是否已尽到相应的监护职责进行考量。

例如,在宋某某与火烈鸟公司网络服务合同纠纷案[1]中,法院虽然认可原告宋某某作为涉案游戏账户的实际使用人及游戏充值的行为方,也认可了充值行为发生时,12 ~13 周岁的宋某某进行的 9488 元大额消费行为明显与其年龄、智力不相符,被告应该向宋某某及其监护人返还充值款项。但是同时,法院也认为,宋某某的监护人应当对宋某某进行必要的教育、监管并妥善保管好自己的身份证件和账户信息。宋某某多次、长时间玩网络游戏并对游戏账户进行多笔大额充值,其监护人对孩子的行为未做必要管束,未能保管好自己的账户、密码等信息,在监管教育引导方面存在明显不足,对案涉损失的造成具有过错。因此,法院综合考虑了合同效力、双方的过错程度和损失情况,最终判决被诉的游戏公司向宋某某返还充值款 9488 元的 60%,即 5692.8 元。

又如,在陈某与广东欢太公司合同纠纷案[2]中,法院直接驳回了原告的诉讼请求。该案的特别之处在于,案中的未成年人陈某在本案发生前就曾在被告的涉案游戏中进行过 1.7 万余元的充值,后陈某监护人与被告协商由被告退款 1.2 万余元并且陈某的监护人出具承诺书,"承诺提升其本人及家属妥善保管自己的手机及支付密码的意识,采取有效方式防止此类事件发生,若再有类似事件发生,由本人及家属自行承担全部责任"。因此,本案

---

〔1〕 参见广州互联网法院民事判决书,(2020)粤 0192 民初 44354 号。

〔2〕 参见广东省东莞市第二人民法院民事判决书,(2022)粤 1972 民初 19828 号。

的充值消费行为是在陈某发生过一次退款请求后再次出现，且陈某的监护人已经作出过相应的监管承诺。法院认为，陈某监护人在先前出具的承诺书中的承诺已经构成了对陈某充值行为的同意或追认，加之涉案的充值金额已被消费完毕，因此法院驳回了原告的诉讼请求。

4. 监护人的“失责”认定

从上述两个案件可以看出，在未成年人游戏充值消费纠纷中，监护人应当承担一定的职责，否则监护人将自行承担“失责”所带来的后果。该种“失责”主要从三个方面去判断：(1)监护人是否就未成年人的网络沉迷行为和充值消费行为进行了有效的监管；(2)监护人是否已经对自己的个人身份信息和财产保密信息进行了谨慎管理；(3)监护人在发现未成年人进行大额充值后是否采取了合理的纠正措施。近年来，各地法院已经陆续出现了许多游戏运营商或平台无须进行退款的案例，法院开始综合考虑相关游戏在线时间及游戏习惯是否符合未成年人特征、充值时间及充值金额是否符合未成年人消费习惯、监护人是否已尽到相关的监护责任，以此在维护未成年人的权益和促进游戏行业的良性发展之间寻求平衡。

律师建议

当下，防止未成年人沉迷网络游戏的工作大多由游戏企业和相关部门承担，现出台的多数政策都是对游戏企业进行约束，如果将未成年人在网络游戏中充值消费的监督职责全部放在游戏企业身上，对游戏企业而言有失公平，让游戏企业将大量的精力投入监督未成年人充值消费这个的问题上，不利于游戏企业的运营和发展。而本应履行监护职责的家长，往往在孩子沉迷网络的问题上“缺位”。家长作为孩子的监护人，应当多关注孩子的身心健康及生活习惯，避免孩子因沉迷于网络游戏而进行不适当的消费。

060　滥用未成年人游戏退款机制存在何种法律风险？

答　目前，在网络游戏运营过程中存在成年人滥用未成年人身份进行退款的情况，具体可以分为以下四类。

（1）成年用户在网络游戏中充值后，以家庭中未成年人成员的名义申请退款。在黄某甲与争游公司网络服务合同纠纷案[1]中，原告黄某甲称其平日放学后会拿爸爸黄某乙的手机玩，在刷抖音时下载了争游戏公司的一款游戏并使用了爸爸黄某乙的身份证号进行了注册。之后黄某甲在他人的介绍下进入了一个微信群学习游戏玩法。游戏过程中弹出充值界面，黄某甲说平日爸爸会叫她买烟，因此她知道手机的支付密码，于是就在充值界面输入了支付密码。原告黄某甲请求退款的金额为65,000元。法院在本案审理的过程中，首先对案涉的游戏账户实际使用人进行认定，案涉游戏账户注册时原告黄某甲的实际年龄只有6周岁，该游戏账户的名称、登录时间和充值时间、发言记录等都不符合一般孩子的作息时间，原告与他人就游戏操作、游戏充值进行的微信聊天内容语言和逻辑明显带有成人化的倾向，且该账号曾先后三次进行退款，每次退款的理由都不一致，加之该游戏账号所充值的款项大部分已经消费完毕，因此法院认定原告黄某甲的诉求缺乏依据，驳回了原告的诉讼请求。

该案例虽并未成功退款，但如果成年人冒充未成年人身份成功申请退款，该行为可能损害游戏运营商或平台的财产权；如果玩家注册游戏时同意的用户协议中有相关约定的话，还可能构成违约。在此情况下，如果以非法占有为目的，冒用未成年人的身份进行退款，数额较大的，还有可能构成诈骗罪。

（2）"职业退款人"以提供未成年人游戏充值退费的辅导和支持为由，以收取一定费用为前提，开展相关的违法活动。为何称开展的是"违法活动"？因为在当下的游戏市场上，确实有部分所谓的退款代理机构指导一些不熟悉网络的家长合法合规地向游戏企业申请退款，但更多机构却将目光瞄准未成年人，以提供技术指导、支持为由，帮助或教唆他人实施违法行为，甚至诈骗他人的财产。在相关电商平台上搜索"游戏退款"，会出现大量的商铺，主页内都打着类似于"不成功不收费"的字样，甚至还称可以帮助成年人玩家进行退款。在该类退款中，很多是教导成年人如何冒充未成年人向游戏企业申请退款，如果成年玩家没有可冒用的未成年人身份，商家还可以提供

---

[1] 参见浙江省嵊州市人民法院民事判决书，(2021)浙0683民初1438号。

一套完整的未成年人的资料及配套的监护人资料，包括出生证明、户口本、身份证等。实际上该类冒充未成年人骗取游戏退款的行为已经涉嫌诈骗罪〔1〕。除此之外，在此类型的退款中，商家提供了其他未成年人及监护人的资料，如果商家违法所得达到5000元以上或者相关被盗用的未成年人及监护人的交易信息达到5000条以上的，还可能会构成侵犯公民个人信息罪〔2〕。如果被冒用的未成年人及监护人的身份资料系伪造的，根据伪造资料的内容，可能会构成伪造国家机关证件罪、伪造、变造身份证件罪〔3〕等。值得提醒注意的是，这类诈骗是买家与商家合谋的行为，没有一方能够独善其身，所以千万不要因为贪图一时的小便宜而以身试法。

(3)直接利用未成年人网络游戏退款机制向未成年人玩家或监护人实施诈骗。例如，2024年1月，上海普陀公安分局长寿路派出所接到李女士的报警，称其孩子因游戏退款被骗2万多元。李女士的孩子为某款游戏的未成年玩家，结识了一名网友，该网友声称自己为"游戏退款工作室"的"客服小姐姐"黄某，声称能帮助李女士的孩子以未成年人玩家的身份向游戏企业申请退款，在沟通的过程中，黄某诱导李女士的孩子向自己提供了李女士的银行卡、支付账号、密码等信息，骗取钱财后将其拉黑。黄某已通过该手段实施了10余起诈骗，累计非法所得近10万元。截至本书写作时，本案以黄某涉嫌诈骗罪在继续侦办中。〔4〕该类诈骗是犯罪嫌疑人利用未成年人偷偷在网络游戏充值后害怕被父母发现的心理，直接骗取钱财。还有一类诈骗方式是犯罪分子直接伪造网络游戏的网站，冒充游戏客服称可以帮家长直接退款，但需要家长先向指定账户转账。

因此，建议未成年人玩家和监护人在申请网络游戏充值退款时，一定在相关的游戏界面或者下载平台联系客服，不要轻信网络上宣称能够直接退款或者帮助退款的信息。如果在相关的游戏界面或下载平台未能找到相关界面或者相关界面指引不清晰的，可以尝试拨打"12315"消费者热线或

〔1〕相关规定见《刑法》第266条。

〔2〕相关规定见《刑法》第253条之一。

〔3〕相关规定见《刑法》第280条之一。

〔4〕参见杨洁：《许多未成年人上当！男子冒充"客服小姐姐"到处行骗，上海警方：刑拘》，载微信公众号"新民晚报"2024年3月28日，https://mp.weixin.qq.com/s/CgAexqv3wFjjz5GIRJC-nTg。

“12318”全国文化市场统一举报平台请求提供帮助。

(4)灰色产业链利用未成年人玩家的退款机制进行洗钱。此类退款是有人先在游戏账户充值,随后诱导未成年人以自身的名义申请退款,并允诺提供相应的奖赏。涉世未深的未成年人,常会因为一些“小奖励”而同意协助进行退款,殊不知已陷入了犯罪分子的圈套。在该类退款中,游戏企业除了核实游戏账号的实际使用人是否为未成年人外,还应核实最终退款的资金流向。在未成年人退款申请中,绝大部分的充值账号和退款账户指向该未成年人或未成年人的亲友,因此对于由亲友外账户充值或退款时要求退到亲友外账户的申请,游戏企业在审核时应该多加留意,对于无法进行资金流水溯源的部分,应让未成年人向监护人要求提供相关的资金来源证明。若这类退款金额过大,游戏企业可向公安部门进行报备。

法律依据

《刑法》

第二百五十三条之一　【侵犯公民个人信息罪】违反国家有关规定,向他人出售或者提供公民个人信息,情节严重的,处三年以下有期徒刑或者拘役,并处或者单处罚金;情节特别严重的,处三年以上七年以下有期徒刑,并处罚金。

违反国家有关规定,将在履行职责或者提供服务过程中获得的公民个人信息,出售或者提供给他人的,依照前款的规定从重处罚。

窃取或者以其他方法非法获取公民个人信息的,依照第一款的规定处罚。

单位犯前三款罪的,对单位判处罚金,并对其直接负责的主管人员和其他直接责任人员,依照各该款的规定处罚。

第二百六十六条　【诈骗罪】诈骗公私财物,数额较大的,处三年以下有期徒刑、拘役或者管制,并处或者单处罚金;数额巨大或者有其他严重情节的,处三年以上十年以下有期徒刑,并处罚金;数额特别巨大或者有其他特别严重情节的,处十年以上有期徒刑或者无期徒刑,并处罚金或者没收财产。本法另有规定的,依照规定。

第二百八十条　【伪造、变造、买卖国家机关公文、证件、印章罪】【盗窃、抢夺、毁灭国家机关公文、证件、印章罪】伪造、变造、买卖或者盗窃、抢夺、毁灭国家机关的公文、证件、印章的，处三年以下有期徒刑、拘役、管制或者剥夺政治权利，并处罚金；情节严重的，处三年以上十年以下有期徒刑，并处罚金。

……

【伪造、变造、买卖身份证件罪】伪造、变造、买卖居民身份证、护照、社会保障卡、驾驶证等依法可以用于证明身份的证件的，处三年以下有期徒刑、拘役、管制或者剥夺政治权利，并处罚金；情节严重的，处三年以上七年以下有期徒刑，并处罚金。

律师建议

2024 年 11 月 21 日发布的《第六次中国未成年人互联网使用情况调查报告》显示，2023 年我国未成年人网民规模达 1.96 亿人，未成年人互联网普及率增长到 97.3%。《2024 中国游戏产业未成年人报告》显示，有 79.3% 的未成年人使用互联网进行娱乐活动，其中玩游戏的人数占比为 13.47%。随着网络游戏中的未成年人玩家不断增加，未成年人进行充值退款的纠纷也日益增多。减少这类纠纷，需要社会、游戏企业、家长和学校的共同努力。目前，大多游戏运营商和平台在游戏界面或下载界面提供了清晰的客服联系方式和未成年人退款指南，监护人可以直接联系游戏运营商和平台，申请未成年人的充值退款。如果游戏运营商或平台怠于处理退款事宜，监护人还可以联系当地的消费者协会寻求协助。另外，监护人也可以根据游戏内用户协议中约定的争议解决方式，向有管辖权的法院或仲裁机构提起诉讼或仲裁。但相比如何解决充值退款的纠纷，更重要的是事先防范未成年人在网络游戏中充值消费问题。国家已经出台多部法律法规和政策，以防止未成年人沉迷网络游戏，游戏企业也通过实名认证、人脸识别等方式对未成年人玩家进行识别，随着科学技术的发展，网络游戏中针对未成年人玩家的生物识别和信息识别技术将不断进步，能更有效地防范未成年人沉迷网络。将网络游戏账号实名和支付账号进行联动对应也是防范未成年人在网络游戏中超额消费的方法。目前,大量的未成年人充值退款纠纷都发生在留守儿童家庭、家长工作繁忙的家庭,或是家长本身就沉迷于网络的家庭,这些家庭往往没有办法给予孩子足够的陪伴和关心,无法给孩子树立正确的榜样并进行合理的引导,导致孩子沉迷于网络游戏的世界。因此,解决未成年人在网络游戏中充值退款问题的根本,在于未成年人的监护人要关注未成年人的成长与生活,了解孩子的生活和消费习惯,帮助孩子树立正确的价值观。

第七章　网络游戏中的刑事风险

061 游戏中的概率性玩法如何公示，游戏运营商又如何避免其中的涉刑风险？

答 游戏的概率性玩法，是指用户通过充值获得相应的虚拟货币或游戏货币，参与平台提前设置好的转盘、开宝箱、祈福等概率游戏，以此获得价值相等或价值不等的虚拟货币、游戏货币或者稀有游戏道具等。游戏的概率性玩法可以极大吸引用户参与，由于概率性玩法的胜负是不确定的，带有极大的随机性和偶然性，迎合了人们“以小搏大”的投机与侥幸取胜心理。但游戏的概率性玩法也可能涉及一些法律上的风险，甚至可能会涉及刑事风险。

游戏的概率公示最早规定于原《规范网游运营监管的通知》，其要求网络游戏运营企业应当及时在该游戏的官方网站或者随机抽取页面公示可能抽取或者合成的所有虚拟道具和增值服务的名称、性能、内容、数量及抽取或者合成概率等。虽该规定于2019年被废除，但2023年12月公开的《网络游戏管理办法（草案征求意见稿）》也延续了随机抽取的相关内容，规定网络游戏出版经营单位在提供随机抽取服务时，应对抽取次数、概率作出合理设置，不得诱导网络游戏用户过度消费。同时，应为用户提供虚拟道具兑换、使用网络游戏币直接购买等其他获得相同性能虚拟道具和增值服务的方式，否则将被责令停止违法行为，限期改正，予以警告，没收违法所得，并处罚款。所以，关于概率公示的相关法律法规应该会继续出台，如何做好游戏概率公示仍然是游戏运营商需要重视的问题。

另外，概率性玩法涉刑风险在近几年也尤为突出，其主要体现在涉及赌博类犯罪。2023年，多家语音社交平台因涉嫌开设赌场罪，多名高级管理人员和负责人被警方带走调查甚至被刑事拘留。

概率性玩法的"以小博大"的特性与赌博本质相同,考虑原《网游虚拟货币监管执法指引》,判断概率性玩法涉赌的几个关键要素如下:第一,用户付费投入虚拟货币;第二,设置概率性玩法"以小博大";第三,用户直接或间接获得金钱回报。普通游戏的收益结果仅为获取指定游戏内的虚拟道具和增值服务,不存在变现或提现的可能,而涉赌类游戏的收益结果则是用户可以直接或间接获得法定货币、实物,如某些语音平台允许用户将概率性玩法中获得的虚拟礼物通过平台直接提现或通过赠送主播,实现私下变现。

法律依据

《刑法》

第三百零三条　【赌博罪】以营利为目的,聚众赌博或者以赌博为业的,处三年以下有期徒刑、拘役或者管制,并处罚金。

【开设赌场罪】开设赌场的,处五年以下有期徒刑、拘役或者管制,并处罚金;情节严重的,处五年以上十年以下有期徒刑,并处罚金。

【组织参与国(境)外赌博罪】组织中华人民共和国公民参与国(境)外赌博,数额巨大或者有其他严重情节的,依照前款的规定处罚。

律师建议

要避免涉赌风险,平台不仅要从终端斩断用户通过概率性游戏所获取的虚拟道具或增值服务直接或间接变现而获得金钱回报,在概率性游戏中也不能收取类似手续费、管理费等与赌博罪或开设赌场罪等赌博类犯罪构成要件客观方面性质相同的行为。最重要的是,要建立完善的制度和规范的游戏规则,加强事前防范,采取严格的风控措施,根据相关法律法规落实好平台的监管职责。

062 游戏玩家使用“外挂”,存在什么法律风险?

答 “外挂”程序存在对游戏软件源程序和相关文档数据的复制行为,系对客户端的全面模拟利用。“外挂”的存在本身即侵犯了游戏开发者的著作权,因此,以“外挂”作为手段或工具从事的特殊网络犯罪,可能涉及以下几个罪名:明知侵犯他人著作权而直接销售“外挂”软件,构成销售侵权复制品罪;复制游戏软件程序或相关文档,将“外挂”置于网络上公开供人下载,其复制发行行为构成侵犯著作权罪;未经批准,擅自从事互联网出版活动,编制“外挂”并置于网上供人下载,或者通过网络销售“外挂”,构成非法经营罪。

现实生活中,行为人使用“外挂”的具体行为表现主要为利用他人制作的“外挂”软件从事有偿代练升级和利用他人制作的“外挂”软件获取游戏数据(如赚取虚拟游戏币)。行为人主观上对于“外挂”的使用系明知和故意,但利用“外挂”从事有偿代练升级和获取游戏数据,是实际使用、运行“外挂”软件的行为,不涉及复制、发行、销售等行为。因此,对该行为进行评价需要考虑以下两个方面。

一方面,使用“外挂”时会规避或突破游戏软件的技术保护措施,破坏游戏的正常操作流程和运行方式。我国《著作权法》《信息网络传播权保护条例》《计算机软件保护条例》均将故意避开或者破坏(软件)著作权人为保护其(软件)著作权而采取的技术措施的行为认定为著作权侵权行为,因此使用“外挂”首先侵犯了游戏开发者的著作权。

另一方面,“外挂”软件运行过程中会破解游戏数据结构,直接获取游戏数据(如赚取虚拟游戏币),或者分析、拦截服务器与客户端之间的通讯数据、内容。在客户端数据打包发向服务器之前,将内存中的数据包内容加以修改再发送给服务器,或者干脆冒充正常的游戏客户端发送数据包给服务器,从而实现对游戏的控制或修改,增强游戏功能。可见,利用他人制作的“外挂”软件实际上就是一个破坏计算机软件正常运行、修改计算机信息系统中存储、处理或者传输数据的行为,此时的“外挂”软件相当于一个破坏性程序。利用他人制作的“外挂”从事代练升级行为和获取游戏数据的行为,在一定条件下可以构成破坏计算机信息系统罪和非法获取计算机信息系统数据罪。

例如,在戈某、金某、王某破坏计算机系统案[1]中,被告人利用玩风雷游戏时研制的两个风雷游戏攻击软件,攻击风雷游戏玩家以获取游戏币,后折现获利。吉林省白城市洮北区人民法院认为,被告人以获取非法利润为目的,违反国家规定,对计算机信息系统进行修改,造成计算机信息系统不能正常运行,后果严重,其行为构成破坏计算机信息系统罪。

又如,在周某、周某某破坏计算机信息系统案[2]中,被告人周某、周某某等人利用购买的"牛牛捕鱼助手"挂机辅助软件,开办工作室,刷取腾讯公司的"猎鱼达人3D"游戏中的道具,后转卖获利。河南省许昌市中级人民法院判决被告违反国家规定,利用挂机辅助软件对腾讯公司"猎鱼达人3D"游戏系统中的数据和应用程序进行删除、修改、增加的操作破坏了游戏规则、正常操作流程和正常运作方式且违法数额较大、后果严重,构成破坏计算机信息系统罪。

不过,并非只要使用"外挂"获取游戏数据或不正当优势即涉及违法。首先,关于"外挂"的性质,需要由有相关资质的鉴定机构予以鉴定,如果鉴定意见为属于破坏性程序,则具备了成立破坏计算机信息系统罪的可能性,也符合"侵入计算机信息系统或者采用其他技术手段获取该计算机信息系统中存储、处理或者传输的数据"的行为方式,可认定为非法获取计算机信息系统数据罪。其次,行为应达到法律规定的"后果严重"或"情节严重"之标准。根据《最高院、最高检关于办理危害计算机信息系统安全刑事案件的解释》第6条第1款第4项和第1条第1款第4项的规定,违法所得5000元以上或者造成经济损失10,000元以上的,即达到破坏计算机信息系统罪的"后果严重"和非法获取计算机信息系统数据罪的"情节严重"标准。同时应当注意,如果行为人通过外挂获取游戏数据的主要目的在于获取虚拟财物,此时"外挂"系行为人实施侵犯财产行为的一个工具,构成侵犯财产罪与非法获取计算机信息系统数据罪的牵连关系,应择一重罪处理。

---

〔1〕 参见吉林省白城市洮北区人民法院刑事判决书,(2014)白洮刑初字第38号。
〔2〕 参见河南省许昌市中级人民法院刑事裁定书,(2019)豫10刑终381号。

法律依据

《刑法》

第二百八十五条　【非法侵入计算机信息系统罪】违反国家规定，侵入国家事务、国防建设、尖端科学技术领域的计算机信息系统的，处三年以下有期徒刑或者拘役。

【非法获取计算机信息系统数据、非法控制计算机信息系统罪】违反国家规定，侵入前款规定以外的计算机信息系统或者采用其他技术手段，获取该计算机信息系统中存储、处理或者传输的数据，或者对该计算机信息系统实施非法控制，情节严重的，处三年以下有期徒刑或者拘役，并处或者单处罚金；情节特别严重的，处三年以上七年以下有期徒刑，并处罚金。

【提供侵入、非法控制计算机信息系统程序、工具罪】提供专门用于侵入、非法控制计算机信息系统的程序、工具，或者明知他人实施侵入、非法控制计算机信息系统的违法犯罪行为而为其提供程序、工具，情节严重的，依照前款的规定处罚。

……

第二百八十六条　【破坏计算机信息系统罪】违反国家规定，对计算机信息系统功能进行删除、修改、增加、干扰，造成计算机信息系统不能正常运行，后果严重的，处五年以下有期徒刑或者拘役；后果特别严重的，处五年以上有期徒刑。

违反国家规定，对计算机信息系统中存储、处理或者传输的数据和应用程序进行删除、修改、增加的操作，后果严重的，依照前款的规定处罚。

故意制作、传播计算机病毒等破坏性程序，影响计算机系统正常运行，后果严重的，依照第一款的规定处罚。

单位犯前三款罪的，对单位判处罚金，并对其直接负责的主管人员和其他直接责任人员，依照第一款的规定处罚。

《最高院、最高检关于办理危害计算机信息系统安全刑事案件的解释》

第一条　非法获取计算机信息系统数据或者非法控制计算机信息系统，具有下列情形之一的，应当认定为刑法第二百八十五条第二款规定的“情节严重”：

（一）获取支付结算、证券交易、期货交易等网络金融服务的身份认证信息十组以上的；

（二）获取第（一）项以外的身份认证信息五百组以上的；

（三）非法控制计算机信息系统二十台以上的；

（四）违法所得五千元以上或者造成经济损失一万元以上的；

（五）其他情节严重的情形。

……

第四条 破坏计算机信息系统功能、数据或者应用程序，具有下列情形之一的，应当认定为刑法第二百八十六条第一款和第二款规定的“后果严重”：

（一）造成十台以上计算机信息系统的主要软件或者硬件不能正常运行的；

（二）对二十台以上计算机信息系统中存储、处理或者传输的数据进行删除、修改、增加操作的；

（三）违法所得五千元以上或者造成经济损失一万元以上的；

（四）造成为一百台以上计算机信息系统提供域名解析、身份认证、计费等基础服务或者为一万以上用户提供服务的计算机信息系统不能正常运行累计一小时以上的；

（五）造成其他严重后果的。

实施前款规定行为，具有下列情形之一的，应当认定为破坏计算机信息系统“后果特别严重”：

（一）数量或者数额达到前款第（一）项至第（三）项规定标准五倍以上的；

（二）造成为五百台以上计算机信息系统提供域名解析、身份认证、计费等基础服务或者为五万以上用户提供服务的计算机信息系统不能正常运行累计一小时以上的；

（三）破坏国家机关或者金融、电信、交通、教育、医疗、能源等领域提供公共服务的计算机信息系统的功能、数据或者应用程序，致使生产、生活受到严重影响或者造成恶劣社会影响的；

（四）造成其他特别严重后果的。

律师建议

在游戏中使用“外挂”是一种存在明显法律风险的行为。虽然使用“外挂”的情况十分普遍,但这既不合理,更不合法。游戏的意义在于娱乐和挑战,即玩家通过自身的努力提升技能、达成成就,并获得真正的满足感和成就感。采用走捷径的方式,尽管能快速达成游戏目标,却在失去体验游戏乐趣的同时,破坏了游戏社区的公序良俗,甚至可能造成巨大的损失。因此,玩家在游戏中应当作出更加理性的选择,尽可能避免进行违规操作。

063 盗号行为是否构成犯罪?

答 有不少玩家在玩游戏,特别是在玩网络游戏时,遭遇过被盗号的情况。游戏账号被盗后游戏角色被删、游戏装备被毁、游戏货币财产被转移的行为也屡见不鲜。有人可能认为,游戏账号是虚拟财产,财产的价值无法确定,而且有的游戏账号所有权并不属于玩家,玩家并不属于被侵犯的对象;即使后面被认定侵权,也仅限于民事财产损害的侵权纠纷,不会上升到刑事犯罪层面。

事实上,盗号行为也属于盗窃行为的一种。盗窃罪的犯罪对象系公私财物,而游戏账号作为虚拟财物,既具有一定的经济价值,同时也能够被人合法占有或转移所有权,所以可以成为盗窃罪的犯罪对象。因此,行为人盗取他人游戏账号并非法侵占的,涉案金额或者情节达到定罪标准的话,可能构成盗窃罪。

另外,若行为人系以技术手段获取计算机的数据以及被害人的个人信息来实施盗号行为的,还可能构成非法获取计算机信息系统数据、非法控制计算机信息系统罪。不过,如果非法控制计算机的目的是进行盗窃行为,则两个行为属于想象竞合的关系,一般从一重罪论处。例如,在付某非法获取计算机信息系统数据罪案[1]中,付某在游戏世界聊天窗口里注意到有人在发一个高等级玩家的 ID,付某迅速破解并修改了该游戏账号的密码,将该账号占为己有。付某将该账号内的高级游戏装备赠送给自己的游戏小号,随后又用小号操作将这些游戏装备出售,获利 6200 余元。几天后,付某又用先前破解的账号密码进行登录,在聊天记录里找到该玩家在该款游戏里的另一个账号密码并登录了该玩家的该游戏账号,将其中的装备出售后将卖装备赚的钱转到自己的小号,获利 1200 余元。案发后,付某对自己的犯罪事实如实供述,并退赔了被盗号游戏玩家的损失,取得了对方的谅解。法院经审理认为,付某违反国家规定,侵入他人游戏账号,非法获取计算机信息系统中存储的数据,情节严重,应当以非法获取计算机信息系统数据罪追究其刑事责任。综合付某的犯罪事实、性质、情节、当庭自愿认罪及对社会的危害程度等,最终判决被告人付某犯非法获取计算机信息系统数据罪,判处拘役 5 个月,缓刑 6 个月,并处罚金 3000 元。

法律依据

《刑法》

第二百六十四条　【盗窃罪】盗窃公私财物,数额较大的,或者多次盗窃、入户盗窃、携带凶器盗窃、扒窃的,处三年以下有期徒刑、拘役或者管制,并处或者单处罚金;数额巨大或者有其他严重情节的,处三年以上十年以下有期徒刑,并处罚金;数额特别巨大或者有其他特别严重情节的,处十年以上有期徒刑或者无期徒刑,并处罚金或者没收财产。

第二百八十五条　【非法侵入计算机信息系统罪】违反国家规定,侵入国家事务、国防建设、尖端科学技术领域的计算机信息系统的,处三年以下有期徒刑或者拘役。

……

[1] 参见《以案普法丨游戏盗号,犯法了你知道吗?》,载微信公众号"法治抚顺"2024 年 6 月 8 日,https://mp.weixin.qq.com/s/WB3SQFie54hrsLmCXKhdKg。

律师意见

游戏账号虽然是虚拟财产,但也存在法律上被保护的价值。很多账号都是由玩家长期投入时间和精力去运营维护的,并且很多账号中的装备角色也存在市场上的交易价值。盗号行为本身是盗窃行为的一种,如果涉案金额和情节达到盗窃罪立案标准,则应当以盗窃罪进行立案。为了避免被盗号风险,玩家平时可以注意账号使用安全,定期修改密码,发生盗号事件时应第一时间联系客服尝试找回账号,如果造成较大财产损失,也可以选择向公安机关报案或者通过诉讼的方式进行维权。

064　“私服”是否违法?

答《“私服”“外挂”专项治理通知》中对“私服”的定义为,“指未经许可或授权,破坏合法出版、他人享有著作权的互联网游戏作品的技术保护措施、修改作品数据、私自架设服务器、制作游戏充值卡(点卡),运营或挂接运营合法出版、他人享有著作权的互联网游戏作品,从而谋取利益、侵害他人利益”。归纳而言,即未经网络游戏软件著作权人授权或者许可,以非法手段获得网络游戏服务端程序或源程序后,私自架设服务器,非法运营他人网络游戏作品牟利,破坏网络游戏秩序的行为。设立“私服”的行为违法。在《刑法修正案(十一)》实施后,对于上述行为的定罪一般适用《刑法》第217条侵犯著作权罪的相关规定。

法律依据

《刑法》

第二百一十七条　【侵犯著作权罪】以营利为目的,有下列侵犯著作权或者与著作权有关的权利的情形之一,违法所得数额较大或者有其他严重情节的,处三年以下有期徒刑,并处或者单处罚金;违法所得数额巨大或者有其他特别严重情节的，处三年以上十年以下有期徒刑，并处罚金：

（一）未经著作权人许可，复制发行、通过信息网络向公众传播其文字作品、音乐、美术、视听作品、计算机软件及法律、行政法规规定的其他作品的；

（二）出版他人享有专有出版权的图书的；

（三）未经录音录像制作者许可，复制发行、通过信息网络向公众传播其制作的录音录像的；

（四）未经表演者许可，复制发行录有其表演的录音录像制品，或者通过信息网络向公众传播其表演的；

（五）制作、出售假冒他人署名的美术作品的；

（六）未经著作权人或者与著作权有关的权利人许可，故意避开或者破坏权利人为其作品、录音录像制品等采取的保护著作权或者与著作权有关的权利的技术措施的。

律师建议

“私服”的存在表面上为游戏扩大了影响力，延长了游戏产品的生命周期，实际上损害了游戏开发商、运营商的合法利益，因为大多数“私服”“以营利为目的”，这也是侵犯著作权罪的构成要件之一。另外，在“私服”中玩家的权益同样得不到保障，因为缺乏国家部门的监管，“私服”经常出现服务器瘫痪、玩家数据丢失、玩家信息泄露的事件。一些“私服”在被查处之后，负责人直接卷钱跑路的事件也常有发生。因此，“私服”的存在严重干扰了游戏市场秩序，且已经严重违反我国的相关法律法规。为有效遏制“私服”乱象，维护游戏产业的健康生态，笔者提出以下建议：

（1）针对游戏公司：建立监测团队或委托机构监测私服，及时取证；掌握证据后向版权局、公安机关举报，可提起民事诉讼索赔；加强技术防护，升级游戏源代码与服务器的加密等级。

（2）针对玩家：主动学习法律，认清“私服”违法本质，了解玩“私服”可能存在的法律风险和财产风险；抵制“私服”，通过正规渠道游戏；发现“私服”线索，在向游戏公司或执法部门举报，助力打击“私服”。

（3）针对监管部门：加大对“私服”的打击力度，联合企业、平台建立信息共享机制，对“私服”推广账号、服务器快速处置，针对跨境“私服”加强跨境协作打击。

065 利用自行编写的游戏引擎和源代码，并擅自使用未取得授权的游戏素材搭建服务器进行营利，是否构成犯罪？

答 情节严重者可构成侵犯著作权罪。

网络游戏软件包括内部的游戏引擎和外部的游戏资源库。游戏运行过程中，游戏引擎自动回应玩家的请求，随时调用资源库的素材并呈现在玩家面前，这就是游戏运行画面，即通过调用资源库的素材所展现的客观连续动态画面。无论是游戏引擎、引擎调用构成连续动态画面的游戏素材，还是游戏运行所呈现的连续动态画面，均构成《著作权法》意义上的作品，受到《著作权法》的保护。

利用自己编写的游戏引擎和源代码，调用未取得权利人合法授权的游戏素材形成的游戏，虽然不是完全抄袭正版游戏，但在游戏玩家看来，其运营所呈现的连续动态画面足以让游戏玩家将其与正版游戏相混淆，这种方式新颖且隐蔽，若使用该手段进行非法营利，情节严重者可能构成侵犯著作权罪。

例如，在谢某某、刘某某侵犯著作权罪案〔1〕中，法院认为，第一，案涉游戏中的人物、技能、地图与怪物、装备等游戏素材，及游戏时呈现的连续动态画面，都是权利人享有著作权的作品，依法应当受到保护。被告人谢某某虽自行编写游戏源代码和游戏引擎，但其未经权利人授权擅自使用他人游戏素材并通过自行编写的源代码和游戏引擎调用上述游戏素材，游戏时所呈现的连续的动态画面与正版游戏经鉴定比对具有实质相似性，该行为侵犯了著作权人的复制发行权，其危害性与复制发行他人计算机软件程序并无明显差异。

第二，本案犯罪手段较为新颖，社会危害性大。本案被告人谢某某自行

〔1〕 参见上海市第三中级人民法院刑事判决书，(2021)沪03刑初59号。

开发游戏引擎及应用程序，并以此为基础搭建了具有“三端互通”功能的“私服”游戏对外运营，使游戏玩家在同一游戏登录同一账号的情况下，PC（个人电脑）、IOS（苹果系统）、安卓三种设备平台实现数据互通、玩法互通和交互互通的功能，即游戏玩家可以通过任何一种设备登录其同一账号进行游戏。所以，此类游戏较以往传统的“私服”更具吸引力，不仅可以让玩家随时随地游戏，也可以让玩家大幅减少对游戏的经济投入，降低所谓的“氪金”量。这些因素势必会加剧对权利人网络游戏市场份额的挤占，较以往传统的游戏盗版行为而言，更易损害权利人的合法权益，具有相对更大的社会危害性。

第三，谢某某不仅自己采用上述方式非法运营《追忆传奇》游戏，还编写教程并提供在线指导，“授权”、帮助刘某某等70余人采用上述方式非法运营《江南传奇》等数十个游戏，并通过收取“授权费”、月费、充值分成费等方式非法牟利，且作案时间长，违法所得金额大，其行为具有较大的社会危害性。

第四，犯罪手段较为隐蔽。本案主犯自行开发的游戏引擎及游戏代码应用程序与权利人的游戏软件源代码并不相同，因此难以按照以往打击“私服”等盗版行为所采用的计算机软件客体归类模式进行归类。同时，本案所涉的人物形象、地图坐标、相关配乐等游戏素材虽然也可以实际作为美术、文字、音乐等作品分别予以单独保护，但一方面，玩家对于网络游戏是通过呈现的游戏画面获得整体的游戏体验，因此对于游戏画面的整体保护实为必要；另一方面，单纯仅从游戏元素客体入手予以刑事司法规制，方式手段显然较为烦琐，保护力度也势必不够充分，不利于权利人维权和刑事打击。此外，本案主犯还通过技术手段隐匿身份，游击作业，不断发展下线，向他人传授侵犯方法，使危害后果处于持续扩大的状态，其危害性极大。

法院最终认定两被告人构成侵犯著作权罪，判处有期徒刑并处罚金。

法律依据

《刑法》

第二百一十七条 【侵犯著作权罪】以营利为目的，有下列侵犯著作权或者与著作权有关的权利的情形之一，违法所得数额较大或者有其他严重情节的，处三年以下有期徒刑，并处或者单处罚金；违法所得数额巨大或者有其他特别严重情节的，处三年以上七年以下有期徒刑，并处罚金：

（一）未经著作权人许可，复制发行、通过信息网络向公众传播其文字作品、音乐、美术、视听作品、计算机软件及法律、行政法规规定的其他作品的；

……

律师建议

在上述判决中，法院认定将游戏运行时的连续动态画面整体作为视听（类电）作品予以刑事保护。通过隐蔽的新颖违法方法进行牟利，不会改变其构成犯罪的本质。所以，作为游戏从业者，要建立和加强知识产权建设，在游戏创意构思、开发和运营等阶段都应当重视知识产权风险，如所用的游戏素材、代码等均要确保有著作权或取得合法授权，不抄袭、不侵权。

第二编

电子竞技

第一章　赛事举办方、电竞俱乐部、电竞选手相关法律问题

066　举办电竞赛事需要注意哪些法律问题?

答 电竞赛事作为新兴的竞技形式,受到越来越多人的关注和喜爱。然而,举办电竞赛事不仅要求组织者具备丰富的经验和专业知识,还需要特别注意相关的法律问题。以下将就电竞赛事举办的大致流程和其中需要注意的法律问题进行分析。

1. 电竞赛事举办的大致流程

(1)赛事策划与筹备。在赛事策划阶段,需要明确赛事目标、规模、主题等关键信息。此外,还需要考虑赛事的时间、地点、赛程等具体安排。在筹备过程中,组织者应制订详细的赛事计划,包括预算、人员分工、物资准备等。另外,在不同国家和地区举办电子竞技赛事可能需要事先获得相关政府部门的批准或许可,以我国为例,涉及文化部门、体育部门或市场监管部门。对于涉及国际参赛者的赛事,还需考虑国际法和双边或多边协议。

(2)赛事宣传与推广。宣传与推广是电竞赛事成功的重要因素之一。组织者可以通过各种媒体渠道,如网络、社交媒体、电视等进行广泛宣传。同时,还可以利用明星选手、知名解说等资源,提升赛事的知名度和影响力。

(3)赛事组织与管理。赛事的组织与管理需要严密的计划和高效的执行。组织者应建立完备的赛事管理制度,包括选手管理、赛程管理、裁判管理等。同时,还需要确保赛事的公平、公正和公开,维护比赛的秩序稳定。

(4)选手招募与选拔。选手的招募与选拔是电竞赛事的重要环节。组

织者应制定明确的招募标准，通过线上报名、线下选拔等方式，吸引优秀的选手参赛。同时，还应对选手进行严格的资格审查，确保参赛选手符合规定。

(5)场地选择与布置。电竞赛事的场地选择与布置应充分考虑观众体验、设备需求、安全等因素。场地应具备良好的网络环境、稳定的电力供应和完善的安保措施。同时，布置应体现赛事主题，营造氛围，为观众提供舒适的观赛环境。

2. 举办电竞赛事过程中需要注意的法律问题

(1)版权保护。具体包括以下三个方面的内容：①赛事直播和转播权。确保拥有赛事的直播和转播权，或已获得相关授权；制止未经授权的直播和转播行为，维护赛事版权。②比赛内容版权。比赛中的游戏内容、选手表现等可能涉及版权问题，需确保已获得游戏开发商或相关版权所有者的授权。③防止盗版和非法传播。加强网络安全措施，防止比赛内容被非法下载和传播，并配合执法机关打击盗版和非法传播行为。电竞赛事涉及大量的版权与知识产权问题，如游戏版权、赛事标识、选手形象等。组织者应确保拥有合法的版权和知识产权，避免侵犯他人的合法权益。同时，还应采取措施保护自身的知识产权，防止被他人盗用或侵犯。

(2)知识产权保护。具体包括以下两个方面的内容：①商标和专利保护。确保赛事名称、标志、口号等受到商标法保护，防止被他人抢注或侵权；对于赛事中使用的技术或创新，可考虑申请专利保护。②防止不正当竞争。制止其他赛事或组织进行虚假宣传、诋毁竞争对手等不正当竞争行为，同时保护赛事的商业秘密和保密信息，防止泄露给竞争对手。

(3)数据保护。确保符合数据保护法规，如欧盟的《通用数据保护条例》(GDPR)，包括数据的收集、存储、处理和传输；实施适当的数据保护措施，如加密技术和访问控制；获取用户明确同意才能收集和处理其个人数据，定期审查和更新需获得用户同意，确保合规性。

(4)网络安全。具体包括以下两个方面的内容：①防止网络攻击。加强网络安全防御，预防黑客攻击、病毒传播等威胁；定期进行网络安全检查和评估，及时发现和修复安全漏洞。②保护用户数据。遵守数据保护法，保护参赛者和观众的个人信息和隐私；制定数据保护措施，防止数据泄露和滥用。

(5)合同签订与履行。在电竞赛事中,组织者需要与选手、赞助商、合作伙伴等签订各种合同和协议。这些合同和协议应明确双方的权利和义务,保障各方利益的平衡。组织者应仔细审查合同内容,确保合同的合法性和有效性,同时确保各方按照合同约定履行义务,如赞助商提供资金、参赛者参加比赛等。

(6)赛事纠纷处理。电竞赛事中难免会出现各种纠纷,如选手违规、裁判失误等。组织者应建立完善的纠纷处理机制,如协商、调解、仲裁或诉讼等,选择合适的争议解决地点和适用法律,以提高争议解决的效率和公正性,确保纠纷能够得到及时、公正的处理。同时,还应加强与相关机构的沟通合作,共同维护赛事的公平和公正。

(7)税务。确保赛事举办方在相关税务机构进行登记,以便按照国家税收法规纳税。组织者应遵守各项税收法规,确保税收的正确计算和缴纳,避免逃税和偷税行为,维护赛事的声誉和信誉。

(8)保险。考虑购买赛事责任险,以覆盖因比赛造成的意外伤害、财产损失等可能产生的赔偿责任,确保赛事举办方、参赛者、观众和其他相关人员的权益得到保障。同时,根据赛事具体情况考虑购买其他相关保险,如设备损坏险、赛事取消险等,与保险公司协商制定合适的保险方案,以降低潜在风险。

(9)可能的刑事责任。严禁赛事与赌博和非法博彩活动关联,确保比赛的公正性和合法性。组织者应配合执法机关打击与赛事相关的赌博和非法博彩行为,防范和处理与赛事相关的其他犯罪行为,如欺诈、侵犯知识产权等,并加强安保措施,确保比赛现场的安全和秩序。

法律依据

《电子竞技赛事管理暂行规定》

第十条　承办人向信息中心提交的承办意向书应列明下列事项:

(一)名称,包括赛事名称、承办单位名称等;

(二)举办赛事的宗旨;

(三)经费的来源和预算;

（四）赛事的筹备实施方案，包括组织方案、接待方案、工作计划、赛事安全方案、应急预案、奖金承诺书等；

（五）其他需要说明的事项。

律师建议

举办电子竞技赛事涉及众多手续和法律问题，赛事举办方须全面了解并遵守相关法律法规，确保比赛顺利进行。同时，建议赛事举办方与专业法律顾问合作，制定详细的法律策略和风险应对方案，降低潜在的法律风险。通过规范运作和合规经营，电子竞技赛事举办方不仅能够保障自身权益，还能为整个电子竞技行业的健康发展贡献力量。

067 目前中国电竞赛事受哪些法律约束和监管要求？电竞赛事主办方、电竞俱乐部、电竞选手在参赛时需要承担哪些法律责任？

答 目前，中国电竞赛事的监管体系主要涉及以下几个方面的法律合规要求：

（1）竞技游戏项目内容层面。电竞赛事使用的游戏内容须合法合规，必须取得游戏版号。游戏版号是相关游戏出版运营的批文号的简称，是游戏软件厂商或者个人作者开发的游戏软件在开发完成后进行出版上线运营的批准文件，由国家新闻出版署审核发布。

（2）俱乐部运营层面。虽然目前没有明确的电竞俱乐部从业资质限制或相应行政许可要求，但俱乐部及参赛电竞选手须遵守国家关于未成年人保护的规定，且要满足经纪活动的合规要求。另外，俱乐部在参加电竞赛事时，妥善处理与俱乐部赞助商及赛事赞助商之间的关系尤为重要，赞助商之间若存在冲突则俱乐部可能陷入违约风险。

（3）赛事落地执行层面。根据国家体育总局体育信息中心发布的《电子竞技赛事管理暂行规定》，普通主体办赛无须前置行政许可，非信息中心主办的国际性和全国性电子竞技赛事，包括商业性、群众性、公益性电子竞技赛事,一律不需要审批,合法的法律主体可自行依法组织和举办此类赛事。信息中心可以从技术、规则等方面进行指导和服务,按双方认可的标准,收取技术咨询服务等费用,签订相关协议,并进行备案。在中国举办的国际电子竞技赛事实行分类管理,按照主办方、比赛性质和重要程度分为 A、B、C 三类,须事先按程序报相关部门办理手续。由社会中介机构举办的商业性、群众性国际电子竞技赛事不在此列。

若赛事活动具有营利属性,则须按照《营业性演出管理条例》《营业性演出管理条例实施细则》等规定取得相应资质认定和行政审批;赛事活动参加人数达到 1000 人以上的,则须按照《大型群众性活动安全管理条例》的规定取得安全许可。

(4)赛事传播层面。赛事的直播和转播须审核播放平台资质,且遵守互联网信息服务、网络表演经营活动管理等的相关法规,禁止在广播电视台播出电竞节目。具体涉及的法规及规范性文件包括但不限于《互联网信息服务管理办法》《网络表演经营活动管理办法》《互联网文化管理暂行规定》《关于禁止播出电脑网络游戏类节目的通知》《未成年人节目管理规定》《关于加强网络视听节目平台游戏直播管理的通知》《关于进一步完善网络剧、微电影等网络视听节目管理的补充通知》《互联网直播服务管理规定》等。同时,若直播平台想转播相应赛事实况节目,应先行取得游戏开发商及赛事主办方的合法授权,否则平台可能陷入知识产权侵权风险。

法律依据

《营业性演出管理条例》

第十三条 举办营业性演出,应当向演出所在地县级人民政府文化主管部门提出申请。县级人民政府文化主管部门应当自受理申请之日起 3 日内作出决定。对符合本条例第二十五条规定的,发给批准文件;对不符合本条例第二十五条规定的,不予批准,书面通知申请人并说明理由。

第十五条 举办外国的文艺表演团体、个人参加的营业性演出,演出举办单位应当向演出所在地省、自治区、直辖市人民政府文化主管部门提出申请。

举办香港特别行政区、澳门特别行政区的文艺表演团体、个人参加的营业性演出，演出举办单位应当向演出所在地省、自治区、直辖市人民政府文化主管部门提出申请；举办台湾地区的文艺表演团体、个人参加的营业性演出，演出举办单位应当向国务院文化主管部门会同国务院有关部门规定的审批机关提出申请。

国务院文化主管部门或者省、自治区、直辖市人民政府文化主管部门应当自受理申请之日起20日内作出决定。对符合本条例第二十五条规定的，发给批准文件；对不符合本条例第二十五条规定的，不予批准，书面通知申请人并说明理由。

《大型群众性活动安全管理条例》

第十二条 大型群众性活动的预计参加人数在1000人以上5000人以下的，由活动所在地县级人民政府公安机关实施安全许可；预计参加人数在5000人以上的，由活动所在地设区的市级人民政府公安机关或者直辖市人民政府公安机关实施安全许可；跨省、自治区、直辖市举办大型群众性活动的，由国务院公安部门实施安全许可。

律师建议

1. 电竞赛事主办方

电竞赛事主办方需要确保赛事使用的游戏合法，俱乐部和电竞选手的参赛符合相关规定，赛事的组织、执行以及传播过程均符合国家的法律法规，符合相应备案及许可要求，在组织赛事中遇见法律未明确规定但认为极有可能产生相应风险的情况时，应及时咨询律师或关注相应政府部门最新政策和监管动向，以规避行政处罚或其他法律后果。

2. 电竞俱乐部

电竞俱乐部应确保与电竞选手之间签订的协议真实、有效、合法，若与电竞选手构成劳动关系，俱乐部还应按照《劳动法》及《劳动合同法》的规定承担用人单位的法律责任，并确保自身的日常经营活动合法合规，保护未成年电竞选手权益，保证参赛电竞选手符合参赛资质要求。此外，俱乐部还需确保电竞选手的行为符合国家法律法规和赛事的具体规定。电竞俱乐部与电竞选手签订经纪合同时，需要在合同中明确规定电竞选手的道德条款，并约定严格的违约责任。

3. 电竞选手

参赛电竞选手需要遵守赛事规则、国家法律法规，在保护自身合法权益的同时不参与任何违法行为。若电竞选手涉嫌参与"假赛"，不仅会直接遭受赛事联盟处罚，还有可能因违反与俱乐部签订的协议约定而承担违约责任。"假赛"情形严重、涉案金额较大时，还有可能面临刑事处罚风险。

068 电竞赛事主办方与俱乐部之间存在何种法律关系？

答 电子竞技是一种新型的运动项目，在近几年得到了迅速的发展。伴随着电子竞技行业的兴起，电子竞技的组织与管理也越来越专业化，因此，电子竞技活动的举办方（游戏开发商或第三方举办方）与各个电子竞技俱乐部的法律关系也随之发生了变化。

目前，市场上的主流电竞赛事大致分为游戏开发商举办的官方赛事和第三方举办的赛事两类。游戏开发商官方赛事是指游戏开发商创建独立的赛事、组建相应赛事联盟（如英雄联盟职业联赛、王者荣耀职业联赛、绝地求生冠军联赛等）；第三方电子竞技赛事是指由独立第三方组织而非游戏开发商直接主办的电竞比赛，这类赛事的举行需得到相关游戏开发商的正式授权。与由游戏开发商主办，仅限于其版权内单一游戏产品的官方赛事不同，第三方赛事通常为多游戏综合电子竞技竞赛，涉及多个不同的游戏产品。

说到电竞赛事主办方与电竞俱乐部之间的关系，就避不开"电竞联盟制"及"席位制"（也称特许经营制度），即在借鉴、吸取传统体育联盟赛事经验的基础上，主办方成立赛事联盟举办联赛，又通过席位招标的方式，使参赛电竞俱乐部成为联赛的永久成员。这意味着俱乐部不会因为比赛成绩的不佳而被降低到下一级别的联赛，但是俱乐部需要支付一定费用才能成为联盟的永久席位持有者。这种制度的好处包括为俱乐部提供长期的稳定性，有利于其在基础设施、人才培养和商业开发上的投资，同时也使联赛的运营更加商业化和专业化。

席位制涉及的核心法律文件通常是俱乐部与游戏开发商之间签订的协议。协议正文及附件通常详细规定了双方的权利和义务，包括但不限于席位费用的支付、赛事收入的分配、知识产权、赞助和广告政策、俱乐部运营标准及义务等，一般协议还会附带多份附件，构成一套完整的协议组，这种协议是双方法律关系的基础。在前述协议的基础上，电竞俱乐部得以参与联赛赛程。主办方负责制定赛事规则，包括比赛规则、电竞选手行为规范等，而俱乐部和电竞选手须遵守这些规则。违反规则可能面临处罚（通报批评、罚款、禁赛等），甚至取消俱乐部或选手的比赛资格。同样地，若俱乐部违反协议中约定的内容，可能要承担代价高昂的违约责任。

但席位制并非完美无缺、牢不可破，知名游戏开发商拳头游戏公司（Riot Games, Inc.）针对其旗下游戏《无畏契约》电竞联盟便采取了改变措施，联盟的席位不再通过标价出售的形式获得，俱乐部不需要再想方设法凑席位费，但俱乐部需要以队伍的竞技实力、影响力、发展计划等获取拳头游戏公司方面的认可。同时，这些席位不可以转让，拳头游戏公司每年都会根据俱乐部各方面的指标重新评估他们的资格。俱乐部与拳头游戏公司的协议到期后，由拳头游戏公司自行决定是否与该俱乐部续约。

法律依据

《体育赛事活动管理办法》

第二十九条 体育赛事活动相关人员（包括参赛者、教练员、裁判员、体育赛事活动组织机构工作人员、志愿者、医护人员、观众等，以下同）应当履行诚信、安全、有序的办赛、参赛、观赛义务，做到：

（一）遵守相关法律法规规定；

（二）遵守体育道德，不得弄虚作假、徇私舞弊、操纵比赛、冒名顶替，严禁参加任何形式的赌博活动，严禁使用兴奋剂，严禁违反体育精神；

（三）遵守竞赛规则、规程、赛场行为规范和组委会的相关规定，自觉接受安全检查，服从现场管理，维护体育赛事活动正常秩序；

（四）遵守社会公德，不得损坏体育设施，不得破坏自然环境和卫生，不得影响和妨碍公共安全，不得在体育赛事活动中违反社会公序良俗。

律师建议

在相应赛事联盟仍旧采取席位制的情况下，电竞俱乐部如未能履行相关协议中的约定，可能需要承担违约责任，严重时可能导致席位被回收。同时，电竞行业发展迅速，赛事规则和标准可能会发生变化，主办方对赛事规则的修改可能会对俱乐部造成不利影响。建议各俱乐部在签订相应协议时明确解约条款和退出机制，包括但不限于席位转让规则、退出费用、违约责任等，以防未来发生争议时尽可能地维护自己的合法权益。

069 电竞俱乐部与电竞选手之间构成什么法律关系？

答 从既往判例来看，电竞俱乐部与电竞选手之间的法律关系主要有两种：劳动关系和合同关系。法院一般会根据俱乐部与电竞选手之间签订合同的具体内容以及双方履行合同的实际行为来判断双方是否成立一般的劳动关系或其他合同关系。

1. 双方构成劳动关系的情形及理由

双方若在合同实际履行时构成事实劳动关系，法院会倾向于认定双方成立劳动关系。根据原劳动和社会保障部《关于确立劳动关系有关事项的通知》中的规定，用人单位招用劳动者未订立书面劳动合同，但同时具备下列情形的，劳动关系成立：(1)用人单位和劳动者符合法律法规规定的主体资格；(2)用人单位依法制定的各项劳动规章制度适用于劳动者，劳动者受用人单位的劳动管理，从事用人单位安排的有报酬的劳动；(3)劳动者提供的劳动是用人单位业务的组成部分。前述情形在俱乐部和电竞选手实际履行所签订的合同时极有可能出现，因此法院会重点根据双方实际履行合同时的行为来判定双方是否构成劳动关系。

例如，在威七文化传媒公司与程某劳动争议纠纷案[1]中，河南省南阳市劳动人事争议仲裁委员会认定，根据双方所签订的《V7 电子竞技电竞选

〔1〕 参见河南省南阳市卧龙区人民法院民事判决书，(2019)豫1303民初5654号。

手经纪合同》以及俱乐部与电竞选手之间签订的《选手服务合同》所约定的内容,俱乐部和电竞选手之间具有明显的从属性,这种从属性不仅体现在电竞选手的工作过程中,还体现在电竞选手对俱乐部日常管理制度的遵守上,根据合同约定,电竞选手必须遵守俱乐部的相关管理制度,服从日常训练及参赛安排,否则将受到相应的处罚。电竞选手为俱乐部提供的劳动为有偿劳动,双方在《选手服务合同》附录中也明确约定了报酬标准及付款方式和付款时间。根据原劳动和社会保障部《关于确定劳动关系有关事项的通知》的相关规定,本案中俱乐部和电竞选手之间的关系符合上述情形,双方已形成事实劳动关系。一审法院同样认为,俱乐部定期发放工资报酬的行为与电竞选手在工作期间受公司劳动规章制度的约束和管理这一情形,事实上已构成劳动合同关系。

又如,在上海世竞体育文化有限公司与郑某某劳动争议案〔1〕中,法院认为,根据案涉《选手服务协议》的约定,电竞选手需要遵守俱乐部制定的各项制度,服从俱乐部的管理以及安排的训练与比赛,俱乐部向电竞选手支付劳动报酬,同时电竞选手提供的工作也确实属于俱乐部业务的组成部分。且俱乐部作为用人单位、电竞选手作为劳动者均符合法律法规规定的主体资格。虽然电竞行业和传统行业相比确实存在如俱乐部提到的工作时间、劳动者权利行使等方面的特殊性,但本案仍属于劳动争议范畴。

2. 双方构成其他综合性法律关系的情形及理由

实践中,法院也会根据合同的具体内容及双方实际履行合同的行为来认定合同性质,有时电竞俱乐部与选手之间会构成综合性法律关系。

例如,在合宜文化公司与吴某合同纠纷案〔2〕和叶某诉英恰公司演出合同纠纷案〔3〕中,法院均认为俱乐部和电竞选手之间签订的《战队及选手有关电子竞技之合作合同》《演艺事业经纪合同》为集多重法律关系形成的综合性合同,双方之间形成的合同关系主要是合作关系,并不是单纯劳务关系。特别是在叶某诉英恰公司演出合同纠纷案中,从俱乐部与电竞选手之间的合同内容及实际履行合同的情况来看,该《演艺事业经纪合同》既涉及

---

〔1〕 参见湖北省黄石市中级人民法院民事裁定书,(2020)鄂02民终551号。
〔2〕 参见云南省玉溪市红塔区人民法院民事判决书,(2018)云0402民初4024号。
〔3〕 参见上海市第一中级人民法院民事判决书,(2017)沪01民终5638号。

代理电竞选手对外沟通交涉的内容,又存在为电竞选手进行包装宣传的要求,还具有一定的内部管理职能,存在较强的特殊性和行业特征;其不仅具备委托合同的主要特征,也同时具有劳动合同、行纪合同和居间合同等其他合同特征,故该案一审法院认定该合同属于包含多种权利义务关系的综合性合同。该案二审法院同样认为,《演艺事业经纪合同》属于单方面的授权委托合同或者劳动合同,但纵观合同内容,《演艺事业经纪合同》并不只涉及委托法律关系,双方还就演艺活动范围、知识产权、艺人报酬等内容作了明确约定,叶某在二审进程中也未能提供证据证实双方间另有劳动合同存在,故该合同性质不能简单定义为委托合同或劳动合同。由此,在无法定事由的情况下,双方均不得擅自变更或者解除合同。

法律依据

《劳动合同法》

第三条 【基本原则】订立劳动合同,应当遵循合法、公平、平等自愿、协商一致、诚实信用的原则。

依法订立的劳动合同具有约束力,用人单位与劳动者应当履行劳动合同约定的义务。

原劳动和社会保障部《关于确立劳动关系有关事项的通知》

一、用人单位招用劳动者未订立书面劳动合同,但同时具备下列情形的,劳动关系成立。

(一)用人单位和劳动者符合法律、法规规定的主体资格;

(二)用人单位依法制定的各项劳动规章制度适用于劳动者,劳动者受用人单位的劳动管理,从事用人单位安排的有报酬的劳动;

(三)劳动者提供的劳动是用人单位业务的组成部分。

二、用人单位未与劳动者签订劳动合同,认定双方存在劳动关系时可参照下列凭证:

(一)工资支付凭证或记录(职工工资发放花名册)、缴纳各项社会保险费的记录;

(二)用人单位向劳动者发放的“工作证”、“服务证”等能够证明身份的

证件;

(三)劳动者填写的用人单位招工招聘"登记表"、"报名表"等招用记录;

(四)考勤记录;

(五)其他劳动者的证言等。

其中,(一)、(三)、(四)项的有关凭证由用人单位负举证责任。

律师建议

当电子竞技俱乐部与电竞选手选择直接签订劳动合同时,意味着双方构建了劳动者与雇主之间的正式劳动关系。根据《劳动法》《劳动合同法》等相关法律法规的规定,电子竞技俱乐部作为雇主必须履行法定的雇主责任,包括但不限于为电竞选手提供社会保险、住房公积金及其他福利。然而,值得俱乐部特别留意的是,即便合同文本中未显示为劳动合同,或双方未明确建立劳动关系,若合同执行过程中的实际行为满足事实劳动关系的法定标准,俱乐部依旧须按雇主身份承担法律上的相应责任。在此类劳动关系确立的情况下,任何争议应首先提交劳动争议仲裁委员会处理。

如果俱乐部与选手签订的合同中未明确反映选手对俱乐部的人身依附性或人身从属关系,而是注重于俱乐部向选手提供的赛训服务、商业资源支持、账户管理、经纪合约支持等服务,并赋予俱乐部代理选手处理所有相关商业事务(包括但不限于商业宣传、品牌代言、参与影视作品制作等)的权利,同时明确知识产权的归属及使用权,并与选手就收益进行分配,则实践中法院通常会认定这种合同关系为复合法律关系。在此类复合法律关系下,俱乐部应避免在合同中引入表明选手与俱乐部之间存在从属关系的条款,如必须遵守管理规定、参加定期训练和比赛,以及接受相应惩罚的规定,或使用"基本工资""薪资""全勤奖"等可能表明劳动关系的术语。当双方在签订合同阶段即意图排除建立劳动关系的可能性,合同中应明确表述双方不构成劳动关系的共同意愿,并可通过文字加粗、下划线等方式对此类关键条款进行强调,防止其被视为格式条款而被忽视。关于合同的违约责任部分,应具体明确违约责任的承担、违约金的计算方法及损失赔偿的范围,如是否包含预期利润损失、违反日常训练行程或正式比赛等关键活动的违约金计算方式等，以确保合同的明确性和执行的可操作性。最后，合同内也应避免使用“委托”等可能被解释为建立单一委托合同关系的词汇，以免合同被解释为允许一方行使法定解除权的委托合同。

070 电竞选手常用的合同有哪些？签订时需要注意哪些法律问题？

答 电竞选手在职业生涯中需要签订多种合同，以确保自身权益得到充分保障。以下是一些常见的合同类型：

（1）劳动合同或劳务合同。这种合同通常适用于全职电竞选手，他们与俱乐部或组织建立的是正式的雇佣关系。合同中会明确规定双方的权利和义务，包括薪资、工作时间、工作内容、福利待遇等。合同条款必须合法，确保合同中的条款符合当地劳动法律法规，避免签订违法或显失公平的合同。另外，合同应保证选手能够按时获得应得的薪资，避免因俱乐部财务问题导致选手的薪资被拖欠。此外，合同还应对合理安排选手的工作时间和休息时间予以约定，避免过度劳动对选手身体健康产生负面影响。

（2）选手服务合同。这种合同通常适用于电竞选手与俱乐部之间的合作关系，其中规定了选手在俱乐部中的职责、训练要求、参赛义务等，同时也会涉及选手的薪资、奖金分配等经济条款。此类合同中须注意约定知识产权问题，确保选手在合同期内为俱乐部提供服务所涉及的知识产权归属问题得到妥善处理，避免侵犯他人知识产权。合同还应注意约定保密条款，要求选手对俱乐部的商业机密、战术策略等予以保密。

（3）赞助合同。电竞选手与赞助商进行合作的，一般会签署赞助合同。这种合同规定了赞助商向选手提供的资金支持、物资赞助等内容，以及选手在宣传、推广等方面的义务。另外还要约定选手在进行广告代言、推广等活动时，须确保广告内容符合当地广告法律法规，避免虚假宣传、误导消费者等违法行为。同时，选手在代言产品时应对产品的质量和安全性负责，避免因代言劣质产品而对自身形象产生负面影响。

（4）转会合同。如果电竞选手从一个俱乐部转会到另一个俱乐部，需要签署转会合同，这种合同会涉及转会费用、选手在新俱乐部的权利和义务等。

（5）赛事参与合同。对于某些特定赛事，电竞选手可能需要与赛事组织者签署参与合同，这种合同规定了选手在赛事中的职责、权利和义务，包括比赛规则、奖金分配等。同时，合同中要明确比赛规则的公平性和透明度，避免因比赛规则不合理或存在舞弊行为而对选手权益产生损害，确保奖金分配方案的公平性和透明度，避免因奖金分配不当而产生争议。

对于上述合同，电竞选手在签订合同时，应当注意以下法律问题：

（1）合同内容明确。合同应明确列出所有的条款和细节，包括但不限于选手的薪资、福利、比赛和训练的义务、违约责任等，还应明确各方的权利和义务，防止因约定不明确而产生争议。

（2）合同期限。合同应明确注明有效期限，包括起始日期和终止日期。同时，应明确在合同期满后的续约条件和流程。

（3）保密条款。由于电竞行业的特殊性，合同中通常会包含保密条款，要求选手在合同期间及合同结束后的一段时间内，不得泄露俱乐部的商业机密和敏感信息。

（4）违约责任。合同应明确规定违约的情形和违约方应承担的责任，违约的情形包括但不限于未履行合同义务、违反保密条款、擅自转会等。

（5）争议解决方式。合同中应明确争议解决的方式，如仲裁或诉讼等。在签订合同时，应考虑到解决争议的成本和效率，选择最合适的争议解决方式。

（6）转会条款。对于电竞选手来说，转会是一种常见的现象。因此，合同中应明确转会的条件和流程，包括转会费的支付、选手的转会期限等。

（7）知识产权。在电竞行业中，知识产权问题尤为重要，选手应确保自己的游戏角色、游戏策略等不被他人非法使用或复制。同时，选手也应注意保护俱乐部的知识产权，如队标、队服等。

（8）未成年人保护。由于许多电竞选手年龄较小，未成年人选手在签订合同时，应注意确保自己的权益不受损害。同时，俱乐部和赞助商也应遵守相关法律法规，保护未成年选手的身心健康和受教育权。

法律依据

原劳动和社会保障部《关于确立劳动关系有关事项的通知》

一、用人单位招用劳动者未订立书面劳动合同,但同时具备下列情形的,劳动关系成立。

(一)用人单位和劳动者符合法律、法规规定的主体资格;

(二)用人单位依法制定的各项劳动规章制度适用于劳动者,劳动者受用人单位的劳动管理,从事用人单位安排的有报酬的劳动;

(三)劳动者提供的劳动是用人单位业务的组成部分。

律师建议

目前,电竞行业并无行业规范要求必须签订劳动合同性质的合同,电竞选手在签订合同时,应充分了解合同内容,确保自己的权益得到充分保障。同时,也要遵守合同的约定,履行合同义务,避免违约和争议的发生。如有必要,选手可以咨询专业律师,以获得更具针对性的法律建议。

071 电子竞技选手如何维护自身合法权益?

答 电子竞技已成为全球范围内备受瞩目的竞技活动,吸引了大量年轻选手的参与。然而,随着行业的发展壮大,选手之间以及选手与俱乐部、组织之间也出现了许多纠纷和争议,保障电子竞技选手的合法权益变得尤为重要。以下将着重探讨如何确保电子竞技选手的合法权益得到充分保障。

电子竞技选手在职业生涯中不可避免会与俱乐部、赛事举办方及其他选手产生交集,在这个过程中就可能产生纠纷和争议。实践中,侵害电子竞技选手合法权益的情形主要有以下几种。

(1)合同纠纷。合同纠纷是电子竞技选手最常遇见的争议之一,包括薪资未按时支付、合同条款不明确或不合理、合同期限争议等情形。由于许多年轻选手在签约时缺乏足够的法律知识和经验,可能会遇到合同陷阱或受到不公平的待遇。

(2)奖金分配及薪酬。电子竞技比赛的奖金往往非常丰厚,因此奖金分配问题也容易引起纠纷,包括选手与俱乐部之间的奖金分配比例、奖金发放时间等。例如,一些俱乐部可能会拖延发放奖金或私自调整分配比例,导致选手的利益受损。薪酬也是电子竞技选手最关心的问题之一,主要包括基础工资、奖金、赞助费等部分,选手如未与俱乐部或赞助商就薪酬问题达成共识,便极易产生纠纷。

(3)竞技状态争议。电子竞技是一个竞争激烈的行业,选手的竞技状态直接影响其比赛表现和成绩,因此关于选手竞技状态的争议也时有发生,包括选手是否达到签约时的承诺水平、比赛中是否出现消极比赛或故意输掉比赛等行为。

(4)队伍内部矛盾。在电子竞技团队中,选手之间可能会因为战术安排、角色分配、个人恩怨等原因产生矛盾,这些矛盾可能会影响团队的凝聚力和比赛表现,甚至导致选手离队或团队解散。

(5)赛事规则不明确。电子竞技行业仍在不断发展和完善,赛事规则可能存在不明确或有漏洞的情况,这可能导致选手在比赛中遭遇不公平判罚或出现争议,引发选手和赛事组织者之间的纠纷。

(6)选手禁赛与处罚。在电子竞技比赛中,选手可能会因为违反规则、使用"外挂"或作弊等行为受到禁赛或其他处罚,而这些处罚可能对选手的职业生涯造成严重影响,选手往往会对禁赛或处罚的决定提出异议或申诉,由此引发纠纷。

(7)赞助与合作纠纷。电子竞技选手往往需要与赞助商或合作伙伴开展商业合作,然而在合作过程中可能会出现赞助费未按时支付、合作内容不明确或产生争议等问题,这些纠纷可能会影响选手的商业形象和利益。

(8)形象与名誉受损。电子竞技行业是一个高度关注个人形象和名誉的领域,若选手因为不当的言行、负面新闻等导致自身形象受损或名誉扫地,不仅会影响选手的商业价值和粉丝基础,还可能对其职业生涯产生长期影响。

(9)训练与压力。电子竞技选手需要承受巨大的训练压力以保持竞技状态,选手应合理安排训练时间,寻求心理支持,以应对压力。

(10)健康与伤病。长时间的训练和比赛可能对选手的身体健康造成影响,甚至导致伤病。选手应关注自身健康,采取预防措施,及时治疗伤病。

法律依据

《网络表演经营活动管理办法》

第七条　网络表演经营单位应当加强对未成年人的保护,不得损害未成年人身心健康。有未成年人参与的网络表演,不得侵犯未成年人权益。

第八条　网络表演经营单位要加强对表演者的管理。为表演者开通表演频道的,应与表演者签订协议,约定双方权利义务,要求其承诺遵守法律法规和相关管理规定。

第九条　网络表演经营单位应当要求表演者使用有效身份证件进行实名注册,并采取面谈、录制通话视频等有效方式进行核实。网络表演经营单位应当依法保护表演者的身份信息。

律师建议

面对上述可能侵害选手合法权益的情形,电竞选手自身及俱乐部或组织应如何维护合法权益,笔者的建议如下。

1. 电竞选手

(1)通过合同明确权益。电子竞技选手与俱乐部或组织之间应签订明确的合同,详细规定双方的权利和义务。合同应包括但不限于选手的薪资、训练条件、比赛安排、知识产权归属、违约责任等内容,确保选手的权益在合同中得到充分保障。

(2)防止薪资拖欠。俱乐部或组织应按时支付选手的薪资,确保选手的合法收入不受侵害,同时应建立有效的监管机制,对拖欠薪资的行为进行严厉打击,维护选手的合法权益。电竞选手在权益受到侵害后可以根据签订合同的性质选择相应的维权途径,如是劳动合同可以提起劳动仲裁维权,如是雇佣合同或其他经济类合同可以向法院提起民事诉讼。

(3)公开表态。在争议较大或涉及公共利益时,选手可以选择公开表态,表达自己的观点和诉求,这有助于引起社会关注,推动问题得到解决。

(4)寻求行业协会支持。选手可以依托电竞行业协会寻求支持和帮助,行业协会可以提供调解、仲裁等服务,维护行业秩序和选手权益。

(5)社交网络维权。选手可以利用社交网络发声,与粉丝和公众互动,争取支持,同时也可以通过网络平台了解行业动态和法律法规,提高维权意识。

(6)媒体曝光。媒体曝光是维权的有效手段之一,选手可以通过媒体报道向公众展示争议问题的真相,推动社会关注和问题解决。

2. 俱乐部或组织

(1)保障选手训练环境。俱乐部或组织应为选手提供良好的训练环境,包括合适的训练设施、优秀的教练团队、科学的训练计划等,这些措施有助于选手提高竞技水平,为他们的职业发展奠定坚实基础。

(2)保护选手知识产权。电子竞技选手在比赛和训练过程中创作的作品,如比赛视频、战术安排等,应受到知识产权保护。俱乐部或组织应确保选手的知识产权得到充分保护,防止未经授权的使用和转让。

(3)促进选手身心健康。保证电子竞技选手的身心健康是保障其权益的重要方面。俱乐部或相关组织应关注选手的心理健康,提供必要的心理辅导和支持;同时,应合理安排训练和比赛时间,确保选手有充足的休息和锻炼时间,避免过度劳累和损伤。

(4)规范赛事规则。赛事组织者应制定公平、公正的赛事规则,确保比赛的公平性和透明度。同时,应建立完善的裁判制度和监督机制,对违规行为进行严厉打击,维护选手的合法权益。

(5)提供法律援助。电子竞技行业应建立完善的法律援助机制,在选手的权益受到侵害时,为选手提供及时、专业的法律援助服务,帮助他们维护自己的合法权益。

(6)强化行业监管。政府和社会各界应加强对电子竞技行业的监管,确保行业健康、有序发展。政府可以制定相关法律法规和政策措施,规范行业秩序;社会各界可以建立行业自律组织或协会,加强行业自律和监管力度。

综上所述,电子竞技选手面临着多种常见的纠纷和争议。为了维护自己的权益和形象,选手需要增强法律意识、提高自我保护能力,并与俱乐部、组织、赛事组织者和赞助商等各方建立良好的沟通和合作机制。同时,行业和社会各界也应加强对电子竞技行业的监管和规范，为选手创造一个公平、健康、有序的竞争环境。

072 电竞俱乐部与电竞选手之间产生纠纷如何处理？

答 随着电子竞技行业的快速发展，越来越多的年轻人投身于这一新兴行业，电竞俱乐部与电竞选手之间的关系也变得日益重要。然而，由于行业特殊性以及相关法律法规的滞后，双方之间的纠纷与法律问题逐渐凸显。以下对电竞俱乐部与电竞选手之间的纠纷及法律问题进行分析，并提出相应的解决方案。

1. 合同纠纷

这是电竞俱乐部与电竞选手之间最常见的纠纷类型。双方在签订合同时可能未能充分沟通，导致合同条款不明确、不合法或双方对条款理解不一致等，合同纠纷频发。例如，关于选手的训练、比赛、薪资、福利待遇等方面的约定，常常成为双方争议的焦点。

2. 薪资与福利纠纷

电竞选手的薪资与福利待遇是双方合作的重要议题，也最受电竞选手关注。在实际操作中，双方之间的纠纷多集中于薪资结构、支付方式、支付周期等方面的问题。选手在比赛中获得的奖金分配问题也常常是纠纷的导火索。此外，选手的薪资往往与比赛成绩、商业价值等因素挂钩，当比赛成绩不佳或商业价值下降时，俱乐部可能会减少选手的薪资，从而引发纠纷。

3. 知识产权纠纷

在电竞行业，知识产权纠纷也较为常见。例如，选手在比赛和训练过程中产生的作品、创意等，其知识产权归属和使用问题往往成为双方争议的焦点。此外，关于选手形象、姓名、肖像等商业权益的使用问题也容易引发纠纷。

4. 训练与比赛纠纷

在训练和比赛过程中，选手可能会因为训练量过大、比赛安排不合理等原因与俱乐部产生纠纷。此外，选手在比赛中出现的失误或违规行为也可能导致其与俱乐部之间的纠纷。

5. 竞业禁止纠纷

电竞行业作为一个新兴的竞技行业，选手的竞技技能和经验具有较高的商业价值。因此，电竞俱乐部与选手之间通常会签订竞业禁止协议，限制选手在合同期内或合同结束后的一定期限内从事与电竞相关的活动。然而，在实际操作中，由于竞业禁止协议签订不合理、违反法律法规等原因，选手与俱乐部产生纠纷的情况也时有发生。

6. 反不正当竞争纠纷

在电竞行业，反不正当竞争问题也较为突出。例如，俱乐部之间恶意挖角、选手在比赛中作弊等行为都属于不正当竞争行为。这些行为不仅损害了其他俱乐部和选手的合法权益，也影响了整个行业的健康发展。

法律依据

《劳动合同法》

第二十四条 【竞业限制的范围和期限】竞业限制的人员限于用人单位的高级管理人员、高级技术人员和其他负有保密义务的人员。竞业限制的范围、地域、期限由用人单位与劳动者约定，竞业限制的约定不得违反法律、法规的规定。

在解除或者终止劳动合同后，前款规定的人员到与本单位生产或者经营同类产品、从事同类业务的有竞争关系的其他用人单位，或者自己开业生产或者经营同类产品、从事同类业务的竞业限制期限，不得超过二年。

律师建议

针对上述纠纷，笔者建议的解决方式如下：

（1）完善法律法规。针对电竞行业的特殊性，政府应加强对相关法律法规的制定和完善。通过明确电竞俱乐部与选手之间的法律关系、规范双方的权利和义务、强化违约责任追究等措施，为电竞行业的健康发展提供法律保障。

(2)加强合同管理。电竞俱乐部与选手之间应签订合法、公正、合理的合同。合同条款应明确双方的权利和义务、薪资与福利待遇、训练与比赛规定、违约责任及纠纷处理机制等内容。同时,双方应对合同条款进行充分讨论和理解,确保合同内容真实有效。

(3)建立纠纷解决机制。针对电竞俱乐部与选手之间的纠纷问题,应建立有效的纠纷解决机制。例如,当纠纷发生时,双方应首先以平等、公正为原则,在充分听取双方意见和诉求的前提下,通过协商的方式,使双方尽可能达成共识并找到解决问题的最佳途径。如果协商无果,双方可以考虑寻求第三方调解,调解机构可以是行业内的权威组织或专业律师团队,调解人在调解过程中协助双方沟通并寻找解决方案,调解结果通常具有法律效力,双方应遵守调解协议。如果纠纷无法通过协商和调解解决,双方可以选择仲裁方式。仲裁是一种独立、公正的纠纷解决机制,在仲裁过程中,双方可提交证据并陈述自己的观点,仲裁机构将根据事实和法律规定作出裁决,该裁决具有法律效力。当然,双方在协商和调解无望,也没有合法的仲裁途径或不愿意共同选择仲裁时,可将纠纷提交给法院解决,诉讼过程中,法院将根据事实和法律规定作出判决。不同的是,诉讼方式通常耗时较长,因此在选择诉讼前应充分考虑其利弊。

(4)加强行业自律与监管。电竞行业应建立完善的自律机制,规范行业秩序,促进健康发展。相关机构应加强对电竞俱乐部和选手的监管力度,确保他们遵守法律法规和行业规范。同时,应积极开展宣传教育活动,增强选手和俱乐部的法律意识并提高其道德水平。

综上所述,电竞俱乐部与电竞选手之间的纠纷及法律问题是一个复杂而重要的问题。通过完善法律法规、加强合同管理、建立纠纷解决机制以及加强行业自律与监管等措施,可以有效减少双方之间的纠纷和法律问题,促进电竞行业的健康发展。

073 俱乐部拖欠电竞选手薪资,电竞选手如何维护自身权益?

答 在电子竞技行业,电竞俱乐部拖欠电竞选手薪资是一个不容忽视的问题，不仅影响电竞选手的日常生活和职业发展，还可能损害电竞行业的健康发展。针对这一问题，电竞选手可以通过以下方式来维护自身权益。

(1)签订正式劳动合同或其他商业合同。确保与俱乐部签订正式的劳动合同是选手保障自身权益的第一步。劳动合同中应明确薪资金额、支付时间、工作职责、日常管理及公司规章制度、合同期限等关键条款。若双方签订其他综合性商业合同，则应重点关注双方权利义务、酬劳给付及结算、违约责任、争议解决等条款。选手应着重关注约束其自身的权利义务条款，在具体条款约定的义务明显过重、显失公平时，及时向俱乐部书面表达异议并寻求修改相应条款的机会。在合同签订过程中，建议电竞选手寻求专业法律顾问或律师的帮助，以确保合同内容的公平性和合法性。

(2)了解相关法律法规。电竞选手应熟悉《劳动法》《劳动合同法》等相关规定，了解自己作为劳动者的权利和义务。这不仅有助于选手在合同谈判中更好地维护自己的权益，还可以使其在权益受到侵害时知晓如何通过法律途径维权。

(3)及时沟通并留存证据。出现薪资拖欠情况，选手应首先选择与俱乐部管理层沟通，探询薪资拖欠背后的具体原因。在此阶段，保持理性冷静的沟通至关重要，因为多数情况下双方完全可以通过建设性的对话来达成解决方案。在与俱乐部的沟通过程中，建议选手详细记录沟通全内容，包括但不限于沟通的时间、参与人员以及讨论的具体内容。同时，保留所有相关的书面交流记录，如电子邮件、官方文件或短信等，这些可作为后续潜在法律程序中的关键证据。此外，任何关于劳动合同、薪酬协议或其他相关文件的复印件都应妥善保管，因为这些文档可作为解决纠纷的关键证据。若初步沟通未能达成满意的解决方案，或俱乐部就薪资拖欠提供的解释及解决方案不被选手所接受，选手应考虑发送律师函或提起劳动仲裁、诉讼或商事仲裁等程序。

(4)劳动仲裁。如果电竞俱乐部与电竞选手之间签订了劳动合同，或在事实上已形成劳动关系，在协商无法解决薪资拖欠问题时，选手可以向当地劳动争议仲裁委员会提起劳动仲裁。在仲裁申请中，选手应明确提出自己的诉求并提供相应的证据支持，如提交双方签订的劳动合同或商业合同、自己按时完成工作的相应证据、银行流水等证据，以佐证未收到全部应得的工资、奖金或其他类型收入。

(5)诉讼或商事仲裁。如果劳动仲裁未能解决问题,或者对仲裁结果不满意,又或者电竞俱乐部与选手之间不构成劳动关系的,电竞选手可以向法院提起诉讼,或根据合同具体的管辖约定,向有管辖权的仲裁机构提起仲裁。诉讼及仲裁程序虽然过程较长,且可能需要支付一定的费用,但是对于维护电竞选手的权益具有最终决定性的作用。

(6)寻求电竞联盟的帮助。目前几个主流电子竞技项目的赛事联盟都对持有席位的电竞俱乐部有着严格的财务要求及财务信息披露制度,要求俱乐部严格按照其与选手之间签订的劳动合同或其他商业合同的约定履行合同义务,为选手缴纳五险一金等。此前王者荣耀职业电竞联盟就曾介入TS豚首电子竞技俱乐部拖欠旗下电竞选手奖金一事,联盟及时发布公告表示会对拖欠奖金事宜责成俱乐部尽快开始内部调查,并敦促俱乐部尊重相关劳动法规、保障选手合法权益。其间,联盟要求俱乐部提交具体欠款明细及详细说明,并让被欠薪的当事人对被拖欠的数额进行签字确认。之后联盟要求俱乐部在期限内进行内部审查并提交相应解决方案,事后联盟再次联系被欠薪的选手,核实俱乐部是否依照计划足额发放了拖欠款项。据相关报道,王者荣耀职业电竞联盟会定期召开线下选手大会,会议只有选手代表和教练能够参与,并不包括俱乐部管理层。联盟以此方式实现与选手面对面的沟通,直面选手的心声和诉求,同时发掘俱乐部是否存在违规情况。同时,联盟也提供了相应线上联系方式供选手与联盟直接取得联系、表达诉求。除此之外,联盟也会定期对各个俱乐部进行实地走访,了解俱乐部的日常实际运营情况。电竞联盟采用席位制的情况下,并不代表已获得席位的俱乐部可以一劳永逸,联盟通常制定年度或季度考核标准,针对俱乐部不符合考核标准的情形进行处罚,如通报批评俱乐部的不合规行为、扣除俱乐部积分、上调俱乐部应缴纳的保证金等。若俱乐部违规情形严重,则其参赛席位有可能会被联盟收回。故选手在屡次与俱乐部沟通无果,维权受阻的情况下,可以考虑直接与联盟取得联系,由其牵头维权。

法律依据

《劳动合同法》

第七十七条 【劳动者权利救济途径】劳动者合法权益受到侵害的，有权要求有关部门依法处理，或者依法申请仲裁、提起诉讼。

第八十五条 【未依法支付劳动报酬、经济补偿等的法律责任】用人单位有下列情形之一的，由劳动行政部门责令限期支付劳动报酬、加班费或者经济补偿；劳动报酬低于当地最低工资标准的，应当支付其差额部分；逾期不支付的，责令用人单位按应付金额百分之五十以上百分之一百以下的标准向劳动者加付赔偿金：

（一）未按照劳动合同的约定或者国家规定及时足额支付劳动者劳动报酬的；

（二）低于当地最低工资标准支付劳动者工资的；

（三）安排加班不支付加班费的；

（四）解除或者终止劳动合同，未依照本法规定向劳动者支付经济补偿的。

第八十七条 用人单位违反本法规定解除或者终止劳动合同的，应当依照本法第四十七条规定的经济补偿标准的二倍向劳动者支付赔偿金。

第八十八条 用人单位有下列情形之一的，依法给予行政处罚；构成犯罪的，依法追究刑事责任；给劳动者造成损害的，应当承担赔偿责任：

（一）以暴力、威胁或者非法限制人身自由的手段强迫劳动的；

（二）违章指挥或者强令冒险作业危及劳动者人身安全的；

（三）侮辱、体罚、殴打、非法搜查或者拘禁劳动者的；

（四）劳动条件恶劣、环境污染严重，给劳动者身心健康造成严重损害的。

律师建议

从电竞选手的角度考虑，目前切实可行的解决方案如下：(1)签约前与俱乐部明确沟通薪资的支付条件，审核合同中对应条款的内容是否一致(包括具体的支付条件、方式、期限及违约责任等)，留存必要的沟通记录。(2)取得满足薪资支付条件的成绩后，及时与俱乐部沟通薪资发放事宜，留存必要的证据。(3)对于已经遇到俱乐部拖欠薪资情况的选手，应及时维权，避免超过诉讼时效。

074 与电竞俱乐部相关的常见争议纠纷有哪些?

答 随着电子竞技行业的蓬勃发展，电竞俱乐部成为培养职业选手、组织比赛和开展商业合作的重要平台。然而，在这个快速发展的领域，俱乐部与选手、赞助商、其他俱乐部之间不可避免地会出现各种纠纷和争议。

(1)合同争议。合同争议是电竞俱乐部最常见的法律问题之一。这涉及合同条款的解读、合同期限、违约行为、解约条件等。有时，选手或俱乐部可能对合同中的某些条款存在误解或争议，导致双方合作关系紧张或破裂。

(2)选手转会。选手转会是电竞俱乐部之间常见的纠纷点。当一位选手希望从一个俱乐部转到另一个俱乐部时，可能会涉及转会费用、转会时间、选手与原俱乐部合同的解除等问题，这些问题如果处理不当，可能引发法律诉讼或损失声誉。

(3)薪资纠纷。薪资纠纷是电竞俱乐部中常见的内部问题。选手可能认为自己的薪资与表现或市场价值不符，而俱乐部可能因财务问题或其他原因无法按时支付薪资，这种纠纷可能导致选手不满、消极比赛甚至离队。

(4)比赛结果争议。在电子竞技比赛中，比赛结果可能受到各种因素的影响，如作弊、服务器问题、裁判决策等。当比赛结果出现争议时，俱乐部和选手可能会就比赛过程、结果和处罚措施产生分歧。

(5)队伍内部矛盾。队伍内部矛盾是电竞俱乐部中常见的问题之一。这可能是由选手之间的性格不合、战术分歧、资源分配不均等原因引起的，如果俱乐部不能妥善处理这些矛盾，可能会导致团队凝聚力下降，影响比赛成绩。

(6)赞助与合作问题。电竞俱乐部通常需要与赞助商和合作伙伴建立良好的关系以获取资金和资源支持。然而，在合作过程中可能会出现赞助费用未按时支付、合作内容未兑现、品牌形象受损等问题，这些问题可能损害俱乐部的商业利益和声誉。

（7）训练资源分配。在电竞俱乐部中，训练资源的分配也是一个潜在的争议点。选手可能认为自己在训练时间、教练指导、设备使用等方面没有得到公平的待遇，这种不公平感可能导致选手士气低落，影响训练效果和比赛成绩。

（8）违规与纪律处分。电竞俱乐部通常有自己的规章制度和纪律要求，以确保选手的行为符合职业道德和比赛规则。然而，当选手出现违规行为时，如何给予纪律处分成为一个敏感的问题，如果处分不当或缺乏透明度，可能引发选手的不满和抗议。

律师建议

对于上述常见争议和纠纷，笔者提出如下建议。

（1）电竞俱乐部应建立完善的合同管理制度。确保与选手、赞助商、合作伙伴等签订的合同内容明确、合法。合同中应明确规定各方的权利和义务，包括选手的转会、薪资、比赛责任等关键内容。此外，俱乐部还应定期对合同进行审查和更新，以适应行业发展和法律法规的变化。

（2）俱乐部应重视知识产权保护。电竞俱乐部在运营过程中会产生大量的创意内容，如战队标志、宣传视频、战术策略等，这些都是宝贵的知识产权。俱乐部应重视知识产权保护，及时申请商标注册、著作权登记等，防止知识产权被侵犯。同时，俱乐部还应对内加强知识产权保护意识教育，对外积极维权，维护自身合法权益。

（3）俱乐部应尊重选手的人格尊严和合法权益。电竞选手作为俱乐部的核心资源，其权益保护至关重要。俱乐部应尊重选手的人格尊严和合法权益，确保选手在比赛、训练、生活等方面得到公平对待。同时，俱乐部还应与选手建立良好的沟通机制，关注选手的身心健康，为选手提供必要的支持和保障。

（4）电竞俱乐部应坚决反对不正当竞争。电竞行业竞争激烈，不正当竞争行为时有发生。电竞俱乐部应坚决反对不正当竞争，如挖角、诋毁竞争对手等行为。同时,俱乐部还应加强自身品牌建设,提升市场竞争力,以合法、诚信的方式获取市场份额。

(5)电竞俱乐部应重视网络安全防护。随着电竞行业与互联网的结合越来越紧密,网络安全问题也日益突出。电竞俱乐部应重视网络安全防护,建立健全网络安全管理制度,加强网络安全技术防范,防止黑客攻击、数据泄露等安全事件的发生。

(6)法律咨询与援助。电竞俱乐部应与专业的律师事务所建立长期合作关系,由专业律师为俱乐部提供法律咨询与援助服务。在遇到法律纠纷或争议时,俱乐部能够及时获得专业的法律支持和建议,维护自身的合法权益。

(7)电竞俱乐部应严格遵守赛事规则和要求。电竞俱乐部在参加各类电竞赛事时,应严格遵守赛事规则和要求,包括对选手资格的审查、比赛过程的监管、违规行为的处罚等。通过遵守赛事规则,电竞俱乐部可以树立良好的形象和信誉,为自身发展创造有利条件。

(8)危机管理与公关。电竞俱乐部在运营过程中难免会遇到各种危机事件,如选手违纪、负面舆情等。为了应对这些危机事件,俱乐部应建立完善的危机管理机制和公关策略,在危机发生时能够迅速作出反应,采取有效措施化解危机,最大限度地减少损失和影响。

综上所述,电竞俱乐部在运营过程中面临着多种常见的纠纷和争议。为了避免这些问题对俱乐部的稳定和发展造成不利影响,俱乐部需要建立健全的管理机制、加强内部沟通、增强选手和员工的法律意识并提高其职业素养,妥善处理与外部合作伙伴的关系。同时,保护电竞俱乐部的合法权益需要多方面的努力,通过加强合同管理、知识产权保护、运动员权益保障、反不正当竞争、网络安全防护、法律咨询与援助、赛事规则遵守以及危机管理与公关等方面的工作,电竞俱乐部才可以确保自身在激烈的市场竞争中立于不败之地,实现长期稳定发展。

075 如果新的俱乐部和平台知道选手与原俱乐部存在未解决的关系而未做适当性核实即签约的，新俱乐部和平台是否应当承担连带责任？

答 原则上新俱乐部和平台应当承担连带责任，但如果新俱乐部和平台在签约过程中已经尽到了合理的注意义务并采取了必要措施来避免潜在的风险，则其可能不需要承担连带责任。

在电子竞技行业迅猛发展的背景下，选手的转会与签约成为行业内的常态。然而，当新俱乐部或平台在知道选手与原俱乐部存在未解决的关系的情况下，未进行适当性核实即与选手签约，这种情况下新俱乐部和平台是否应当承担连带责任，是一个值得深入探讨的问题。

1. 电子竞技行业中的选手转会与签约整体概况

电子竞技行业作为新兴的体育产业，其选手的转会和签约模式与传统体育行业有着相似之处，但也存在其独特性。选手的转会往往涉及原俱乐部的合同解除、新俱乐部的合同签订以及选手个人权益的保障等多方面的问题。在这一过程中，俱乐部和平台作为签约方，应当对选手的背景和合同情况进行充分的了解和核实，以确保签约的合法性和合规性。

2. 新俱乐部和平台在签约过程中的责任与义务

新俱乐部作为潜在的签约方，在与选手进行签约前，应当承担起一定的责任和义务。首先，新俱乐部和平台应当对选手的过往经历、合同情况以及选手与原俱乐部的关系进行全面的调查和核实，包括但不限于了解选手在原俱乐部的合同期限、是否存在违约行为、是否与原俱乐部存在纠纷等。其次，新俱乐部和平台应当确保与选手的签约行为符合行业规定和法律法规，避免侵犯原俱乐部的合法权益或违反相关法律规定。

3. 未做适当性核实即签约的法律后果

新俱乐部和平台在明知或应知选手与原俱乐部存在未解决的关系的情况下，未进行适当性核实即与选手签约的，可能会面临一系列的法律后果。

首先，新俱乐部和平台可能会因违反行业规定或法律法规而受到相应的处罚，包括但不限于被处以罚款、限制参赛资格或取消相关资质等。

其次，原俱乐部可能会对新俱乐部和平台提起法律诉讼，要求追究其法律责任并赔偿相应的损失。根据《反不正当竞争法》的规定,如果新俱乐部和平台利用他人的商业秘密,或者故意引诱、诱使对方违反合同义务,可能构成不正当竞争行为,需要承担相应的法律责任。此外,根据《民法典》关于合同履行的规定,如果新俱乐部和平台的行为导致原俱乐部签署的与选手相关的商务合同无法继续履行,可能会被视为对原俱乐部合同权益的侵犯,需要对由此给原俱乐部造成的损失承担赔偿责任。在此情况下,新俱乐部和平台可能需要承担包括赔偿损失、支付违约金等在内的法律责任。

4. 新俱乐部和平台是否应当承担连带责任的探讨

在探讨新俱乐部和平台是否应当承担连带责任时,我们需要综合考虑多个因素。首先,新俱乐部和平台是否知道或应当知道选手与原俱乐部的关系问题是一个重要的判断标准。如果新俱乐部和平台在签约前已经了解到了选手与原俱乐部的纠纷或潜在问题,但未进行适当性核实即与选手签约,那么其应当承担一定的连带责任。其次,新俱乐部和平台在签约过程中的行为是否符合行业惯例和法律法规也是判断其是否承担连带责任的重要因素。如果新俱乐部和平台的行为明显违反了行业惯例或法律法规,那么其应当承担相应的法律责任。

然而,需要注意的是,连带责任并非绝对。在判断新俱乐部和平台是否应当承担连带责任时,还需要考虑其是否存在过错、过错程度以及过错与原俱乐部损失之间的因果关系等因素。如果新俱乐部和平台在签约过程中已经尽到了合理的注意义务并采取了必要措施来避免潜在的风险,则其可能不需要承担连带责任。

法律依据

《反不正当竞争法》

第十条 经营者不得实施下列侵犯商业秘密的行为:

(一)以盗窃、贿赂、欺诈、胁迫、电子侵入或者其他不正当手段获取权利人的商业秘密;

(二)披露、使用或者允许他人使用以前项手段获取的权利人的商业秘密;

（三）违反保密义务或者违反权利人有关保守商业秘密的要求，披露、使用或者允许他人使用其所掌握的商业秘密；

（四）教唆、引诱、帮助他人违反保密义务或者违反权利人有关保守商业秘密的要求，获取、披露、使用或者允许他人使用权利人的商业秘密。

经营者以外的其他自然人、法人和非法人组织实施前款所列违法行为的，视为侵犯商业秘密。

……

律师建议

为了避免新俱乐部和平台因知道选手与原俱乐部存在未解决的关系而未做适当性核实即签约而承担不必要的法律风险，笔者提出如下建议与措施。

（1）加强行业自律和规范管理。电子竞技行业应当建立完善的行业自律机制和管理规范，明确选手转会与签约的程序和要求，规范俱乐部和平台的行为。

（2）增强俱乐部和选手的法律意识。俱乐部和选手应当加强法律培训和教育，提高自身的法律素养，增强风险防范意识，确保在签约过程中遵守相关法律法规和行业规定。

（3）建立信息共享和沟通机制。行业内部可以建立信息共享平台或沟通渠道，方便各个俱乐部和平台之间及时交流选手的合同情况和潜在风险信息，降低因信息不对称而导致的法律风险。

（4）转会协议由转出俱乐部、转入俱乐部与选手三方签署。转会协议中应明确转出俱乐部与选手之间所有事项已经完结，不存在任何纠纷。

在电竞行业，选手转会是常见现象，但新俱乐部和平台在签约选手时，必须遵循法律规定，尊重原有合同关系，并进行适当的核实，以免承担不必要的法律责任。同时，原俱乐部也应当合理行使权利，维护自身合法权益，通过法律手段解决纠纷。对于选手而言，诚信履行合同，合法转会是保护自身权益和职业发展的关键。总而言之，整个电竞生态的健康发展，需要行业内各方共同遵守法律法规，公平竞争，合作共赢。

076 如何避免电竞选手频繁跳槽？

答 随着电子竞技行业的蓬勃发展，电竞选手作为行业内的核心资源，其流动性和跳槽现象日益受到社会的关注。电竞选手频繁跳槽不仅影响战队的稳定性和竞技水平，也对整个电竞行业的健康发展构成了挑战。因此，分析电竞选手跳槽的原因并提出有效的避免策略，对于促进电竞行业的持续健康发展具有重要意义。实践中，电竞选手跳槽的原因主要有如下几点。

（1）薪资待遇问题。电竞选手作为职业运动员，其薪资待遇往往与个人的竞技水平和市场价值密切相关。当选手认为自己的付出与回报不成正比，或者发现其他战队能提供更高的薪资待遇时，便可能选择跳槽。

（2）俱乐部战队氛围问题。俱乐部战队氛围是影响选手留任的重要因素之一。如果战队内部存在沟通不畅、矛盾频发、管理混乱等问题，选手可能因无法融入或感到压抑而选择离开。

（3）竞技环境变化。电竞行业竞争激烈，战队排名和成绩往往决定了选手的职业前景。当战队成绩不佳或面临降级风险时，选手为了保持竞技状态和发展前景，可能会选择加盟更有竞争力的战队。

（4）个人职业规划。电竞选手作为职业运动员，其职业生涯往往因年龄的增长和技术水平的下滑而逐渐缩短。因此，选手在职业生涯的不同阶段会有不同的规划，如追求更高的荣誉、转型为教练或解说等，这些规划可能需要通过跳槽来实现。

律师建议

对于电竞行业而言，选手的频繁跳槽不仅影响了电竞俱乐部的稳定发展，也给行业的正常运营带来了诸多挑战。在中国，随着《民法典》的实施，对劳动合同以及服务合同的规定更加明确，这为解决电竞选手跳槽问题提供了法律依据。以下将从法律角度探讨如何避免电竞选手频繁跳槽的情况发生。

（1）合同条款以及俱乐部管理制度需要约定明确。俱乐部和电竞选手在签订合同时，需要明确合同条款，特别是关于合同期限、违约责任、工作职责和解除合同的条件等内容。根据《民法典》对合同自由原则的规定，双方可以根据实际情况约定合理的条款，以确保合同的公平、公正。同时，俱乐部在与选手签订合同时，应当与选手就薪酬等核心事项进行充分的协商，俱乐部应根据选手的竞技水平、市场价值以及贡献程度制定公平合理的薪资标准。同时，建立薪资动态调整机制，根据选手的表现和市场变化及时调整薪资水平，确保选手的付出与回报成正比。俱乐部还应制定完善的管理制度，并且该管理制度应当向选手公示，明确选手的权利和义务。

(2)设置合理的违约金。合理设置违约金是避免选手频繁跳槽的有效手段之一。根据《民法典》第583条的规定，违约金应当根据合同的履行情况和违约的程度合理确定。通过设定一定数额的违约金，可以在一定程度上制约电竞选手的跳槽行为，促使双方更加重视合同的履行。

(3)加强情感绑定和职业发展规划。除合同约束外，俱乐部还可以通过加强与选手的情感绑定和提供职业发展规划来降低选手跳槽的可能性。例如，通过建立完善的培训体系、提供成长空间和竞赛机会，以及合理的薪酬和福利，增强选手对俱乐部的归属感和忠诚度。

同时，俱乐部应注重战队团体建设，加强内部沟通和协作，营造积极向上的工作氛围。通过举办团建活动、建立有效的沟通渠道等方式，增进选手之间的友谊和信任，提高战队的凝聚力和向心力。

俱乐部还应关注选手的个人发展规划，为选手提供多元化的职业发展路径。通过与高校、培训机构等合作，为选手提供转型为教练、解说等职业的培训和支持。同时，积极为选手搭建展示个人才华的平台，如举办个人赛事、开设直播频道等，帮助选手实现个人价值。

(4)增强沟通和协商。俱乐部应定期与电竞选手进行沟通，了解他们的需求和不满，及时解决合同执行过程中出现的问题。双方应通过友好协商的方式解决合同纠纷，避免诉讼。这不仅有助于维护双方的合作关系，也有利于促进电竞行业的健康发展。

(5)法律教育和法律咨询。俱乐部和电竞选手都应加强法律知识的学习，特别是对《民法典》中合同法相关规定的了解。在必要时，应寻求专业律师的法律咨询，以确保合同的合法性和合理性，避免因法律知识的缺乏而引发合同纠纷。

综上所述，电竞选手的频繁跳槽是一个复杂的问题，涉及合同法律规范、人力资源管理以及行业规范等多个方面。通过上述措施,可以在一定程度上避免这类情况的发生。然而,更重要的是,俱乐部、选手以及整个电竞行业应共同努力,建立一个公平、公正、透明的行业环境,为电竞选手的职业发展提供更好的保障。

077 电竞选手合同中约定了高额的违约金,法院会支持吗?

答 法院通常会兼顾公平,综合考虑多种因素,对违约金予以自由裁量。电竞行业近年来发展迅猛,选手们的身价也是水涨船高。电竞选手的高额违约金问题是一个复杂且备受关注的议题,需要综合考虑法律规定、合同约定、行业实践以及公平原则等多个方面的因素。

首先需要明确的是,电竞选手与俱乐部之间签订的合同通常是具有法律效力的,这些合同往往详细规定了双方的权利和义务、违约金等内容。因此,当发生违约情况时,受损方有权依据合同要求违约方支付违约金。在合同约定有违约金条款时优先适用违约金条款,这一做法兼顾了公平性。法院通常认为,双方如在选手合同中约定了违约金金额,属于双方自愿协商的结果,可以违约金条款作为依据。但实际发生争议时,考虑到约定的违约金金额往往较高,法院在判断是否支持高额违约金时,并非简单地依据合同条款进行裁决。法院在审理这类案件时会综合考虑多种因素,包括但不限于选手解约给俱乐部造成的损失、合同履行情况以及当事人过错程度等。

(1)合同约定的合理性。法院会审查合同中关于违约金的约定是否合理,包括违约金数额是否过高、是否与实际损失相符、是否显失公平等。如果法院认为违约金数额过高或显失公平,可能会对其进行调整或不予支持。

(2)违约方的过错程度。法院会考虑违约方的过错程度,如果违约方存在故意或重大过失,法院可能会更倾向于支持受损方的违约金请求。相反,如果违约方只是轻微违约或存在不可抗力因素,法院可能会对违约金数额进行适当调整。

(3)行业实践与惯例。法院在判断违约金数额时,也会参考行业实践和惯例。如果电竞行业内普遍存在高额违约金的情况,并且这些违约金数额得到了行业内的广泛认可，那么法院可能会更倾向于支持受损方的请求。然而，如果行业内对违约金数额存在争议或认为某些条款不合理，法院可能会进行更为严格的审查。

(4)公平原则与公共利益。法院在裁判时还要考虑公平原则和公共利益。如果支持高额违约金可能导致违约方承受过大的经济压力，甚至影响其生计，那么法院可能会认为这违反了公平原则。此外，如果高额违约金可能对整个电竞行业的健康发展产生负面影响，法院也会谨慎考虑是否支持这一请求。

(5)俱乐部的损失。司法实践中，俱乐部通常需要说明自身的损失情况，以此作为论证违约金是否过高的依据。实践中，一般将转会费作为衡量俱乐部损失的主要标准。转会费可以较为客观地体现选手的转会价值，有利于衡量电竞选手合同的经济价值以及合同解除导致的俱乐部损失。在无其他证据佐证的情况下，法院通常会将转会费与俱乐部的损失挂钩，从而作为认定违约金是否过高的参考标准。实践中还存在一种情况，俱乐部未曾支付过转会费，但主张以其他俱乐部选手的转会费作为参考。这类主张通常难以得到法院支持，法院认为竞技比赛成绩具有一定的偶然性，选手转会身价也与选手自身竞技水平、俱乐部实力、市场、相关政策等多种因素有关，其他选手的转会费并不能证明案涉选手也具有相应的转会价值。

(6)违约责任比例的确定。合同双方各自应当承担的违约责任比例参考合同履行期限、当事人的过错程度等综合因素确定。合同履行期限是法院认定违约金的参考因素，选手实际履行了多长时间的合同，会影响法院对违约责任的认定，通常情况下，选手在选手合同项下获得的收益越少，认定的违约责任金额也会相对越低。此外，法院也会参考当事人的过错程度，决定违约责任的比例，进而对违约金进行调减。

如果选手合同中约定的违约金过高，结合司法实践及相关法律法规，选手通常会主张违约金过高要求法院予以调减，调减后的违约责任将以俱乐部的实际损失为基础，兼顾预期利益损失以及合同履行情况等综合因素。实际损失为俱乐部的经济损失，包括俱乐部支付的转会费、合作费用、针对选手的资金投入以及相应的维权费用(如律师费)等；预期利益损失则可以参考俱乐部选手后续的转会费用。

法律依据

《民法典》

第五百八十二条　履行不符合约定的，应当按照当事人的约定承担违约责任。对违约责任没有约定或者约定不明确，依据本法第五百一十条的规定仍不能确定的，受损害方根据标的的性质以及损失的大小，可以合理选择请求对方承担修理、重作、更换、退货、减少价款或者报酬等违约责任。

第五百八十五条　当事人可以约定一方违约时应当根据违约情况向对方支付一定数额的违约金，也可以约定因违约产生的损失赔偿额的计算方法。

约定的违约金低于造成的损失的，人民法院或者仲裁机构可以根据当事人的请求予以增加；约定的违约金过分高于造成的损失的，人民法院或者仲裁机构可以根据当事人的请求予以适当减少。

当事人就迟延履行约定违约金的，违约方支付违约金后，还应当履行债务。

律师建议

如前所述，法院在判断电竞选手高额违约金问题时，并非简单地依据合同条款进行裁决，而是会综合考虑多种因素来确保判决的公正性和合理性。因此，受损方在要求支付高额违约金时，需要充分证明其合理性和必要性，同时考虑行业实践、公平原则和公共利益等因素。然而，对于具体的判决结果，还需要结合具体的案例和事实进行分析。不同的案件可能会有不同的判决结果，这取决于具体的合同条款、违约情况、行业实践以及法院对公平原则和公共利益的权衡。此外，值得注意的是，随着电竞行业的不断发展和规范化，相关的法律法规和行业标准也在不断完善。未来，我们有望看到更加明确、合理的违约金规定，以更好地保护各方权益，促进电竞行业的健康发展。

基于上述，建议在选手合同中约定合理金额的违约金，避免发生纠纷时，因俱乐部无法举证损失金额而追偿不能。此外，选手合同中应当列明相关维权费用(如诉讼费、律师费、担保费、保全费)均由选手承担,将维权成本转嫁至违约选手。

078 电竞选手跳槽过程中,如果泄露原俱乐部的商业秘密或敏感信息,是否构成侵犯商业秘密?有什么法律后果?

答 如电竞选手所泄露的信息属于《反不正当竞争法》规定的商业秘密,且系电竞选手故意泄露的,构成侵犯商业秘密,具体构成条件如下。

1. 行为要件

选手在俱乐部服务期间难免会接触到俱乐部的商业信息,包括但不限于选手的薪酬结构、训练计划、战术安排、赛事策略等。而基于电竞行业的特殊性,选手从原俱乐部跳槽后,通常不会被要求承担竞业限制义务,这就意味着选手势必会带着原俱乐部的各类商业信息转入新的俱乐部。这时,选手泄露原俱乐部的商业秘密或者敏感信息就很常见,也很难避免。在判断电竞选手的行为是否构成侵犯商业秘密时,可从以下几个方面进行分析。

(1)需要论证电竞选手泄露的俱乐部信息是否构成商业秘密。商业秘密的认定需要符合《反不正当竞争法》第10条的规定,即商业秘密是指不为公众所知悉、具有商业价值并经权利人采取相应保密措施的技术信息、经营信息等商业信息。换言之,该等信息必须具备非公知性、商业价值性和保密措施三个要素。在电子竞技行业,俱乐部的商业秘密可能包括选手的薪酬结构、训练计划、战术安排、赛事策略等,这些信息对于俱乐部的运营和选手的竞技表现至关重要,因此应当受到法律的严格保护。

(2)电竞俱乐部需要举证证明电竞选手实际上已经掌握了所谓的商业秘密。通常会考察电竞俱乐部是否向选手交付过已被泄露的商业秘密,又或者该等商业秘密是否属于选手在日常工作中会知悉的。

(3)需要考察选手是否通过不正当手段获取了商业秘密,以及是否违反了保密协议或权利人有关保守商业秘密的要求。如果该选手明知或应知其行为是违法的,仍然获取、披露、使用或允许他人使用商业秘密,那么这一行为将被视为侵犯商业秘密。

(4)需要考虑选手的行为与俱乐部商业秘密泄露之间是否存在因果关系。如果只是证明选手通过不正当手段获取了商业秘密,但是其行为与商业秘密泄露之间没有因果关系,则无法追究选手的侵权或违约责任。

(5)需要考虑电竞俱乐部是否能够举证证明其主张。具体而言,包括商业秘密符合法定条件和选手实施了侵犯商业秘密的行为两个方面。如果俱乐部未能提供充分证据来证明其主张,其诉求也无法得到支持。

2. 法律责任

如果电竞选手在跳槽过程中泄露了原俱乐部的商业秘密或敏感信息,可能需要承担以下法律责任:

(1)违约责任。如果选手与俱乐部之间的合同中明确规定了保密义务和相应的违约责任,一旦选手泄露商业秘密,就需要按照合同约定承担相应的违约责任,包括支付违约金、赔偿损失等。

(2)侵权责任。如果选手的泄密行为导致原俱乐部的商业秘密被泄露,给俱乐部造成了实际损失,那么原俱乐部有权要求选手承担侵权责任,包括赔偿因泄密行为导致的经济损失、声誉损失等。需要注意的是,此时选手的违约责任与侵权责任存在竞合,俱乐部可以视情况选择一种追责方式追究选手的赔偿责任。

(3)刑事责任。如果选手的泄密行为构成犯罪,还可能面临刑事责任的追究。根据我国《刑法》的相关规定,侵犯商业秘密情节严重的,可能构成侵犯商业秘密罪,选手将面临刑事处罚的风险。

法律依据

《反不正当竞争法》

第十条　……本法所称的商业秘密,是指不为公众所知悉、具有商业价值并经权利人采取相应保密措施的技术信息、经营信息等商业信息。

律师建议

为了防范和应对泄密风险，对俱乐部建议如下：

（1）建立完善的保密制度。俱乐部应制定明确的保密制度，规范相关人员对商业秘密的保护义务。保密制度应明确商业秘密的范围、保密期限、保密责任以及违反保密制度的后果等。同时，俱乐部应定期组织员工进行保密培训，增强员工的保密意识和能力，同时督促选手增强法律意识和保密意识，自觉遵守保密义务。在选手跳槽过程中，俱乐部应该督促选手谨慎处理与原俱乐部的关系，避免泄露商业秘密或敏感信息。

（2）加强物理安全管理。俱乐部应确保商业秘密的物理载体（如文件、电子设备等）得到妥善保管，可以采取必要的安全措施，如设置门禁系统、安装监控设备等，防止未经授权的人员接触商业秘密。此外，还应定期对办公场所进行安全检查，及时发现并消除安全隐患。

（3）限制商业秘密的接触范围。俱乐部对商业秘密的接触应进行严格限制，确保只有必要的人员才能接触到相关信息。对于接触商业秘密的员工，应签订保密协议，明确其保密义务和违约责任。同时，俱乐部应建立审批机制，对商业秘密的使用、复制、传输等行为严格控制。

（4）加强网络安全防护。随着信息技术的广泛应用，网络安全成为防止商业秘密泄露的重要一环。俱乐部应建立完善的网络安全防护体系，包括防火墙、入侵检测系统、数据加密等措施。同时，加强对相关人员的网络安全教育和培训，增强相关人员的网络安全意识。

（5）建立泄密应急机制。为防止商业秘密泄露带来的损失，俱乐部应建立泄密应急机制。一旦发生商业秘密泄露事件，俱乐部应迅速启动应急机制，采取必要的措施，如封锁泄露渠道、收集证据、报警等，以减轻损失并追究相关责任。

（6）加强与法律机构的合作。俱乐部应与法律机构保持密切联系，及时了解相关法律法规的变化，确保俱乐部的保密工作符合法律要求。发生商业秘密泄露事件后，俱乐部应积极寻求法律机构的支持和帮助，依法维护自身权益。

（7）规范合同文本。俱乐部应当在合同中明确保密义务和违约责任，确保选手充分了解并遵守保密要求。同时,俱乐部还可以制定完善的保密制度和管理措施,加强对自身商业秘密的保护。

(8)加强行业自律。在电竞行业内部也应加强监管和自律,建立健全行业规范和管理机制,对于存在泄露商业秘密行为的主体,应当实施行业监管措施,包括但不限于行业禁入等,共同维护电子竞技行业的健康发展。

079 电竞选手违约跳槽法律纠纷发生时,法院会如何认定合同的有效性和违约责任?

答 近年来,电竞选手违约跳槽纠纷日益引起公众关注。这不仅关乎电竞行业的健康发展,也体现了现代社会对契约精神和职业道德的普遍期待。当此类纠纷发生时,作为维护社会公平与正义的最后一道防线,法院如何认定合同的有效性和违约责任显得尤为重要。

1. 法院处理流程

在处理电竞选手违约跳槽纠纷时,法院通常会从以下几个方面入手:

(1)审查现有合同内容。法院将首先审查电竞选手与俱乐部签订的合同,包括合同的有效期、双方的权利义务、违约责任等条款。通过审查,法院将确定双方的权利义务关系及违约责任的承担方式。

(2)调查事实真相。法院将通过双方举证等方式,查明电竞选手是否存在违约行为以及违约行为的具体情况,包括电竞选手跳槽的原因、过程以及给俱乐部造成的损失等。

(3)认定违约责任。在查明事实真相的基础上,法院将根据合同约定和法律规定,对电竞选手的违约责任进行认定,在综合考虑电竞选手的违约行为、主观过错、损害事实以及因果关系等因素后,确定其应承担的责任范围。

(4)判决赔偿金额。如果电竞选手被认定违约,法院将判决其向俱乐部支付相应的赔偿金额。赔偿金额通常包括俱乐部因电竞选手跳槽而遭受的经济损失、声誉损害等,法院会根据实际情况合理确定赔偿金额。

2. 合同效力及违约责任认定

(1)合同有效性的判断标准

在电竞选手违约跳槽纠纷中,合同的有效性是法院首先需要考虑的问题。根据我国法律,判断合同有效性主要包括以下四个方面的标准:

第一,当事人双方必须具备相应的民事行为能力。这意味着电竞选手和俱乐部在签订合同时,必须具备完全民事行为能力,能够对自己的行为负责。如果一方或双方不具备民事行为能力,如系未成年人或精神不健全者,则合同可能被视为无效。但是现在市场上电竞选手普遍年龄偏小,很多电竞选手年龄不满 18 周岁甚至更小。因此,俱乐部在签约时,对于年龄不满 18 周岁的电竞选手应当要求监护人与其一同签署合同。

第二,双方在订立合同时的意思表示必须真实、自愿且一致。这意味着合同是在双方平等、自愿的基础上达成的,不存在欺诈、胁迫等不正当手段。如果一方通过欺骗、威胁等手段迫使另一方签订合同,则该合同可能被视为无效。

第三,合同内容必须合法且不违反法律、行政法规的强制性规定。这要求电竞选手和俱乐部所签订的合同必须遵守国家法律法规,不得损害国家、集体或他人的合法权益。如果合同内容违反法律规定,如涉及赌博、色情等违法活动,则合同将被视为无效。

第四,合同不得损害社会公共利益和公序良俗。这要求电竞选手和俱乐部在签订合同时,必须考虑社会公共利益和道德标准,不得损害社会公共利益或违背公序良俗。

(2)违约责任的界定

当电竞选手违反合同约定,擅自跳槽至其他俱乐部时,法院需要对其违约责任进行界定。违约责任的界定主要包括以下几个方面:

第一,违约行为的存在。法院需要审查电竞选手是否存在不履行合同义务或履行合同义务不符合约定的行为。包括电竞选手是否未经俱乐部同意擅自跳槽、是否违反了合同约定的保密义务等。

第二,主观过错的认定。法院需要判断电竞选手在违约行为中是否存在主观过错。过错包括故意和过失两种形式,如果电竞选手明知合同义务而故意违反,或者因疏忽大意导致违约行为的发生,都将被认定为存在主观过错。

第三,损害事实的确认。法院需要审查电竞选手的违约行为是否给俱乐部造成了实际损害,包括俱乐部因电竞选手跳槽而遭受的经济损失、声誉损害等。

第四,因果关系的分析。法院需要分析电竞选手的违约行为与俱乐部损害事实之间是否存在因果关系,如果俱乐部的损害是由电竞选手的违约行为直接导致的,则因果关系成立。

第五,合同对违约责任的约定。如果选手与俱乐部已签署的合同中明确约定了违约责任,则法院将按照合同约定进行责任认定。如果合同未约定违约责任或约定不明确,则法院将根据法律规定进行责任认定。

电竞选手违约跳槽纠纷的处理需要法院在维护契约精神和职业道德的同时,充分考虑电竞行业的特殊性和复杂性。只有通过判断合同的有效性、界定违约责任以及采取适当的做法,法院才能确保纠纷得到公正、合理的解决,为电竞行业的健康发展提供有力的法律保障。同时,电竞选手和俱乐部也应提高自身的法律意识,遵守合同约定和法律规定,共同维护电竞行业的良好秩序。

法律依据

《民法典》

第五百八十二条　履行不符合约定的,应当按照当事人的约定承担违约责任。对违约责任没有约定或者约定不明确,依据本法第五百一十条的规定仍不能确定的,受损害方根据标的的性质以及损失的大小,可以合理选择请求对方承担修理、重作、更换、退货、减少价款或者报酬等违约责任。

律师建议

由于电竞行业的迅速发展以及相关法律法规的相对滞后性,电竞选手违约跳槽纠纷的处理仍面临一些挑战。未来,随着电竞行业的进一步规范和法律法规的完善,相信对这类纠纷的处理将更加成熟和高效。同时,也期待电竞行业能够加强自律,建立更加完善的行业规范和职业道德标准,以减少此类纠纷的发生。

对于电竞选手而言，作为公众人物和职业选手，应当时刻保持职业道德和诚信意识。在面临跳槽等选择时，应充分考虑自己的合同义务和职业责任，避免因短视行为损害自己的声誉，影响职业生涯的发展。而对于俱乐部而言，除加强合同管理外，还应注重对选手的培训和职业规划，为选手提供更好的发展平台和机会，以减少选手流失的风险。

综上所述，电竞选手违约跳槽纠纷的妥善处理需要法院、电竞选手和俱乐部共同努力。通过增强法律意识、完善行业规范和职业道德标准，重视对选手的培训和职业规划等，电竞行业有望实现更加健康、稳定的发展。

080 个人或直播平台在未经游戏开发商或赛事主办方授权的情况下，私自开直播或在自有直播平台转播电竞赛事会构成知识产权侵权吗？

答 此种行为对享有著作权的游戏开发者以及赛事主办方均可能构成侵权。

首先，电子竞技中竞技游戏的开发者对游戏本身拥有知识产权，包括但不限于游戏代码、角色设计、故事情节等。更为关键的是，游戏开发者对游戏运行中产生的画面享有权利。近年来的司法实践中，游戏运行画面被逐渐认定为视听作品，并予以著作权保护，归游戏开发者所有。这意味着，任何未经授权使用游戏画面的行为，特别是出于商业用途使用，如直播转播电竞赛事的行为，均有可能构成对游戏开发者著作权的侵犯。

其次，赛事主办方在组织电竞赛事时，通常会从游戏开发者处获得必要的授权，以合法使用游戏开展赛事。赛事主办方通过赛事的组织、录制、制作等过程，创作出赛事的转播内容，这些内容可能包括特定的画面选择、编辑、解说等，形成具有一定独创性的视听作品或录音录像制品。赛事主办方对整个直播画面投入了大量创造性智力劳动，在取得游戏开发商授权的前提下，其可以获得电子竞技赛事直播画面的著作权，而未获得著作权人许可却擅自转播他人作品的，应构成著作权侵权。因此，赛事主办方对这些转播内容享有著作权或邻接权，未经授权的直播转播行为可能侵犯赛事主办方的这些权利。

《著作权法》对视听作品的定义及保护提供了法律依据,赋予了作品创作者一系列独占权利。此外,《体育法》对体育赛事转播进行了规范,明确了未经体育赛事活动组织者等相关权利人许可,他人不得以营利为目的采集或者传播体育赛事活动现场图片、音视频等信息。虽然没有直接提及电竞赛事,但其底层逻辑对电竞赛事同样适用,进一步强化了赛事组织者对赛事转播的控制权。

在实践中,未经授权的直播转播电竞赛事,特别是个人通过直播平台私自转播的行为,可能侵犯游戏开发者及赛事主办方的相关权利。此类侵权行为可能导致的法律后果包括但不限于被要求停止侵权、赔偿经济损失等。

若是直播平台在未经权利人合法授权的情况下转播电竞赛事,可能构成不正当竞争行为。此类纠纷中的典型案例当属耀宇公司诉斗鱼公司案[1],该案一审法院认为,耀宇公司声称的视频转播权未被纳入法律明确规定的著作权保护范围内,且比赛视频内容也不满足《著作权法》对作品所设定的标准,因此,耀宇公司关于斗鱼公司侵犯其著作权的指控不成立。然而,一审法院同时指出,斗鱼公司知悉该项赛事为耀宇公司所独家主办并拥有独家转播权,以及耀宇公司为举办该赛事已经支付了巨额成本,但斗鱼公司仍在未获授权的情况下在其平台上播放了赛事的部分视频直播。此举直接侵害了耀宇公司的合法利益,破坏了电子游戏直播行业的正常运营秩序,违反了诚信原则及公认的商业道德规范,构成了对耀宇公司的不正当竞争行为。因此,法院判决斗鱼公司须消除不利影响,并向耀宇公司支付经济损失赔偿及合理费用总计 110 万元。二审法院在审理时并未对赛事直播画面的作品属性作出认定,但明确指出斗鱼公司在未对涉案赛事进行任何投入,未获得视频转播权许可的情况下坐享其成,依靠耀宇公司投入大量人力、物力、财力所举办的赛事收益,为自身谋取商业利益和竞争优势,实际上是一种“搭便车”的行为。这一行为侵害了耀宇公司的商业机会和竞争优势,违反了《反不正当竞争法》中的诚信原则,违背了公认的商业道德,损害了耀宇公司的合法权益,同时破坏了市场竞争秩序,具有明显的不正当性。因此,二审法院驳回了斗鱼公司的上诉,维持原判。

---

〔1〕 参见上海知识产权法院民事判决书,(2015)沪知民终字第 641 号。

同类型案件还有虎牙公司诉斗鱼公司侵害 ESL 电竞赛事其他著作权以及不正当竞争纠纷案[1],该案争议焦点主要有二:一是虎牙公司主张权利的 ESL 赛事直播是否具有独创性,是否构成“类电作品”;二是虎牙公司是否有权主张涉案作品的著作权。针对争议焦点一,法院认为,电子竞技赛事与传统体育赛事一样,具有对抗性和观赏性。涉案赛事直播节目的制作存在较大的创作空间,且具备有形复制的属性。因此,应当认为涉案赛事节目具有独创性。至于“类电作品”的定义,依据《著作权法实施条例》第 4 条第 11 项的规定,该类作品是“电影作品和以类似摄制电影的方法创作的作品,是指摄制在一定介质上,由一系列有伴音或者无伴音的画面组成,并且借助适当装置放映或者以其他方式传播的作品”。涉案赛事直播画面由有伴音的连续画面组成,构成我国《著作权法》保护的以类似摄制电影的方法创作的作品。对于争议焦点二,法院认为,根据虎牙公司提交的公证书以及媒体报道情况,结合 ESL 公司出具的对外授权材料等,可以认定已初步形成证据链,同时认定虎牙公司经合法授权,有权在授权期限内对斗鱼公司的侵权行为提起诉讼。最终法院认定,斗鱼公司作为专业的直播平台,在明知未获得虎牙公司授权许可的情况下,在直播中大量使用虎牙公司享有著作权的《ESL PRO LEAGUE 第 11 季赛事》画面,侵害了虎牙公司的著作权权益。同时,在虎牙公司多次投诉后,斗鱼公司未立即采取有效措施,默许侵权行为持续发生,最终判决斗鱼公司赔偿虎牙公司 100 万元。

尽管我国在体育比赛转播权方面尚缺乏明确的部门法,但从既往案例可见,法院对转播权的商业价值持肯定态度,这意味着电子竞技赛事的举办方或网络直播平台可以依此实现商业收益。因此,这一领域的行为可通过《反不正当竞争法》进行监管。

法律依据

《著作权法》

第三条 本法所称的作品,是指文学、艺术和科学领域内具有独创性并

[1] 参见广州知识产权法院民事裁定书,(2021)粤 73 民终 5852 号。

能以一定形式表现的智力成果,包括:

(一)文字作品;

(二)口述作品;

(三)音乐、戏剧、曲艺、舞蹈、杂技艺术作品;

(四)美术、建筑作品;

(五)摄影作品;

(六)视听作品;

(七)工程设计图、产品设计图、地图、示意图等图形作品和模型作品;

(八)计算机软件;

(九)符合作品特征的其他智力成果。

第十条　著作权包括下列人身权和财产权:

……

(七)出租权,即有偿许可他人临时使用视听作品、计算机软件的原件或者复制件的权利,计算机软件不是出租的主要标的的除外;

……

(十)放映权,即通过放映机、幻灯机等技术设备公开再现美术、摄影、视听作品等的权利;

……

(十三)摄制权,即以摄制视听作品的方法将作品固定在载体上的权利;

……

著作权人可以全部或者部分转让本条第一款第五项至第十七项规定的权利,并依照约定或者本法有关规定获得报酬。

第十七条　视听作品中的电影作品、电视剧作品的著作权由制作者享有,但编剧、导演、摄影、作词、作曲等作者享有署名权,并有权按照与制作者签订的合同获得报酬。

前款规定以外的视听作品的著作权归属由当事人约定;没有约定或者约定不明确的,由制作者享有,但作者享有署名权和获得报酬的权利。

视听作品中的剧本、音乐等可以单独使用的作品的作者有权单独行使其著作权。

第四十八条　电视台播放他人的视听作品、录像制品,应当取得视听作品著作权人或者录像制作者许可,并支付报酬;播放他人的录像制品,还应当取得著作权人许可,并支付报酬。

第五十二条 有下列侵权行为的,应当根据情况,承担停止侵害、消除影响、赔礼道歉、赔偿损失等民事责任:

……

(六)未经著作权人许可,以展览、摄制视听作品的方法使用作品,或者以改编、翻译、注释等方式使用作品的,本法另有规定的除外;

……

(八)未经视听作品、计算机软件、录音录像制品的著作权人、表演者或者录音录像制作者许可,出租其作品或者录音录像制品的原件或者复制件的,本法另有规定的除外;

……

《体育法》

第五十二条 在中国境内举办的体育赛事,其名称、徽记、旗帜及吉祥物等标志按照国家有关规定予以保护。

未经体育赛事活动组织者等相关权利人许可,不得以营利为目的采集或者传播体育赛事活动现场图片、音视频等信息。

律师建议

转播电子竞技赛事而未事先获得合法授权主要侵害了游戏开发商与赛事主办方的合法权益。此类行为不但违反了《著作权法》对音视频作品的保护条款,同时也与《体育法》中关于体育赛事(电子竞技亦包含在内)转播权保护的基本原则相冲突。进一步而言,若直播服务提供商未经授权擅自转播或窃播其他平台的直播内容,可能会被认定为不正当竞争。因此,从法律及实际操作的角度考虑,转播此类赛事前应主动与赛事举办方联系,以确保获得必要的授权。

第二章　电子竞技中的刑事风险

081 电子竞技领域可能涉嫌的刑事罪名有哪些?

答 在电子竞技这项新兴运动中主要可能涉嫌的刑事罪名包括非国家工作人员受贿罪、开设赌场罪、赌博罪、诈骗罪、非法经营罪、帮助信息网络犯罪活动罪和洗钱罪,以及侵犯著作权罪、假冒注册商标罪和侵害商业秘密罪等知识产权领域的罪名。

法律依据

《刑法》

第一百六十三条　【非国家工作人员受贿罪】公司、企业或者其他单位的工作人员,利用职务上的便利,索取他人财物或者非法收受他人财物,为他人谋取利益,数额较大的,处三年以下有期徒刑或者拘役,并处罚金;数额巨大或者有其他严重情节的,处三年以上十年以下有期徒刑,并处罚金;数额特别巨大或者有其他特别严重情节的,处十年以上有期徒刑或者无期徒刑,并处罚金。

公司、企业或者其他单位的工作人员在经济往来中,利用职务上的便利,违反国家规定,收受各种名义的回扣、手续费,归个人所有的,依照前款的规定处罚。

【受贿罪】国有公司、企业或者其他国有单位中从事公务的人员和国有公司、企业或者其他国有单位委派到非国有公司、企业以及其他单位从事公务的人员有前两款行为的,依照本法第三百八十五条、第三百八十六条的规定定罪处罚。

第一百九十一条 【洗钱罪】为掩饰、隐瞒毒品犯罪、黑社会性质的组织犯罪、恐怖活动犯罪、走私犯罪、贪污贿赂犯罪、破坏金融管理秩序犯罪、金融诈骗犯罪的所得及其产生的收益的来源和性质,有下列行为之一的,没收实施以上犯罪的所得及其产生的收益,处五年以下有期徒刑或者拘役,并处或者单处罚金;情节严重的,处五年以上十年以下有期徒刑,并处罚金:

(一)提供资金帐户的;

(二)将财产转换为现金、金融票据、有价证券的;

(三)通过转帐或者其他支付结算方式转移资金的;

(四)跨境转移资产的;

(五)以其他方法掩饰、隐瞒犯罪所得及其收益的来源和性质的。

单位犯前款罪的,对单位判处罚金,并对其直接负责的主管人员和其他直接责任人员,依照前款的规定处罚。

第二百一十三条 【假冒注册商标罪】未经注册商标所有人许可,在同一种商品、服务上使用与其注册商标相同的商标,情节严重的,处三年以下有期徒刑,并处或者单处罚金;情节特别严重的,处三年以上十年以下有期徒刑,并处罚金。

第二百一十七条 【侵犯著作权罪】以营利为目的,有下列侵犯著作权或者与著作权有关的权利的情形之一,违法所得数额较大或者有其他严重情节的,处三年以下有期徒刑,并处或者单处罚金;违法所得数额巨大或者有其他特别严重情节的,处三年以上十年以下有期徒刑,并处罚金:

(一)未经著作权人许可,复制发行、通过信息网络向公众传播其文字作品、音乐、美术、视听作品、计算机软件及法律、行政法规规定的其他作品的;

(二)出版他人享有专有出版权的图书的;

(三)未经录音录像制作者许可,复制发行、通过信息网络向公众传播其制作的录音录像的;

(四)未经表演者许可,复制发行录有其表演的录音录像制品,或者通过信息网络向公众传播其表演的;

(五)制作、出售假冒他人署名的美术作品的;

(六)未经著作权人或者与著作权有关的权利人许可,故意避开或者破坏权利人为其作品、录音录像制品等采取的保护著作权或者与著作权有关的权利的技术措施的。

第二百一十九条　【侵犯商业秘密罪】有下列侵犯商业秘密行为之一，情节严重的，处三年以下有期徒刑，并处或者单处罚金；情节特别严重的，处三年以上十年以下有期徒刑，并处罚金：

（一）以盗窃、贿赂、欺诈、胁迫、电子侵入或者其他不正当手段获取权利人的商业秘密的；

（二）披露、使用或者允许他人使用以前项手段获取的权利人的商业秘密的；

（三）违反保密义务或者违反权利人有关保守商业秘密的要求，披露、使用或者允许他人使用其所掌握的商业秘密的。

明知前款所列行为，获取、披露、使用或者允许他人使用该商业秘密的，以侵犯商业秘密论。

本条所称权利人，是指商业秘密的所有人和经商业秘密所有人许可的商业秘密使用人。

第二百二十五条　【非法经营罪】违反国家规定，有下列非法经营行为之一，扰乱市场秩序，情节严重的，处五年以下有期徒刑或者拘役，并处或者单处违法所得一倍以上五倍以下罚金；情节特别严重的，处五年以上有期徒刑，并处违法所得一倍以上五倍以下罚金或者没收财产：

（一）未经许可经营法律、行政法规规定的专营、专卖物品或者其他限制买卖的物品的；

（二）买卖进出口许可证、进出口原产地证明以及其他法律、行政法规规定的经营许可证或者批准文件的；

（三）未经国家有关主管部门批准非法经营证券、期货、保险业务的，或者非法从事资金支付结算业务的；

（四）其他严重扰乱市场秩序的非法经营行为。

第二百六十六条　【诈骗罪】诈骗公私财物，数额较大的，处三年以下有期徒刑、拘役或者管制，并处或者单处罚金；数额巨大或者有其他严重情节的，处三年以上十年以下有期徒刑，并处罚金；数额特别巨大或者有其他特别严重情节的，处十年以上有期徒刑或者无期徒刑，并处罚金或者没收财产。本法另有规定的，依照规定。

第二百八十七条之二　【帮助信息网络犯罪活动罪】明知他人利用信息

网络实施犯罪，为其犯罪提供互联网接入、服务器托管、网络存储、通讯传输等技术支持，或者提供广告推广、支付结算等帮助，情节严重的，处三年以下有期徒刑或者拘役，并处或者单处罚金。

单位犯前款罪的，对单位判处罚金，并对其直接负责的主管人员和其他直接责任人员，依照第一款的规定处罚。

有前两款行为，同时构成其他犯罪的，依照处罚较重的规定定罪处罚。

第三百零三条　【赌博罪】以营利为目的，聚众赌博或者以赌博为业的，处三年以下有期徒刑、拘役或者管制，并处罚金。

【开设赌场罪】开设赌场的，处五年以下有期徒刑、拘役或者管制，并处罚金；情节严重的，处五年以上十年以下有期徒刑，并处罚金。

【组织参与国(境)外赌博罪】组织中华人民共和国公民参与国(境)外赌博，数额巨大或者有其他严重情节的，依照前款的规定处罚。

律师建议

电子竞技从业人员在从事相关经营活动时应遵纪守法，多与专业人士沟通交流了解电子竞技领域相关刑事风险点，提高自身的法律意识。

082　如何理解电子竞技领域的开设赌场罪并做好风险防范?

答　与行业的蓬勃发展相伴，在一些灰色地带，博彩业开始与电子竞技有了千丝万缕的关系。一些电子竞技运营平台为了获取超额利润开始涉赌，为参考者提供网络“投注”的场所，较为典型的方式是开设电子竞技竞猜平台，即一个竞猜和投注的网站，从中牟取暴利，此种行为构成开设赌场罪。实际上，电竞竞猜投注网站与一般的体育赌博网站的投机性并无二致，均为对不确定性结果的射幸行为。不同的是，传统的体育博彩主要为押注胜负和比分，电竞竞猜还押注击杀总数、单双分以及比赛持续时间等，无所不包，所使用的筹码多为虚拟道具或积分。

除现行《刑法》明确规定开设赌场罪外，其他相关法律法规如《最高院、最高检关于办理赌博刑事案件的解释》《最高院、最高检、公安部关于办理网络赌博犯罪案件的意见》《最高院、最高检、公安部办理跨境赌博犯罪案件的意见》等也有相关规定。虽然我国《刑法》中对于开设赌场罪的规定比较简单,但现实中开设赌场的形式多样,有在一个固定的地址进行的,也有不断更换地址进行的;有在网络上进行的,也有在境外进行的;等等。电竞平台主要利用互联网进行运作,一般会被认定为运营具有赌博性质的网站。关于赌博网站的认定,《最高院、最高检、公安部关于办理网络赌博犯罪案件的意见》中明确规定:"利用互联网、移动通讯终端等传输赌博视频、数据,组织赌博活动,具有下列情形之一的,属于刑法第三百零三条第二款规定的'开设赌场'行为:(一)建立赌博网站并接受投注的;(二)建立赌博网站并提供给他人组织赌博的;(三)为赌博网站担任代理并接受投注的;(四)参与赌博网站利润分成的。"

一般而言,是否构成开设赌场罪,主要在于实施电子竞技竞猜活动的网站是否为赌博网站,而判断是否为赌博网站则主要看其是否有接受"投注"的行为。赌博本质上是一种以金钱或物质作为筹码并以不确定性结果来决定输赢的游戏。就电子竞技的竞猜平台而言,如其网站接受的筹码为货币,则可直接认定为赌博网站;但如果其接受的"投注"为虚拟货币,则需看此虚拟货币在竞猜平台有无某种兑换成货币的通道。如有则可认定该平台具有赌博功能,可认定为赌博网站并对相关人员以开设赌场罪论处。这一点在《规范网游经营秩序查禁网游赌博的通知》中亦得到了明确,即"要监督网络游戏服务单位依法开展经营活动,要求其不得收取或以'虚拟货币'等方式变相收取与游戏输赢相关的佣金;开设使用游戏积分押输赢、竞猜等游戏的,要设置用户每局、每日游戏积分输赢数量,不得提供游戏积分交易、兑换或以'虚拟货币'等方式变相兑换现金、财物的服务,不得提供用户间赠予、转让等游戏积分转账服务,严格管理,防止为网络赌博活动提供便利条件。"实务中,一些竞猜平台为规避风险,其平台本身并不对道具、积分、虚拟货币等提供与法定货币或财物的兑换通道,而是引导赌客去另外的平台,通过某种并无真实对价的交易或者通过某种合法形式收回"虚拟货币"后,再直接支付相应法币给对方。这种行为属于以合法形式掩盖非法目的,并不能对刑事犯罪构成实质性阻断,依然应以犯罪论处。

关于开设赌场罪共犯的认定,《最高院、最高检、公安部关于办理网络赌博犯罪案件的意见》也同样作出了明确的规定："明知是赌博网站，而为其提供下列服务或者帮助的，属于开设赌场罪的共同犯罪，依照刑法第三百零三条第二款的规定处罚：（一）为赌博网站提供互联网接入、服务器托管、网络存储空间、通讯传输通道、投放广告、发展会员、软件开发、技术支持等服务，收取服务费数额在 2 万元以上的；（二）为赌博网站提供资金支付结算服务，收取服务费数额在 1 万元以上或者帮助收取赌资 20 万元以上的；（三）为 10 个以上赌博网站投放与网址、赔率等信息有关的广告或者为赌博网站投放广告累计 100 条以上的。"其中明确列举了诸多属于开设赌场及构成共犯的情形，几乎囊括了从平台组织者到员工在内的所有人。

司法实践中，近年来因开发的 App 中内置网络赌博的模块而被认定涉刑，后参与人员因此被以开设赌场罪定罪的情况也屡见不鲜。例如，在张某等开设赌场罪案[1]中，被告人张某等人负责运行、推广名为"三三电竞"的 App，赌客通过业务员所发专属链接或二维码下载并注册了该 App 成为会员后，可通过第三方支付平台（如支付宝）的支付方式将现金转入 A 公司对公账户，并在该 App 按一定比例兑换成相应的 SS 币以对"王者荣耀""英雄联盟""CSGO"等各大游戏、比赛结果等进行下注，然后赌客根据竞猜的输赢来决定是否由客服通过个人银行账户及支付宝提现后进行兑付。A 公司根据电竞比赛的结果设置赔率，并与赌客进行对赌和收取平台手续费实现营利。经查明，共涉及赌资 100 余万元，后张某等相关人员均被依法判处 11 个月至 1 年 10 个月不等的有期徒刑。

法律依据

《刑法》

第三百零三条　【赌博罪】以营利为目的，聚众赌博或者以赌博为业的，处三年以下有期徒刑、拘役或者管制，并处罚金。

【开设赌场罪】开设赌场的，处五年以下有期徒刑、拘役或者管制，并处罚金；情节严重的，处五年以上十年以下有期徒刑，并处罚金。

---

〔1〕 参见上海市浦东新区人民法院刑事判决书，(2021)沪 0115 刑初 1985 号。

【组织参与国(境)外赌博罪】组织中华人民共和国公民参与国(境)外赌博,数额巨大或者有其他严重情节的,依照前款的规定处罚。

律师建议

为做好相关风险防范,笔者提供以下建议:

(1)专注电子竞技赛事工作。作为电子竞技产业运营人员,应将精力集中在赛事本身的组织与运营上,着重思考如何提高电子竞技运动参赛者的水平与赛事观赏性,而不是把比赛结果作为赛场外赌博胜负的判断标准。

(2)加强对开设赌场罪相关法律知识的学习。全体电子竞技产业的参与者,包括高级管理人员、运营人员、职业或非职业玩家、投资者等,均须对开设赌场罪有全面深入的学习,以提高对该罪名的法律认识,破除侥幸心理,确保在整个产业链条中不被渗透或侵入"赌博"的负面意识,从思想上确保行业的健康发展。

(3)建立监督机制。电子竞技产业运营公司内部应当建立内部审计、监察机构,如在执行层面成立内审部、法务部,赋予其实际监察职能,定期与不定期核查公司经营合规性及商业模式合法性等。对于规模较大,运营比较成熟的公司,还可在战略层面于公司董事会下设立审计委员会,指导内审部、法务部等执行部门开展工作。

(4)防范自身平台被作为赌博工具,避免成为开设赌场罪的共犯。某些与电子竞技运营公司有关联性的公司或个人为了获取超额利润,在场外以电子竞技比赛结果设立赌场,该关联公司或个人极可能因此构成开设赌场罪。而其所利用的电子竞技赛事平台、网站设计及维护方、网络服务器服务商、第三方支付结算平台等多个主体,若主观上有共同犯罪的故意,客观上有相互配合的行为,则极可能被认定为构成共同犯罪,并依据参与环节和作用被处以相应刑罚。电子竞技平台的运营人员应该防微杜渐,一旦发现有利用平台的开放性将相关竞技信息链接至其他网站刷新信息等作案嫌疑的行为,应立即断开链接并报警,以免牵涉其中。

083 如何理解电子竞技领域的知识产权犯罪并做好风险防范?

答 随着电子竞技游戏近些年的迅猛发展,电竞从业人员在电竞游戏中侵犯他人知识产权的情况也频繁发生。这些侵权行为不仅严重影响了电子竞技的公平竞争,也对知识产权的权利人造成了巨额的实际损失,抑制了他们对行业发展的信心和创新动力。尤其是一些电竞选手也开始出现侵犯知识产权的行为,这不仅是违法行为,也是对知识产权保护的挑战和警示。在许多人朴素的法律认知中,只有那些“坑蒙拐骗”“伤人抢劫”之类的行为才构成犯罪,至于侵犯他人知识产权,最多不过赔偿权利人损失。事实并非如此,侵权者不仅可能面临行政处罚、民事赔偿,情节严重时还可能构成犯罪并被追究刑事责任,其中,侵犯知识产权违法所得“数额较大”或者存在“其他严重情节”是判断此类犯罪的关键要素。对此,我们应予以重视,采取有效措施,共同维护知识产权权利人的合法权益。以下是笔者从律师的视角对电子竞技领域知识产权类型犯罪的理解与风险防范建议。

虽然《刑法》中规定的数种知识产权犯罪均可能出现在电竞行业,但最主要的罪名仍集中于侵犯著作权罪、假冒注册商标罪、侵犯商业秘密罪这三大罪名,其中侵犯著作权罪更为常见。就侵犯著作权罪而言,电竞游戏中的人物、地图、怪物、技能与装备等游戏素材,以及所呈现的连续的动态画面,均为该罪名所保护的客体。若相关人员未经著作权人的许可,以营利为目的擅自使用他人游戏素材(包括通过自行编写的源代码和游戏引擎调用他人游戏素材),经比对,涉嫌侵权游戏呈现的动态画面与权利人的正版游戏具有实质性相似的,该行为即侵犯了著作权人的复制发行权;情节严重的,可追究其刑事责任并依法予以惩处。关于对“情节严重”的理解,违法所得在3万元以上,属于“违法所得数额较大”;“非法经营数额在五万元以上的;未经著作权人许可,复制发行其文字作品、音乐、电影、电视、录像作品、计算机软件及其他作品,复制品数量合计在五百张(份)以上的”均属于其他情节严重的情形,应当以侵犯著作权罪论处。

另外,游戏开发者为树立市场品牌,提升社会影响力,通常会将自己开发的游戏名称、标志等申请注册商标。若选手或游戏组织机构未经权利人许可,在比赛中使用未授权的商标,将涉嫌侵犯游戏开发者的商标权;情节严重的，可依据假冒注册商标罪追究其刑事责任并依法予以惩处。

一款电竞游戏的开发，大致需要经历确定游戏类型和目标、制订开发计划、游戏设计、美术和音乐制作、编程实现、测试和调试、发布和推广等步骤，其中势必有不同专业背景的人员参与。在游戏未上市前，这些信息均属于游戏所有权人的商业秘密，尤其是游戏设计：其主要根据游戏类型和目标，设计游戏的基本规则、剧情、角色、关卡等，这些要素是一个电竞游戏成败的关键因子，也是一个游戏的核心竞争力。若被项目参与者或知情人员提前泄露，则可能招致游戏还没有上市，相关竞争对手就已经在市面运营的结局。为避免此类情况，规范游戏从业人员的行为，对于侵犯商业秘密，情节严重，构成犯罪的行为人，可以侵犯商业秘密罪对其处以刑罚。

近些年来，已经有多家省级检察院为集中办案而相继成立专门的知识产权检察办公室；同时，立法及司法层面也表现出对此类犯罪重点查办的形势。作为知识产权密集型行业，不排除今后将有大量的知识产权刑事案件进入电竞行业。对此电竞从业者必须予以重视。

法律依据

《刑法》

第二百一十七条　【侵犯著作权罪】以营利为目的，有下列侵犯著作权或者与著作权有关的权利的情形之一，违法所得数额较大或者有其他严重情节的，处三年以下有期徒刑，并处或者单处罚金；违法所得数额巨大或者有其他特别严重情节的，处三年以上十年以下有期徒刑，并处罚金：

（一）未经著作权人许可，复制发行、通过信息网络向公众传播其文字作品、音乐、美术、视听作品、计算机软件及法律、行政法规规定的其他作品的；

（二）出版他人享有专有出版权的图书的；

（三）未经录音录像制作者许可，复制发行、通过信息网络向公众传播其制作的录音录像的；

（四）未经表演者许可，复制发行录有其表演的录音录像制品，或者通过信息网络向公众传播其表演的；

（五）制作、出售假冒他人署名的美术作品的；

（六）未经著作权人或者与著作权有关的权利人许可，故意避开或者破坏权利人为其作品、录音录像制品等采取的保护著作权或者与著作权有关的权利的技术措施的。

第二百一十九条 【侵犯商业秘密罪】有下列侵犯商业秘密行为之一，情节严重的，处三年以下有期徒刑，并处或者单处罚金；情节特别严重的，处三年以上十年以下有期徒刑，并处罚金：

（一）以盗窃、贿赂、欺诈、胁迫、电子侵入或者其他不正当手段获取权利人的商业秘密的；

（二）披露、使用或者允许他人使用以前项手段获取的权利人的商业秘密的；

（三）违反保密义务或者违反权利人有关保守商业秘密的要求，披露、使用或者允许他人使用其所掌握的商业秘密的。

明知前款所列行为，获取、披露、使用或者允许他人使用该商业秘密的，以侵犯商业秘密论。

本条所称权利人，是指商业秘密的所有人和经商业秘密所有人许可的商业秘密使用人。

《最高院、最高检关于办理侵犯知识产权刑事案件的解释》

第十三条 实施刑法第二百一十七条规定的侵犯著作权或者与著作权有关的权利的行为，违法所得数额在三万元以上的，应当认定为刑法第二百一十七条规定的“违法所得数额较大”；具有下列情形之一的，应当认定为刑法第二百一十七条规定的“其他严重情节”：

（一）非法经营数额在五万元以上的；

（二）二年内因实施刑法第二百一十七条、第二百一十八条规定的行为受过刑事处罚或者行政处罚后再次实施，违法所得数额在二万元以上或者非法经营数额在三万元以上的；

（三）复制发行他人作品或者录音录像制品，复制件数量合计在五百份（张）以上的；

（四）通过信息网络向公众传播他人作品、录音录像制品或者表演，数量合计在五百件（部）以上的，或者下载数量达到一万次以上的，或者被点击数量达到十万次以上的，或者以会员制方式传播，注册会员数量达到一千人以上的；

（五）数额或者数量虽未达到本款第一项至第四项规定标准，但分别达到其中两项以上标准一半以上的。

明知他人实施侵犯著作权犯罪，而向他人提供主要用于避开、破坏技术措施的装置或者部件，或者为他人避开、破坏技术措施提供技术服务，违法所得数额、非法经营数额达到前款规定标准的，应当以侵犯著作权罪追究刑事责任。

数额、数量达到本条前两款相应规定标准十倍以上的，应当认定为刑法第二百一十七条规定的“违法所得数额巨大或者有其他特别严重情节”。

律师建议

为做好相关风险防范，笔者提出以下建议：

（1）树立自主创新发展理念。电竞行业相关从业人员，尤其是高级管理人员需要增强自主创新意识，以创新人才和创新思想为导向，树立自己的商业品牌，杜绝抄袭或窃取他人知识产权，打造具有自主知识产权的游戏产品，推动企业长久健康地发展。

（2）完善知识产权保护机制，制定相应的规章制度。在电子竞技领域，包括电竞选手在内的行业从业人员侵犯知识产权的行为已经引起了广泛关注。从法律角度来看，侵犯他人知识产权是一种侵权行为，侵权者应承担相应的民事、行政或者刑事责任。为保护知识产权，电子竞技游戏平台和赛事主办方应当主动建立完善的知识产权保护机制，制定相应的规章制度，积极采取知识产权保护措施，打造良好的知识产权保护制度基础。

（3）加强知识产权领域法律法规学习，提高知识产权法律意识。由于我国知识产权保护制度建立的时间较短，很多人对侵犯知识产权情节严重可能构成犯罪的情况知之甚少，错误地认为最多就是赔偿了事，以至于面对刑事处罚时才醒悟。因此，行业从业人员加强这方面的法律知识学习十分有必要，电子竞技游戏选手和相关人员均应树立尊重知识产权的意识，自觉遵守法律法规，避免侵犯他人的知识产权，以维护电子竞技的公平和健康发展。

（4）引进知识产权保护人才，建立电竞类公司的内审监察机构。我国的知识产权法律制度相比欧美发达国家而言，真正起步是最近三十几年的事，尚不成熟，因此人们的法律意识普遍不强。电竞企业的核心资产即是知识产权，一家企业若想长期立足于电竞行业，应积极引进专业的知识产权保护人才参与公司内部治理，建立起既能保护自身知识产权，又能防范侵犯他人知识产权风险的制度体系。

084 如何理解电子竞技领域的非国家工作人员受贿罪并做好风险防范？

答 近几年，电竞赛事一直被“假赛”合规问题困扰。由于“电竞假赛”存在相当的隐蔽性，相关人员有恃无恐。而“电竞假赛”事件的频繁发生，不仅严重影响了赛事的公正性，还阻碍了电竞行业的健康可持续发展。如何应对层出不穷的“电竞假赛”问题，已经成为业界不可回避的严肃话题。同时，“假赛”常常伴随黑市交易、赌博等不法行为，给社会治安保障带来了更大的压力和挑战。“电竞假赛”行为不仅可能涉嫌诈骗罪、开设赌场罪、赌博罪等，还可能涉嫌非国家工作人员受贿罪。

我国为有效打击非国家工作人员受贿的行为，已从多个维度大幅度提高了对构成非国家工作人员受贿罪人员的刑罚力度。具体而言，2021 年 3 月 1 日起正式施行的《刑法修正案（十一）》将该罪名的法定最高刑由 15 年有期徒刑提高至无期徒刑；2022 年修正的《最高检、公安部关于公安机关管辖的刑事案件立案追诉标准的规定（二）》又将该罪名的追诉标准从 6 万元降低至 3 万元。这种修改力度一方面体现了该罪名存在较广泛且严重的社会危害，另一方面也体现了立法者打击该违法行为的决心。电竞企业或个人作为社会主义市场经济的重要参与主体，当然也应全面了解该领域的一些犯罪形态和法律适用，提前做好相关自查工作。

非国家工作人员受贿罪的犯罪主体为非国家工作人员，主要包括公司、企业、事业单位、社会团体、村民委员会、居民委员会、村民小组等常设性的组织以及为组织体育赛事、文艺演出或者其他正当活动而成立的组委会、筹委会、工程承包队等非常设性的组织的工作人员，同时还包括国有公司、企业以及其他国有单位中的非国家工作人员。由于我国电竞企业基本上为民营性质，故电竞企业从业人员的受贿行为，基本可以归于此项罪名的评价范围。简言之，以帮助他人谋取利益为目的，利用职务上的便利，索取或非法收受他人财物3万元以上的电竞从业人员可能成为本项罪名的犯罪主体。在电竞领域，触犯本项罪名的主要情形包括电竞选手参与“假赛”、赛事工作人员为获取回扣低价签署赞助商合同等。

近年来，“电竞假赛”的行为时有发生。例如，2020年5月，曾为中国拿下“刀塔2赛事2014年世界赛”世界冠军的“新兵”战队的5名选手以及战队经理因“参与不正当竞赛并从中获利的行为”被刀塔2赛事官方处以终身禁赛的处罚；2021年3月，英雄联盟发展联赛（LDL）因“假赛”事件停赛整顿，此后多名涉事选手接受了处罚。虽然以上“电竞假赛”事件相关人员并未处以刑罚，事实上，我国尚未有因“电竞假赛”而被以“非国家工作人员受贿罪”予以刑罚处罚的先例，但同为亚洲国家的韩国则早在2010年便爆出“假赛”丑闻，丑闻主角居然是《星际争霸》游戏中被誉为“虫族第一人”的马在允。因该事件，马在允被判入狱服刑18个月，自此名声尽毁。随着我国各方面对电竞产业关注度的提升，在地方政府为扶持电竞产业不断推出新的利好政策的背景下，为了净化电竞业的发展土壤，营造一个良好的发展环境，笔者相信，针对电竞领域涉嫌该项犯罪的严格监管大概不远了，电竞从业人员应对此问题予以重视。

法律依据

《刑法》

第一百六十三条　【非国家工作人员受贿罪】公司、企业或者其他单位的工作人员，利用职务上的便利，索取他人财物或者非法收受他人财物，为他人谋取利益，数额较大的，处三年以下有期徒刑或者拘役，并处罚金；数额巨大或者有其他严重情节的，处三年以上十年以下有期徒刑，并处罚金；数额特别巨大或者有其他特别严重情节的，处十年以上有期徒刑或者无期徒刑，并处罚金。

公司、企业或者其他单位的工作人员在经济往来中，利用职务上的便利，违反国家规定，收受各种名义的回扣、手续费，归个人所有的，依照前款的规定处罚。

【受贿罪】国有公司、企业或者其他国有单位中从事公务的人员和国有公司、企业或者其他国有单位委派到非国有公司、企业以及其他单位从事公务的人员有前两款行为的，依照本法第三百八十五条、第三百八十六条的规定定罪处罚。

律师建议

为做好相关风险防范，笔者提出以下建议：

(1)加强法律宣导，增强法律意识。电竞赛事主办方和参赛方应定期与不定期地举办法律培训活动，以提高所有从业人员的法律意识，避免侥幸心理作祟，防止其铤而走险，误入歧途。

(2)电竞赛事主办方应完善规章制度。电竞赛事主办方应当担负起主体责任，制定防范参赛选手在不当利益诱惑下进行“假赛”行为的政策。同时打击电竞运营人员包庇“假赛”行为，并加强督导巡视，一旦发现“假赛”行为，迅速处理，严惩不贷。情节严重者交由司法机关处置，进而形成强大的威慑力。

(3)树立先进榜样，培养良好的职业情操。对于工作积极向上的电竞从业人员，应当予以嘉奖以树立先进典型，引领业界优良风尚。让优秀选手、教练、高级管理人员以及投资人自觉规范自身行为，杜绝“电竞假赛”。鼓励选手通过自身努力在赛场上取得光辉的战绩，赢得尊重。

085 如何理解电子竞技领域的诈骗罪并做好风险防范？

答 诈骗罪属于我国经济犯罪中的典型罪名之一。因为涉及巨大的经济利益，该罪名在电子竞技行业也较常见。与前面其他类型的罪名相比，诈骗罪的主观恶性更大，其侵害的客体更为复杂，相应的法定最高刑也更重，所以需要特别注意。

诈骗罪按诈骗数额划分为“数额较大”“数额巨大”“数额特别巨大”三个量刑区间，一般诈骗罪“数额较大”的标准在3000～10,000元，由各省、自治区、直辖市的高级人民法院、人民检察院结合本地区经济社会发展状况确定具体数额标准，目前大部分地区的标准为5000元。

在电竞领域，通常涉罪的是“假赛”、游戏虚假交易、场外赌博、开设赌场、仿冒网站等行为，而犯罪嫌疑人往往利用这些行为，以利益诱惑获得参与者的信任，通过充值、第三方支付、线下现金交易等方式骗取参与者的财物。具体说明如下：

（1）“电竞假赛”类诈骗。一些职业选手为获得不法利益，在比赛前与对方团队协商好并在比赛中故意输掉，使对方团队获得巨额奖金。这类情节严重的“假赛”行为极可能触犯诈骗罪。另外，还有一种情形亦可能触犯诈骗罪，即电竞比赛的结果往往与场外博彩平台的胜负判断相关，在巨大利益的驱使下，电竞选手可能通过故意输掉比赛的方式操纵博彩平台输赢结果，以达到诈骗之目的。这种网络赌博与一般赌博罪、开设赌场罪的区别在于其以欺诈手段控制赌博输赢，使得赌博的胜负失去了应有的射幸性，导致被害人投入了巨额资金，故情节严重的也极可能触犯诈骗罪。近年来，“电竞假赛”事件频频出现，在外国已经有“电竞假赛”选手因此受到法律制裁。

（2）游戏虚假交易类诈骗。此类型诈骗是指骗子在各种社交平台发布高价收购游戏账号、买卖游戏装备、免费领取游戏皮肤等消息，诱导受害人在其指定的平台（包括微信群、QQ群、虚假游戏交易平台或第三方支付平台）进行交易，或以免费领取高额游戏福利为由，通过钓鱼网站窃取受害人的游戏账号及密码，然后以需要缴纳“押金、解冻费”等名义让受害人支付各种费用，待其收到钱后，便将受害人拉黑，从而实施诈骗。

下面以楚某诈骗罪案〔1〕对此类犯罪行为进行说明。CSGO是一款第一人称射击类网络竞技游戏，游戏内设的“开箱”玩法因为有机会从道具箱中开出超值道具而令不少年轻人着迷。2022年5月26日，CSGO游戏玩家谭某在游戏直播平台上刷到出售游戏装备的楚某，于是添加楚某QQ号与其取得联系，花费1349.96元向楚某购买了100个游戏内的道具箱。为此，谭某将自己的游戏账号交给楚某登录。第一次没有开出心仪的物品，楚某称

〔1〕 参见湖南省湘潭市岳塘区人民法院刑事判决书，(2022)湘0304刑初445号。

可以赠送谭某价值 3000 元的道具，但先要支付 3000 元押金作为过账流水，并承诺会全额返还。谭某信以为真，支付了押金，后续开箱开出了 6000 元的道具，楚某要求谭某补齐差价，谭某支付差价后再次开箱，竟然开出了价值 1.2 万元的道具，谭某十分惊喜，当即又补齐了差价。没想到，下一秒他就被楚某拉黑了。无法继续与楚某取得联系后，谭某自己登上游戏发现并未获得开箱的道具，这才恍然大悟，原来所谓的"开箱"都是幻影，不过是楚某布下的"迷魂阵"。谭某向警方报案后，警方经侦查，将运营该直播账号的楚某抓获。经查，楚某从 2021 年 5 月就开始在直播平台诈骗，多次以收款后拉黑买家的手段作案。2022 年 11 月 3 日，湘潭市岳塘区检察院以楚某涉嫌诈骗罪提起公诉，经法院审理，楚某被判处有期徒刑 1 年 8 个月，并处罚金 1 万元。

(3)利用电竞类的赌博行为实施诈骗。犯罪分子通过各种手段按博彩网站的外观建设网站，利用此伪装的虚假博彩平台吸引赌博爱好者的注意，一般先通过社交平台、网络聊天软件、网络社区等方式添加赌博爱好者的微信、QQ，成为好友后，通过聊天了解被害人经济状况，再针对性地诱骗被害人通过第三方平台进行结算或线下现金交易，在虚假博彩网站下注。待被害人下注后再根据电竞比赛的胜负结果来确定赌博输赢，但电竞比赛的结果实际为犯罪分子所操控，或者是通过"电竞假赛"人为左右的，从而人为控制了博彩的输赢结果。初始时，在所谓平台指导老师对竞猜押注的推荐下，被害人往往可以实现"低投入、高回报"；在得到一些好处的兴奋体验后，挡不住一时的利诱，被害人往往会开始增大下注金额，虚假博彩平台便以"操作不规范"等各种理由"冻结"被害人所存资金，并欺骗被害人投入更多资金进行"解冻"，直至骗光家财后，后台客服便拉黑被害人微信、QQ，注销其登录账户。此时被害人才发觉被欺骗，但为时已晚。这种利用赌博爱好者喜欢追求新鲜刺激和贪求蝇头小利的心理，引诱其入局，最终用被操控的电竞比赛虚假结果及平台管理者的"超级权限"将被害人财产收割殆尽的行为，便是典型的利用电竞类赌博实施诈骗的犯罪行为。

(4)建设仿冒网站实施诈骗。搭建"高仿"的电竞类网站、小程序、客户端等是电竞诈骗分子的惯用伎俩。曾有一个假冒"腾讯电竞"的诈骗网站打着"投注就赢钱，充值 200 万元给奖金 20 万元"的口号，2 个月内疯狂吸金 1000 万余元：2021 年 11 月中旬，彭某某在某境外社交平台上发布广告招揽网站搭建业务,随后便有人要求彭某某参照“腾讯电竞”搭建一个完全一样的网站,使其具有充值、赌博等功能。价格谈拢后,彭某某很快就完成了网站搭建,并在网站交付后继续为之提供网站日常维护服务。2022 年 1 月,1 名被害人在该网站被骗 630 万元后报案,随后公安机关在海南省三亚市天涯区将彭某某抓获归案。经查,2021 年 11 月底至 2022 年 1 月底,该假冒“腾讯电竞”网站被诈骗分子利用,以“杀猪盘”的手法对 11 名被害人实施诈骗,涉案金额达 1000 万余元。到案后,彭某辩称其未参与诈骗,只是单纯地建设了网站。然而,公安调查的多项证据表明,其并非单纯的技术人员,而是多次积极配合、协助同案人员逃避监管,持续深度地参与诈骗犯罪的全过程,属于共犯。2023 年 3 月 16 日,由杭州市临平区人民检察院依法对被告人彭某某提起公诉,最终彭某某被判犯诈骗罪,处以有期徒刑 4 年,并处罚金。[1]

法律依据

《刑法》

第二百六十六条 【诈骗罪】诈骗公私财物,数额较大的,处三年以下有期徒刑、拘役或者管制,并处或者单处罚金;数额巨大或者有其他严重情节的,处三年以上十年以下有期徒刑,并处罚金;数额特别巨大或者有其他特别严重情节的,处十年以上有期徒刑或者无期徒刑,并处罚金或者没收财产。本法另有规定的,依照规定。

律师建议

为做好相关风险防范,笔者提出以下建议:

(1)完善规章制度,强化惩罚力度。电竞相关企业,尤其是电竞赛事主办方和电竞赛事行业组织,应积极尽到主体责任,完善内部管理制度,做到

〔1〕 参见《聊天记录暴露真相! 搭建“电竞网站”的他因此事获刑 4 年》,载微信公众号“浙江检察”2023 年 4 月 12 日,https://mp.weixin.qq.com/s/AWnObY34CIcpa_e8GJuuFQ。

赏罚分明。对于铤而走险,违反赛事基本规则和职业道德、参与"假赛"的选手,一律严格予以处罚;情节严重的,报送公安机关查处,绝不姑息养奸。坚决清退企业、行业内部的"害群之马",净化企业、行业风气。

(2)加强法律法规的学习,增强法律意识。在电竞企业及行业内部要有意识地加强对诈骗罪的法律知识学习,建议有条件的企业建立专门的法务部,外聘专业的电竞法律顾问,为企业及时、全面地得到相关法律知识建立可靠条件。参赛选手及电竞赛事的主要运营人员也要强化对该罪名的学习,避免因法律意识不够,缺乏法律敬畏之心而使"假赛"等恶性事件发生。

(3)加大监督检查力度。电竞企业内部设立的内审或法务机构,可以定期或不定期地督导、检查电竞赛事举办和运行的合规性,及时提出法律意见,填补不合理、不合规的赛制漏洞,尽可能地避免"假赛"的情况发生;同时采取倒查制度以加大威慑力,避免"假赛"的选手及电竞赛事平台运营人员浑水摸鱼,蒙混过关,影响赛事的公正性及观赏性,影响整个行业的健康发展。

第三编

游戏直播

第一章　直播平台、直播公会、主播相关法律问题

086　直播平台、直播公会和网络主播分别是干什么的？他们之间又是什么关系？

答 2016年国家互联网信息办公室出台的《互联网直播服务管理规定》明确，直播平台为互联网直播服务提供者。作为互联网直播的第一责任人落实监管责任，直播平台负责提供直播技术和服务支持，为直播公会和主播搭建了一个展示才华、互动交流的平台。

直播公会（或称经纪公司），是应市场的资源整合需求和平台的主播管理需求而诞生的，扮演着连接平台和主播的桥梁和纽带的角色。直播公会不仅协助直播平台进行主播管理，解决主播事务处理的效率和非标准化运营服务问题，还为主播提供培训和资源对接等全方位的支持，帮助主播更好地成长和发展，让主播在竞争激烈的行业中能够更加稳健地前行。2021年的《网络表演经纪机构管理办法》对从事网络表演类型的经纪机构的资质、管理、禁止行为等提出了规范要求。

网络主播，作为直播内容的创作者和传播者，其言行举止和直播内容质量直接影响平台的声誉和观众的观看体验。2022年通过的《网络主播行为规范》，也首次以网络主播为对象进行专项立法，填补了直播行业监管的空白。

直播平台、直播公会和网络主播三者之间存在相互依存、相互促进的关系。

1. 三者的职责

直播平台通过提供优质的技术和服务，吸引大量的直播公会和主播入驻，从主播收入中分成；直播公会通过为主播提供宣传、公关、签约谈判、运

营推广等全方位服务，从主播的收入中获得一定利益的同时获取直播平台返点；主播则通过创作优质的直播内容，吸引更多的观众和粉丝，为直播平台和直播公会带来更多的流量和收益，三者通过这样的循环模式来实现共赢。

2. 三者的收益

直播平台需要承担前期技术开发、服务器维护等大量研发运营成本，要通过直播公会对主播进行招募和管理，要与头部、腰部主播签署独家协议确保直播平台锁定更多流量，直播时平台还须投入大量技术和资源对直播活动进行广泛的、即时性的内容审查。目前直播平台、直播公会与主播的收益分配情况一般如下：

直播平台占网络主播收入分成的大头，通常占比达 50% 甚至更高；而剩下的 50% 的提成中的 20%~30% 是直播公会的提成；最后剩下的就是网络主播的提成，占收入的 35%~40%。

3. 三者的法律关系

就现今的网络直播行业而言，网络主播主要可划分为三大类：(1) 与直播平台直接签约的主播。为了确保流量的稳定性，避免主播得到直播平台资源后转投竞争对手旗下，直播平台往往会通过独家条款、高额违约金条款等来限制主播的"跳槽"行为。(2) 与直播公会签约，并在直播平台上进行直播的主播。直播公会为主播提供培训、包装以及资源支持的同时，也会像直播平台一样，通过合同条款来限制其培养的主播流失。(3) 普通个人主播。这类主播既未与直播平台签约，也未与直播公会签约。在手机或电脑上下载相应的客户端软件，在直播平台上注册并申请一个虚拟直播房间，即可开始直播。

主播与直播平台或直播公会是否构成劳动关系这一问题，主要发生在第一种和第二种类型主播身上。直播平台或直播公会与主播间大多签订的是合作协议或演艺经纪合同，因网络主播的直播场所可自由选择、直播时间不固定、收入为分成等，该民事关系与传统劳动关系中的人格、经济从属性等存在差异；但主播又多以双方之间为劳动关系诉请相应权益，因此厘清双方之间的关系是解决争议的前提。

由于主播和直播公会签订的演艺经纪合同所展现的民事关系与劳动合同所反映的劳动关系，在主体特征、管理与被管理关系、报酬发放等方面具有相似性,因此如何认定双方之间的关系成为司法实践中的难题。

根据《关于确立劳动关系有关事项的通知》《最高人民法院关于为稳定就业提供司法服务和保障的意见》等的规定,在未订立书面劳动合同或劳动合同未履行的情形下,可结合以下要件判断从属性的有无及强弱进而认定双方间的关系:(1)工作时间的控制,如直播平台或直播公会对主播是否有严格的直播时长规定、主播的工作时间是否由直播平台决定、主播不直播是否需要请假。(2)工作内容、劳动报酬的控制,如主播对工作内容、劳动报酬是否有纯粹的、没有不利后果的自主决定权,若计价规则、分成比例、直播内容等均由直播平台或直播公会单方面决定,则是明显不平等关系的体现。(3)工作过程的控制,如是否存在通过工作订单分配、劳动过程监管、劳动成果评价等技术手段对网络主播进行实质上劳动管理的情形。(4)工作规则的控制,如是否存在以协议等方式要求网络主播遵守工作规则,网络主播必须亲自完成劳动过程的情形。(5)工作外观的控制,如是否存在对网络主播进行职业培训,并要求其以平台企业的工作外观对外提供服务的情形。若部分主播能自愿选择工作时间、相对不受工作规则控制,其对直播平台的从属性减弱、用工关系的稳定性明显降低,呈现灵活用工的特点,此时主播与直播平台或直播公会间就不成立劳动关系[1]。

例如,2023 年 4 月 24 日,在人力资源和社会保障部与最高人民法院联合发布的第三批劳动人事争议典型案例通知中的“如何认定网络主播与文化传播公司之间是否存在劳动关系”案例中[2],法院认为,通过《艺人独家合作协议》的内容及履行情况可以看出,某文化传播公司作为李某的经纪人,虽然也安排李某从事为其创造直接经济收益的直播活动,但其主要目的是通过培训、包装、宣传、推广等手段使李某成为知名的网络主播;李某的直播时间及内容由其自主决定,其他相关活动要求等由双方协商确定,李某对其个人包装、活动参与等事项有协商权,对其创造的经济收益有知情权;双方以李某创造的经济收益为衡量标准,约定了“阶梯式”的收益分成方式。

---

[1] 参见窦江涛、韩郭玲:《网络主播与直播平台企业或经纪公司之间的法律关系性质问题》,载《人民法院报》2023 年 5 月 31 日,第 2 版。

[2] 参见《人力资源社会保障部、最高人民法院联合发布新就业形态劳动争议典型案例》,载微信公众号“最高人民法院”2023 年 5 月 26 日,https://mp.weixin.qq.com/s/hYu01HiLmJ00f-aF7KglBg。

因此,双方之间的法律关系体现出平等协商的特点,并未体现出《关于确立劳动关系有关事项的通知》规定的劳动管理及从属性特征,应当认定为民事关系。李某提出确认劳动关系并支付解除劳动合同经济补偿的诉求,与事实不符,法院不予支持。

主播与直播公会之间签署的合同的名称虽然多种多样,如合作协议、经纪协议、主播协议等,但从合同条款和合同履行的情况认定,更多情况下双方属于行纪关系而非劳动关系,具体理由如下:(1)主播每日播出时长通常在 4 ~5 个小时,短于劳动关系中的 8 小时工作制;(2)直播公会一般要求主播每月固定直播 20 天以上,但具体哪天开播哪天休息,主播有权自主决定;(3)多数直播公会对主播没有直播地点的限制,很多主播都在直播公会所在地以外的城市开播;(4)虽然部分直播公会也向主播以无偿或有偿方式提供直播设备(直播间、声卡、电脑等),但从事直播并不必然依赖上述直播设备作为生产资料,主播开播通常使用自己的手机或电脑即可;(5)直播公会通常不要求主播遵守公司劳动规章,如不要求考勤打卡或参加公司工作会议等,不会给主播下达劳动任务或计划。

因此,根据法律规定与案例总结,一般情况下主播与直播公会之间构成行纪合同关系而非劳动关系。该类案件由有管辖权的法院或双方约定的仲裁机构处理,而非通过劳动人事争议仲裁委员会处理。

法律依据

《互联网直播服务管理规定》

第二条第二款 本规定所称互联网直播,是指基于互联网,以视频、音频、图文等形式向公众持续发布实时信息的活动;本规定所称互联网直播服务提供者,是指提供互联网直播平台服务的主体;本规定所称互联网直播服务使用者,包括互联网直播发布者和用户。

《网络表演经纪机构管理办法》

第四条 网络表演经纪机构从事演出经纪活动,应当依法取得营业性演出许可证。

网络表演经纪机构申请办理营业性演出许可证,应当依照《营业性演出管理条例》第六条、第十条、第十一条,以及《营业性演出管理条例实施细则》第八条、第十条、第十三条、第十五条关于营业性演出许可证的申请条件、申请材料和外商投资等有关规定执行。

律师建议

目前,我国针对直播平台、直播公会和网络主播三者关系的法律法规相对滞后,在处理该三者关系时,应当具体情况具体分析,在此基础上厘清各自的法律责任,才能有效化解各方之间的纠纷。

087 为什么发生纠纷后通常都是主播败诉?为什么主播败诉经常要赔偿天价违约金?

答 随着网络直播的流行,主播被直播公会或者直播平台起诉,要求赔偿百万元甚至千万元的天价违约金的诉请获得法院的支持,导致很多主播年纪轻轻就上了失信被执行人黑名单的新闻屡见报端。主播与直播公会发生纠纷时,往往缺乏有效的维权手段。一方面,他们可能不知道自己的权益受到了侵害;另一方面,即使他们意识到问题,也可能因为缺乏法律知识和经验而不知道如何维权。即便他们试图通过法律途径解决问题,也可能因为证据不足或不熟悉法律程序而败诉。总结来看,原因主要有以下三点:

(1)主播大多较年轻,法律意识相对薄弱。主播群体普遍年轻化,这是直播行业的显著特点。年轻人虽然富有活力和创新精神,但在法律意识和成熟度上可能相对欠缺。在直播行业竞争激烈的今天,本就处于强势一方的直播公会为了自身利益,可能会制定一些对主播不利的条款,如高额的违约金、严格的直播时长要求等,而年纪较轻、学历较低的主播往往由于法律意识和素养的欠缺,在没有充分理解这些条款的情况下就匆忙签约,以至于没有认识到自己的某些行为已构成违约以及需要承担何种法律后果。

例如，在上海大鹅文化公司与孙某等其他合同纠纷案[1]中，法院认为，签署涉案合同时，被告孙某已经年满17周岁，根据其当时的年龄、智力、受教育水平等情况，其应当能够理解涉案合同主要条款的含义以及签约后的法律后果。且被告的监护人王某也签署了《承诺函》，对涉案合同内容加以确认，并在微信中与原告就合同条款的修改进行了磋商。故涉案《全约主播经纪合同》系双方真实意思表示，且不违反法律法规的强制性规定，当属有效。涉案合同虽合法有效，但合同签订及履行过程确存在瑕疵。原告与被告孙某签订涉案合同时，被告孙某系年仅17周岁的未成年人，且系全日制高中生，原告邀约被告孙某签订涉案合同，推广网络游戏，既不利于未成年人的求学生涯，亦不利于未成年人健康成长。被告王某作为被告孙某的监护人亦未在涉案合同正文下签名处签字确认。被告孙某的虎牙账号系使用被告王某的身份信息通过虎牙直播平台实名认证，而该实名认证页面明确标注了"未满18周岁无法认证"。原告与第三人理应审慎选择签约对象，协助营造良好的教育环境。希望原告与第三人在以后的生产经营活动中，能够提高自己的社会责任感，更好地履行社会职责，促进直播行业正向发展。因被告孙某在涉案合同存续期间内，自2022年7月23日起擅自在第三方抖音平台进行直播，显属违约。最后，法院判决被告孙某和王某赔偿原告大鹅公司收益分成26万余元，违约金30万元，律师费8万元、保全担保费近2000元。

本案中，虽然被告孙某是年仅17周岁的未成年人，且系全日制高中生，但法院并没有因此认定其无法理解涉案合同主要条款的含义以及签约后的法律后果，反而根据案涉主播经纪合同判决其和其监护人王某赔偿高额违约金，被告需要支付的总金额高达60多万元。

(2)主播常年生活在网络中，接触的人及社会实践较少。由于长时间沉浸在虚拟的网络世界中，主播们在现实世界中人际交往的经验较为欠缺，其在直播时关注的更多是直播平台对其的监管问题，这导致他们在面对与直播公会的复杂法律纠纷时，既没有相关的经验和准备，也缺乏合适的人脉资源或专业人士进行咨询。与那些在现实生活中积累了丰富人脉和资源的人相比，主播们在解决法律问题时可能会感到孤立和无助。此外，在网络直播过程中，虽然主播们可以轻松地记录和保存自己的直播内容，但在与直播公

[1] 参见上海市静安区人民法院民事判决书，(2022)沪0106民初35766号。

会发生纠纷时,他们可能难以收集和保存其他关键证据。例如,与直播公会的沟通记录、合同文本、付款凭证等。这些证据对于维护自己的权益和支持诉求至关重要,但由于主播们长期生活在网络中,他们可能缺乏相应的意识和能力来妥善保存这些证据。

(3)直播平台和直播公会通常配有专业法务和律师,合同和制度较为完备。相对于主播个人,直播平台和直播公会通常拥有强大的法务资源。这些法务团队和律师不仅具备深厚的法律知识和丰富的经验,熟悉各种法律纠纷的解决方式,可以迅速、准确地为直播平台和直播公会提供法律建议和支持,还能够针对直播行业的特性和需求,为直播平台和直播公会制定合同并建立制度。直播平台和直播公会的法务、律师团队往往在深入分析了合同中不利于甲方的各种法律风险后,对与主播签订的包括主播的直播时长、内容要求、收入分配等在内的涉及甲方利益的关键条款进行多次修订和完善,并设置相应的违约责任,将甲方的法律风险降到最低来充分保障直播平台和直播公会的利益,使得直播平台和直播公会在法律关系中始终占据主动地位。当纠纷发生时,缺乏法律专业素养的主播们可能无法有效地应对直播平台和直播公会的法律攻势或向直播平台和直播公会维护自己的合法权益。

例如,在腾讯公司与赵某合同纠纷案〔1〕中,二审法院认为,鉴于赵某是完全民事行为能力人,涉案协议系双方自愿协商一致的结果,赵某也在审阅后自愿签字,虽然腾讯公司占有一定缔约优势地位,但是赵某签订合同时并非处于危困、缺乏判断能力的情形。根据我国《民法总则》(已失效)的规定,当事人认为合同显失公平的,有权请求法院或者仲裁机构予以撤销,但赵某并没有行使撤销权,因此其认为涉案协议属于格式条款,严重剥夺其生存权,主张协议显失公平,理据不足,法院不予采纳。涉案协议约定了赵某为腾讯公司提供独家主播服务,但赵某在2018年9月15日补充协议刚开始履行不到两个月即去虎牙平台进行直播,且拒绝继续履行涉案协议。赵某上诉称“超××骨”昵称具有人身专属性,腾讯公司无权通过格式条款剥夺其基本民事权利。根据涉案合同内容和各方陈述,赵某履行协议的主要方式是其在电竞平台上操作游戏的特定行为,具有人身专属性和不可复制性。

---

〔1〕 参见广东省深圳市中级人民法院民事判决书,(2020)粤03民终7954号。

正是基于此种性质,双方在上述协议中约定的关于昵称等的禁止性条款属于确保协议能够正常履行并仅在双方之间实现利益分享的保障条款和责任约束,该条款对应的也正是赵某履行上述协议的特定行为。因赵某实施根本违约行为,腾讯公司依约可以要求赵某承担该项违约责任,原审予以支持,是正确的。赵某主张双方在协议约定的该条款无效的理由,显然不属于《民法总则》(已失效)、《合同法》(已失效)规定的合同无效的事由。赵某作为完全民事行为能力人,对于合同内容有足够认识,如其对于违约条款或其他条款有异议,可以提出修改乃至不签署该合同的异议,现没有证据证实赵某曾对该合同条款提出过异议,法院对其该项上诉理由不予采纳。腾讯公司主张的违约金数额,有评估报告、公证书等佐证,并不具备予以调整的基础和必要,法院对于赵某提出违约金过高的主张,不予采纳。最后,二审法院判决赵某须向腾讯公司支付违约金 3900 万元。腾讯公司主张的违约金及经济损失已经获得支持的情况下,已取得兼具补偿性和惩罚性的效果,腾讯公司再要求返还全部报酬及不予支付剩余报酬,没有事实和法律依据,法院不予支持。

法律依据

《网络主播行为规范》

第十七条 网络表演、网络视听平台和经纪机构要严格履行法定职责义务,落实主体责任。根据本行为规范,加强对网络主播的教育培训、日常管理和规范引导。建立健全网络主播入驻、培训、日常管理、业务评分档案和"红黄牌"管理等内部制度规范。对向上向善、模范遵守行为规范的网络主播进行正向激励;对出现违规行为的网络主播,要强化警示和约束;对问题性质严重、多次出现问题且屡教不改的网络主播,应当封禁账号,将相关网络主播纳入"黑名单"或"警示名单",不允许以更换账号或更换平台等形式再度开播。对构成犯罪的网络主播,依法追究刑事责任。对违法失德艺人不得提供公开进行文艺表演、发声出镜机会,防止转移阵地复出。网络表演、网络视听经纪机构要加强对网络主播的管理和约束,依法合规提供经纪服务,维护网络主播合法权益。

律师建议

针对主播如何更好地维护自身的合法权益，避免潜在风险，笔者提出如下建议：

第一，主播应当谨慎选择签约的直播平台和直播公会，签约前应该进行充分的调查和了解，包括公司的信誉、经营状况、合同样本、司法纠纷等，避免与不良平台或公会签约而陷入法律纠纷。

第二，为了维护自身权益，避免在潜在的纠纷中陷入不利境地乃至承担天价违约金的风险，主播在签订任何合同之前，均应详细阅读合同条款，确保自己完全理解其中的内容。如果有任何疑问或不明确的地方，应及时向直播平台或直播公会提出或咨询专业律师，根据自己的实际情况和需求，向直播平台或直播公会争取合理的合同条款，包括更合理的收入分配比例、更明确的违约责任条款等。主播在签约时，需要特别关注违约金条款，如果认为违约金数额过高不合理，可以与直播平台或直播公会协商修改。

第三，为了避免潜在的纠纷，主播在直播过程中应该保留相关的记录，包括直播记录、聊天记录、转账记录等，这些记录在发生纠纷时可以作为重要的维权依据。当主播与直播平台或直播公会之间发生纠纷时，应该及时寻求专业法律帮助，通过咨询律师或法律援助机构，了解自己的权益和维权途径，以免错过最佳的维权时机。

第四，绝大多数主播败诉的案例都是因为主播存在违约行为，因此主播在签约后有必要规范自身行为，以国家广电总局、文化和旅游部在2022年发布的《网络主播行为规范》为参照，避免出现签约后在多平台直播等违约行为。

088 直播审核的要求为什么那么严格，经常就把直播间封了？

答 网络直播在丰富社会生活、促进直播经济发展的同时，种种直播乱象也带来了治理难的问题。例如，直播内容低俗色情，通过展示不雅、露骨等所谓“擦边”的画面和语言诱导观众进行打赏和关注；又如，主播不择手段恶性竞争，编造剧本或谣言进行恶意炒作。在网络直播飞速发展的今天，以上述问题为代表的乱象屡禁不止，严重扰乱了正常的网络空间秩序，侵害用户合法权益的同时，也破坏了直播行业的健康发展，对社会造成了不良影响。

因此，自2016年起，原文化部、国家广电总局、国家网信办等部门陆续出台了治理网络视频直播乱象的规定。如2016年出台的《互联网直播服务管理规定》规定了直播平台的四大主体责任，包括配备“与服务规模相适应”的专业管理人、完善“值班巡查”管理措施、建立健全信息审核和信息安全管理制度、完善“应急处置”管理措施，明确了直播平台是直播监管的第一责任人。其中，第8条规定：“互联网直播服务提供者应当具备与其服务相适应的技术条件，应当具备即时阻断互联网直播的技术能力，技术方案应符合国家相关标准。”第14条规定：“互联网直播服务提供者应当对违反法律法规和服务协议的互联网直播服务使用者，视情采取警示、暂停发布、关闭账号等处置措施，及时消除违法违规直播信息内容，保存记录并向有关主管部门报告。”2022年6月出台的《网络主播行为规范》第17条也规定了平台需“建立健全网络主播入驻、培训、日常管理、业务评分档案和‘红黄牌’管理等内部制度规范……对问题性质严重、多次出现问题且屡教不改的网络主播，应当封禁账号，将相关网络主播纳入‘黑名单’或‘警示名单’，不允许以更换账号或更换平台等形式再度开播”。

在国家对直播行业的严格管控下，平台不仅是技术提供者，更是内容管理的第一责任人。无论是基于遵守国家法律法规的要求，还是出于高度的行业自律，平台都有义务对直播内容进行管控。而直播行业的迅猛发展，直播用户数量的急剧增长，以及直播内容的实时性、丰富性等特点，使得直播平台的审核管控工作面临着前所未有的挑战。

为确保直播内容的合规、健康，平台针对现存的各种直播乱象制定了一套非常细致的规则，覆盖直播内容的方方面面，包括但不限于：禁止发布政治敏感信息、色情低俗内容、暴力血腥画面、虚假广告，以及实施恶意攻击他人等行为。同时，平台还规定了主播的行为准则，要求主播在直播过程中遵守社会公德，尊重他人权益，维护网络直播环境的健康有序。对于违反平台规则的主播，平台会采取相应的处罚措施。主播轻微的违规行为可能会受到警告、封闭直播间并限期整改等处罚；对于严重违规的主播，平台会采取更严厉的措施，包括在本平台甚至全平台封禁账号，并将其纳入黑名单。这意味着违规主播将丧失在该平台甚至整个网络直播行业的直播资格，为其违规行为付出沉重的代价。此外，平台还会通过罚款和扣除主播与公会佣金的方式来惩罚违反平台规则的行为。以虎牙平台为例，虎牙根据违规的严重程度将主播的直播内容划分为 A、B、C 三类，A 类主要为涉及政治话题、国际话题、地域话题及具有社会舆论影响的话题的内容，直播此类内容属于严重违规，相应的处罚是平台立即停止主播的直播权限、限制手机号开播、限制设备开播功能、扣除当月 100% 佣金等，同时平台保留移交司法机关的权利；B 类是以任何形式表演涉黄"擦边"、引起他人性欲、低级趣味的内容，属于一般违规；C 类则是涉及扰乱游戏正常秩序等内容，属于轻微违规。对于 B、C 两类违规内容，平台将依据情况及违规次数，进行警告、扣除佣金、中断直播、限制直播功能等处罚。在佣金扣除方面，虎牙区分这两类违规内容的扣除基数和扣罚比例，结合主播的违规次数分别计算扣罚金额，违规程度越重，次数越多，扣罚的金额越多。

法律依据

《互联网直播服务管理规定》

第七条　互联网直播服务提供者应当落实主体责任，配备与服务规模相适应的专业人员，健全信息审核、信息安全管理、值班巡查、应急处置、技术保障等制度。提供互联网新闻信息直播服务的，应当设立总编辑。

互联网直播服务提供者应当建立直播内容审核平台，根据互联网直播的内容类别、用户规模等实施分级分类管理，对图文、视频、音频等直播内容加注或播报平台标识信息，对互联网新闻信息直播及其互动内容实施先审后发管理。

律师建议

在国家和平台对直播内容管控日益严格的背景下，主播在直播前应深入了解国家有关规定和所在平台的规则，这是保证直播内容合规的基础。在直播过程中，应确保内容健康向上，不涉及政治敏感、色情低俗、暴力血腥等违规内容，同时文明用语，尊重他人，避免使用恶意词汇或发表侮辱性言论。此外，主播还应尊重他人的知识产权和个人隐私，不发布未经授权的他人作品，也不传播他人的个人信息。在商品推广时，应避免虚假宣传，提供真实可信的信息。在着装和言行上，主播也需格外注意，避免过于暴露或作出引起争议的言行举止。如果收到平台关于违规的提示或警告，主播应及时响应并处理，按照平台要求进行整改或调整直播内容。

第二章　网络游戏直播中的侵权问题

089　网络游戏直播画面是否构成作品？若构成，其著作权归谁所有？

答 游戏画面，是指网络游戏运行时呈现在终端设备上的，由文字、声音、图像、动画等游戏元素构成的综合视听表达。运行网络游戏某一时刻所形成的静态画面，若符合美术作品构成要件的，应予保护。运行网络游戏某一时段所形成的连续动态画面，若符合以类似摄制电影的方法创作的作品构成要件的，也应予保护〔1〕。

而网络游戏直播画面与之不同。直播画面是通过直播软件捕获网络游戏的连续动态画面，并融入玩家形象、解说、电子竞技比赛场景和观众互动等多样元素的一种画面展示形式。网络游戏直播不是单纯对游戏原始画面的再现，而是一个借助主播的个性化创造和技术手段，向观众提供新增内容的过程。这个过程不仅包含了游戏的视觉和听觉内容，还包括了主播的互动、评论以及观众之间的互动，从而形成了全新的娱乐体验。网络游戏直播分为游戏主播录制或直播的游戏内容和电子竞技赛事直播。

对于游戏主播录制或直播的游戏节目，主流裁判观点认为，直播的连续画面中，玩家特别是主播与游戏存在一种融合关系，所以作品著作权应归于游戏开发商，主播在其中并没有突出的独创性贡献，而主播添加的音频、音像等因素能否成为邻接权的基础，则要从音像制品的角度去考虑。

电子竞技赛事直播，类似于体育赛事直播，是由多种摄制手段和多重内容综合集成的复杂内容，包括镜头机位的选择、导播的画面引导、游戏解说员的解说、游戏比赛场地的展示、游戏玩家介绍、游戏玩家的表情及动作、现

〔1〕 2020年修正的《著作权法》将“电影作品和类电作品”的表述变更为“视听作品”。

场观众的反应等复杂内容。在我国司法实践中，认为电竞比赛的直播画面构成类电作品，即现行《著作权法》体系下的视听作品，其著作权人为制片者，即商业化制片体系中的影片制作管理的总负责人，具体来说就是赛事的组织运营方。

例如，在虎牙公司与斗鱼公司侵害其他著作财产权及不正当竞争纠纷案[1]中，一审法院认为：首先，ESL PRO LEAGUE 赛事是射击类电脑游戏 CS:GO(《反恐精英:全球攻势》)的竞技赛事之一，其比赛直播画面是否具有独创性，应当从以下方面来认定：电子竞技作为一种具有统一的竞赛规则，通过人与人之间的智力和体力对抗，团队配合，最终决出胜负的比赛形式，与传统的竞技项目的区别之一是对战的场合在互联网上，但整个比赛过程与传统体育联赛一样具有对抗性和观赏性。虎牙公司主张权利的《ESL PRO LEAGUE 第11季赛事》直播作为一种竞技项目的直播，是将该赛事的游戏画面同时投放到观众的屏幕，以参赛选手的电脑画面情况为主要内容，同时加入主播的解说的连续影像画面，区别于经过艺术加工的电影作品，属于纪实类作品。该类纪实类作品的内容均源于实际发生的事件和画面，独创性劳动主要体现在如何在各种现实素材中进行选择并加以运用。通常情况下，采用何种角度进入游戏、何时进行画面切换等操作，带给观众的直观视觉感受显然可能存在个性化差异。电子竞技类直播节目的制作包括了电子竞技过程中的角色切换、画面选择、解说和文字编排等，能够反映制作者独特的构思，体现游戏精彩的个性选择和安排，具有智力创造性，是制作者的个性选择与智力成果的体现，因此，涉案赛事直播节目的制作存在较大的创作空间，并不属于因缺乏个性化选择空间进而导致表达有限的情形，其连续动态画面和声音可以通过多种途径予以保存，具备有形复制的属性。综上所述，一审法院认为《ESL PRO LEAGUE 第11季赛事》具有独创性。

其次，在法律适用过程中，关于本案涉案赛事节目是否属于《著作权法》保护的特定类型作品的问题，涉案赛事节目是当今世界上最具观赏性和最具对抗性的电子竞技赛事项目之一，涉案赛事直播为向观众传递游戏进展的连续画面，充分呈现电子竞技的对抗性与故事性，在直播过程中，存在对

---

〔1〕 参见广州互联网法院民事判决书，(2020)粤0192民初20339号；广州知识产权法院民事判决书，(2021)粤73民终5852号。

画面的有选择选取和切换;为全方位捕捉游戏精彩画面,还会进行游戏画面的加工、剪辑,并添加同步字幕及解说,通过互联网将视听画面内容对外实时传送。涉案直播节目的画面是由一帧帧连续的画面组成,根据比赛进程的不可预知性以及游戏对战画面的多样性,在具体时点上,每一帧画面和声音都存在多种个性化选择的可能,表现为带有伴音的连续画面,符合以类似摄制电影的方法创作的作品的客观表现形式与传播利用方式。故涉案赛事直播画面构成我国《著作权法》保护的以类似摄制电影的方法创作的作品。

基于上述认定,一审法院依法推定 ESL 公司为《ESL PRO LEAGUE 第 11 季赛事》直播节目的原始著作权人。虎牙公司已向原著作权人 ESL 公司支付了协议约定的授权费用,并取得了 ESL 公司书面确认虎牙公司提起本案起诉的函件。故虎牙公司经合法授权,有权对在授权期限内涉及《ESL PRO LEAGUE 第 11 季赛事》的互联网侵权行为提起诉讼。因此,一审法院认定虎牙公司有权以自己名义对侵犯案涉权利作品著作权的行为提起诉讼。

二审法院认为,斗鱼直播平台作为专业的直播平台,在明知未获得权利人授权许可的情况下,通过信息网络提供被诉侵权赛事直播。该直播节目视频大量使用了虎牙公司享有著作权的《ESL PRO LEAGUE 第 11 季赛事》画面,使相关公众能够在赛事同步的时间,通过登录斗鱼直播平台进行浏览、观看,侵害了虎牙公司的著作权益。

综上所述,二审法院作出如下裁判:

首先,涉案的 CS:GO 游戏中,玩家操作游戏人物角色在地图中使用武器、技能进行团队作战时,无论是游戏中地图场景的切换、人物的移动,还是使用武器进行作战的过程,所呈现的均为由一系列有伴音或者无伴音的画面构成的连续动态画面,且具有独创性,可以认定为类电作品。

其次,涉案的 ESL PRO LEAGUE 赛事作为一项电子竞技赛事,其直播画面在画面选择、剪辑、切换和主播的解说、字幕等方面都具有较大的选择空间,体现了节目制作者个性化的选择。上述《ESL PRO LEAGUE 第 11 季赛事》的直播是将该赛事中参赛选手的游戏画面实时投放到观众屏幕,以参赛选手的电脑画面情况为主要内容,同时加入主播的实时解说而形成的连续动态画面。为向观众传递游戏进展的连续画面,直播过程中有选择地对画面进行了选取和切换；为了全方位捕捉游戏精彩画面，还会对游戏画面进行加工、剪辑，并辅以同步字幕及解说，通过互联网对外实时传播。该游戏赛事的直播画面经互联网传播后，赛事节目内容即已固定，此后再次重播或者点播该赛事的内容均相同，其实质是通过数字化的媒介对作品进行了固定和传播。综上，涉案赛事直播画面主要由连续的游戏动态画面组成，通过节目制作者对参赛选手游戏画面的选择、编辑、切换和衔接，并加入主播的解说等元素，整体呈现为有伴音的连续动态画面，属于具有一定独创性的表达，符合《著作权法实施条例》对类电作品的定义，一审法院将《ESL PRO LEAGUE 第 11 季赛事》直播画面认定为类电作品并无不当，二审法院予以维持。

法律依据

《著作权法》

第三条 本法所称的作品，是指文学、艺术和科学领域内具有独创性并能以一定形式表现的智力成果，包括：

（一）文字作品；

（二）口述作品；

（三）音乐、戏剧、曲艺、舞蹈、杂技艺术作品；

（四）美术、建筑作品；

（五）摄影作品；

（六）视听作品；

（七）工程设计图、产品设计图、地图、示意图等图形作品和模型作品；

（八）计算机软件；

（九）符合作品特征的其他智力成果。

律师建议

尽管现阶段的法律法规尚未作出明确规定，但在当下的裁判规则下，网络游戏直播画面越来越倾向于受《著作权法》的保护。在此也提醒广大网友，在转载、引用网络游戏直播画面时，应当征得相应作者的授权及许可，避免引发侵权纠纷。

090 直播平台未经授权，使用网络游戏运行画面进行网络游戏直播的行为是否构成侵权？若构成，侵犯何种权利？

答 网络游戏运行画面构成《著作权法》意义上的作品，故未经授权使用网络游戏运行画面进行网络游戏直播的，侵害了游戏著作权人的著作权。

下文以国内第一例游戏开发商向网络游戏直播者、直播平台主张游戏运行画面权利的案件，也是典型的未经授权使用网络游戏运行画面进行网络游戏直播案件的网易公司诉华多公司侵害著作权及不正当竞争纠纷案〔1〕为例，对此问题予以说明。2011 年 9 月，当时华多公司旗下的 YY 直播（现虎牙直播）、YY 语音未经网易公司的同意，引入《梦幻西游》系列直播，并开设了“梦幻西游直播频道”。在多次声明交涉之后，因华多公司依然未下架该直播频道，网易公司遂提起诉讼。网易公司认为，《梦幻西游》《梦幻西游 2》属于计算机软件作品，其中包含属于美术作品的游戏人物、场景、道具，属于音乐作品的游戏音乐，属于文字作品的游戏剧情、活动策划方案，因此以上美术、音乐、文字作品协调整合构成的连续动态游戏运行画面属于类电影作品（类似摄制电影创作方法创作的作品）。故华多公司直播、录播、转播《梦幻西游 2》中连续动态游戏运行画面的一系列行为构成对网易公司著作权的侵权行为。华多公司则辩称，《梦幻西游 2》的直播画面是玩家实时操控游戏产生的，游戏动态运行画面因受到游戏玩家技术操作和策略玩法的影响，不构成《著作权法》规定的作品。广州知识产权法院经审理作出一审判决，支持了网易公司的部分诉求，后网易公司和华多公司分别就赔偿数额和游戏动态运行画面是否构成作品的认定问题上诉至广东省高级人民法院。广东省高级人民法院经审理认为，网络游戏连续动态画面整体构成《著作权法》上的“类电影作品”，而华多公司未经网易公司许可，以营利为目的

---

〔1〕 参见广州知识产权法院民事判决书，（2015）粤知法著民初字第 16 号；广东省高级人民法院民事判决书，（2018）粤民终 137 号。

组织主播人员进行游戏直播，并非单纯提供网络服务，构成对网易公司著作权利的侵权，华多公司应承担 2000 万元的赔偿责任。

法律依据

《著作权法》

第三条 本法所称的作品，是指文学、艺术和科学领域内具有独创性并能以一定形式表现的智力成果，包括：

（一）文字作品；

（二）口述作品；

（三）音乐、戏剧、曲艺、舞蹈、杂技艺术作品；

（四）美术、建筑作品；

（五）摄影作品；

（六）视听作品；

（七）工程设计图、产品设计图、地图、示意图等图形作品和模型作品；

（八）计算机软件；

（九）符合作品特征的其他智力成果。

律师建议

首先，直播平台和游戏主播从授权合作开始就应谨慎对待。授权涉及版权、法律和商业合作等多个方面，主要包括以下几种形式：

（1）正式授权公告。游戏开发商通过发布正式授权公告来授权直播。这需要游戏开发商和直播平台之间签订明确直播平台的使用权和授权范围的合约。对直播平台而言，这样做既能够明确权利和义务，又能有效避免版权纠纷。

（2）特别许可证。针对那些没有明确授权协议的游戏，游戏开发商可以采用特别许可证的方式，允许玩家在直播时使用游戏内容。开发商可根据实际情况为许可证制定具体的规定，确保游戏内容的使用在合理范围内。

（3）游戏内用户协议。游戏厂商通过在游戏内设置用户协议，明确规定自己享有直播等利用游戏画面的权利,用户未经许可不得进行直播。这通常以用户在同意游戏协议后才能进行游戏的形式设置,尽管这些条款可能并不显眼,但仍是用户进行直播必须遵守的规则。

(4)与直播平台合作。对于游戏赛事直播的授权,厂商通常通过竞拍等方式与直播平台达成合作。在个人用户直播领域,游戏厂商可能先与直播平台签订游戏内容使用的授权许可合同,再由直播平台在其与平台内主播的协议中对此作出规定。

其次,为规避游戏直播中因未经授权使用游戏动态画面而产生的潜在法律风险,建议直播平台建立以下几项预防机制:

(1)了解游戏开发商或版权所有者的游戏直播授权政策。与游戏开发商建立良好的合作关系,寻求正式的合作与授权。通过签订合作协议明确双方的权利和义务,包括直播内容的使用权、范围和期限等。

(2)完善版权审核与保护机制。设立专门的版权审核团队,利用技术手段对直播内容进行实时监控。引入先进的版权保护技术,如数字水印、版权检测系统等,确保直播内容不侵犯他人版权。

(3)制定明确的平台规则。在平台服务协议中明确禁止侵权行为,并列出具体的处罚措施。定期对平台规则进行更新和公示,确保主播和用户了解并遵守相关规定。

(4)建立有效的沟通渠道。设立专门的版权投诉渠道,及时响应和处理版权所有者的投诉。与版权机构、行业协会等保持密切联系,共同维护良好的版权环境。

091 游戏玩家未经游戏权利人许可擅自进行游戏直播是否构成侵权?

答 未经游戏权利人同意,擅自进行游戏直播的可能构成侵权。在实践中,游戏著作权人一般会据此起诉直播平台,但是实际上游戏著作权人也有权起诉玩家的直播行为。

例如，在网易公司诉王某、李某侵害著作权纠纷案[1]中，网易公司是《梦幻西游》的游戏权利人，王某未经许可，在抖音平台上直播、录播《梦幻西游》画面，并在直播过程中为竞品游戏持续宣传引流，侵害了网易公司的复制权、信息网络传播权及其他权利。李某不仅为王某提供抖音账号用于直播，还提供多个游戏账号，并协助王某转移游戏角色以逃避网易公司处罚，构成帮助侵权。网易公司多次对王某、李某的游戏账号作出封号处罚，并书面通知其直播违规，但二人仍更换账号持续侵权，情节极为恶劣。

法院认为，网易公司对《梦幻西游》游戏享有著作权，其合法权益应受法律保护。案涉游戏的《最终用户使用许可协议》及《玩家守则》均明确，未经网易公司事先书面允许，玩家不得通过第三方软件直播《梦幻西游》游戏画面。网易公司曾多次因王某违规直播《梦幻西游》对其数个《梦幻西游》游戏账号作出封停处罚，并通过电话及书面形式明确告知王某，在未取得授权的情况下不得进行游戏直播。此外，王某也曾致电网易公司，投诉另一玩家违反规则进行直播。王某使用抖音账号上传《梦幻西游》游戏录播视频，使不特定公众可以在个人选定的时间和地点获得案涉游戏画面内容，符合“交互式传播”的要件，侵犯了网易公司的信息网络传播权。王某未经授权通过网络直播传播他人作品的行为不属于《著作权法》(2010 年)第 10 条前 16 项所规定的有名权利，亦无相关司法解释对该行为作出明确规定，但该行为明显具备可非难性，且产生了损害后果，应当给予否定评价。最终，法院判决王某、李某的行为构成侵权。

法律依据

《著作权法》

第三条 本法所称的作品，是指文学、艺术和科学领域内具有独创性并能以一定形式表现的智力成果，包括：

---

〔1〕 参见陈斯杰、刘畅：《4.26 特辑|准确查明侵权获利，依法适用惩罚性赔偿——“借”号直播〈梦幻西游〉案一审生效!》，载微信公众号“广州互联网法院”2022 年 4 月 18 日，https://mp.weixin.qq.com/s/RD4_hIO69mRDiOZkF0bY8Q。

（一）文字作品；
（二）口述作品；
（三）音乐、戏剧、曲艺、舞蹈、杂技艺术作品；
（四）美术、建筑作品；
（五）摄影作品；
（六）视听作品；
（七）工程设计图、产品设计图、地图、示意图等图形作品和模型作品；
（八）计算机软件；
（九）符合作品特征的其他智力成果。

律师建议

在目前的司法实践中，若未经权利人同意，擅自进行游戏直播的，可能会构成侵权。因为游戏的著作权人对玩家的直播行为具备一定的控制权，禁止玩家使用其游戏进行直播。所以，游戏玩家应当合法直播，避免造成侵权的后果。

092 游戏直播中还有哪些行为容易涉嫌违法？

答 主播带货已经是较为成熟的商业模式，与此同时，对于游戏主播来说，在直播中为游戏厂商的游戏带量推广也是其常见的营利方式。如果主播在直播推广的过程中作出虚假陈述、承诺，而用户实际获得的游戏内容、体验等与其陈述不符，则可能违反《广告法》。

还要特别注意的是，如果直播平台签约雇用未成年主播，根据《未成年人保护法》和《劳动法》的规定，将涉嫌违法。

法律依据

《广告法》

第四条 广告不得含有虚假或者引人误解的内容，不得欺骗、误导消费者。

广告主应当对广告内容的真实性负责。

第二十八条 广告以虚假或者引人误解的内容欺骗、误导消费者的，构成虚假广告。

广告有下列情形之一的，为虚假广告：

（一）商品或者服务不存在的；

（二）商品的性能、功能、产地、用途、质量、规格、成分、价格、生产者、有效期限、销售状况、曾获荣誉等信息，或者服务的内容、提供者、形式、质量、价格、销售状况、曾获荣誉等信息，以及与商品或者服务有关的允诺等信息与实际情况不符，对购买行为有实质性影响的；

（三）使用虚构、伪造或者无法验证的科研成果、统计资料、调查结果、文摘、引用语等信息作证明材料的；

（四）虚构使用商品或者接受服务的效果的；

（五）以虚假或者引人误解的内容欺骗、误导消费者的其他情形。

《未成年人保护法》

第七十六条 网络直播服务提供者不得为未满十六周岁的未成年人提供网络直播发布者账号注册服务；为年满十六周岁的未成年人提供网络直播发布者账号注册服务时，应当对其身份信息进行认证，并征得其父母或者其他监护人同意。

《劳动法》

第十五条 禁止用人单位招用未满十六周岁的未成年人。

文艺、体育和特种工艺单位招用未满十六周岁的未成年人，必须遵守国家有关规定，并保障其接受义务教育的权利。

律师建议

MCN 机构接洽带货、买量相关广告时，需注意广告内容与实际产品是否存在差异，并查广告是否侵权、虚假。直播平台在招用游戏主播时，需详细核查实际年龄，并审查留存证明材料，如年满 16 周岁但未满 18 周岁，还需要与其监护人取得联系，取得书面同意并留存待查。

093 游戏主播在游戏直播过程中未经授权播放背景音乐或者翻唱的行为是否构成侵权？若构成，侵犯何种权利？

答 游戏主播在游戏直播过程中未经授权播放背景音乐或者翻唱的行为构成侵权，表现为侵犯歌曲著作权人的信息网络传播权或其他权利。

在直播间播放背景音乐或者翻唱他人歌曲一直是各类主播烘托气氛、增加直播内容的一种有效方式，游戏主播也不例外。与此同时，游戏直播中的音乐侵权问题一直持续高发，不容忽视。例如，2022 年 7 月 7 日，知名游戏主播“PDD”在直播中未经著作权人许可，演唱歌曲并通过网络平台公开播送歌曲表演，该行为侵害了音乐作品著作权人的表演权。其后，他与音乐作品著作权人和解，并在公众平台发布致歉声明，承诺今后会更加注重版权问题，提高音乐版权保护意识，尊重和保护版权方的合法权益。

根据《著作权法》的相关规定，直播间所播放的背景音乐或主播翻唱的歌曲属于《著作权法》保护的音乐作品，故著作权人依法享有著作权。实践中，对于该行为具体侵犯著作权人何种权利，存在的争议包括是否构成表演权、广播权、信息网络传播权，以及是否适用合理使用等，具体分析如下：

第一，关于游戏直播过程中播放背景音乐或翻唱歌曲是否适用合理使用的判断。游戏直播营利具有多元化收入来源、高度依赖粉丝经济、广告植入与品牌推广相结合且与游戏产业紧密关联等特点，直播流量与直播平台或主播营利之间存在着紧密的关系——直播流量是营利的基础，营利是直播流量的变现结果。网络游戏直播这种追逐商业利益最大化的行为显然不能适用《著作权法》第 24 条明确规定的“为个人学习、研究或者欣赏,使用他人已经发表的作品”的合理使用情形,应当构成对著作权人享有的著作权的侵权行为。

第二,关于游戏主播在直播间播放背景音乐或翻唱歌曲涉及侵犯著作权人何种权利的判断。在实务中,存在构成侵犯著作权人信息网络传播权和“其他权利”的不同法律适用方式和典型案例。

例如,在麒麟童公司诉斗鱼公司侵害作品表演权纠纷案[1]中,原告主张斗鱼公司主播未经授权演唱其享有著作权的歌曲,构成对其信息网络传播权和《著作权法》第 10 条第 17 项规定的其他权利的侵权行为。法院认为,在直播间中表演并通过网络进行公开播送的行为与定时播放、实时转播等其他网络直播行为在外观表现形式和权利类型上一致,且据《著作权法》第 10 条第 12 项的规定,信息网络传播权为“以有线或者无线方式向公众提供,使公众可以在其选定的时间和地点获得作品的权利”,这体现了在信息网络传播中,公众在获取信息的交互式传播中处于主动地位,具备选择的自由性和灵活度。而在网络直播过程中,公众只能在直播平台或者主播安排的特定时间内获取特定的内容,其并不能占据获取信息的主动地位,故网络直播中的各项行为并不属于由信息网络传播权所限定和调整的行为。因此,在直播间中表演并通过网络进行公开播送的行为属于侵犯《著作权法》规定的“应当由著作权人享有的其他权利”的行为。同时,《北京高院侵害著作权审理指南》的第 9.24 条也明确指出,“网络服务提供者未经许可通过信息网络按照事先安排的时间表向公众提供作品在线播放的,不构成侵害信息网络传播权,但著作权人依据著作权法第十条第一款第十七项主张权利的,应予支持”。

但这并不意味着所有直播翻唱或者播放背景音乐的行为都不侵害信息网络传播权。当直播平台的直播内容存在录播、回看等功能时,因其能使公众在其选定的时间和地点回看直播内容,故属于侵犯权利人信息网络传播权的情形。例如,在麒麟童公司诉斗鱼公司侵害录音录像制作者权纠纷案[2]中,法院认为,网络服务提供者未尽到合理的审查义务,使得公众可以在个

---

〔1〕 北京互联网法院民事判决书,(2019)京 0491 民初 28731 号。

〔2〕 北京知识产权法院民事判决书,(2020)京 73 民终 1253 号。

人选定的时间和地点观看主播未经授权翻唱歌曲的直播视频内容,侵害了歌曲著作权人对涉案录音制品的信息网络传播权。

法律依据

《著作权法》

第十条第一款 ……

(十二)信息网络传播权,即以有线或者无线方式向公众提供,使公众可以在其选定的时间和地点获得作品的权利。

……

律师建议

游戏主播在直播中使用音乐时,应通过查看音乐作品的标签、查询音乐版权数据库、联系音乐版权代理机构或使用具有合法授权的音乐库等方式,确认音乐版权的归属情况,并遵守相关规定,以避免侵权风险。具体如下:

(1)查看音乐作品标签或信息。许多音乐作品的标签或信息中会注明版权归属。主播在选择音乐时,可以仔细查看这些信息,了解音乐的版权所有者。另外,可以查询音乐版权数据库。一些官方平台或专业的音乐版权数据库可以提供版权信息查询服务,如中国音乐著作权协会、国家版权局官网以及音盾(中国音乐数字版权保护平台)、AGM(曲多多)商用音乐授权平台等。主播可以借助这些数据库,输入音乐作品的名称、作者或其他相关信息,查询版权的归属情况。

(2)联系音乐版权代理机构或组织。音乐版权代理机构或组织通常负责管理和维护音乐作品版权的职责。主播可以联系这些机构或组织,咨询有关音乐版权的问题,获取版权归属的准确信息。

(3)增强版权意识,使用具有合法授权的音乐库。许多直播平台或音乐平台都设有具有合法授权的音乐库。主播可以选择从这些平台获取音乐,以确保使用的音乐具有合法的版权授权。

(4)遵守平台协议和规定。游戏主播在直播中使用音乐时,还应遵守平台的使用协议和相关规定，确保自己的行为符合平台的要求。

(5)与官方协会合作。直播平台也可以通过与官方音乐协会合作的方式，与音乐著作权人或者音乐管理组织签订“一揽子”授权协议，获得播放音乐的权利后再下放给平台的各个主播，通过直播行业和平台的自律行为减少对著作权的侵害。

094 直播平台对于游戏主播在直播过程的侵权行为，需要承担责任吗？

答 游戏主播通过直播平台向观众提供游戏直播视频或分享游戏经验的过程，涉及多方主体的参与，其间的权利义务关系也错综复杂。当作为网络内容提供者的游戏主播实施侵权行为时，作为网络技术服务提供者的直播平台有时也难以免除民事责任。

首先，作为网络技术服务提供者的直播平台应履行必要的注意义务。

根据《民法典》的规定，实务中对网络直播平台侵权行为的归责原则主要适用过错原则或者过错推定原则，即要求网络直播平台在主观上具有明知或者应当知道侵权行为发生的情形。

在实践中，直播平台往往与主播形成一种紧密合作的利益捆绑关系，主要体现在经济利益、资源支持、品牌形象以及共同发展等多个方面。双方会签订分成或合作协议，并按照协议约定的比例进行利益分配。网络服务提供平台作为通过互联网提供多样化在线服务的综合性技术平台或服务机构，具有开放、服务多样化、技术支撑和社会责任等特点和属性，通过云计算、大数据、人工智能等技术手段为庞大用户群体和内容提供者提供了高效的信息输送和统筹管理服务。其管理控制属性在智能技术的加持下可体现在内容管理与过滤审核、用户隐私与保护、大数据分析及营销策略等方面，例如，对网络平台上存储传播的内容进行管理，对网络用户上传的内容进行编辑、整理、推荐、置顶等主动干预行为。故依据“权利与义务对等”及“利益与风险相一致”原则，直播平台从各游戏主播的直播活动中直接获取的经济利益和预期收益越多，或者直播平台的管理控制和主动干预能力越强,便意味着其应当对直播活动中潜在产生的侵权行为负有越高审慎的注意义务。

关于网络服务提供者履行注意义务的限度认定,即过错或过错推定原则的适用问题,《最高院关于审理侵害信息网络传播权民事纠纷的规定》从网络服务提供者的服务性质、管理模式、介入程度、应急速度及作品的侵权程度等几个方面列明了详细的判断标准。

其次,直播平台应当根据游戏玩家或游戏主播与直播平台之间的法律关系来判断侵权责任的承担方式。

直播平台中的游戏玩家或游戏主播可分为普通游戏玩家、合作模式下的合作游戏主播以及签约模式下的签约游戏玩家,具体而言:

(1)若在直播平台预先建立的对直播内容的审核和监管机制之下,普通游戏玩家借用直播平台提供的服务进行个人直播造成侵权行为,能够证明直播平台没有过错且在知道侵权行为发生后采取了阻断措施的,根据《民法典》第1195条的规定,直播平台可免于承担侵权责任。

(2)若是与直播平台达成合作模式并签署利益合作协议的游戏主播在网络游戏直播中的行为构成著作权侵权行为,则游戏主播与直播平台双方可能因构成有意思联络的共同侵权而应当对该侵权行为承担连带责任。并且此时协议双方不得以内部约定来对抗外部的游戏开发者或所有权人。

(3)若是签约模式下的签约游戏玩家,因其与直播平台之间存在劳动合同关系,该签约玩家作为直播平台的工作人员进行游戏直播的行为应当属于履行职务的行为,根据《民法典》第1191条的规定,应当由直播平台对签约玩家在网络游戏直播中造成的侵权行为承担法律责任。

法律依据

《民法典》

第一千一百九十一条　用人单位的工作人员因执行工作任务造成他人损害的,由用人单位承担侵权责任。用人单位承担侵权责任后,可以向有故意或者重大过失的工作人员追偿。

劳务派遣期间,被派遣的工作人员因执行工作任务造成他人损害的,由接受劳务派遣的用工单位承担侵权责任;劳务派遣单位有过错的,承担相应的责任。

第一千一百九十四条 网络用户、网络服务提供者利用网络侵害他人民事权益的,应当承担侵权责任。法律另有规定的,依照其规定。

第一千一百九十五条 网络用户利用网络服务实施侵权行为的,权利人有权通知网络服务提供者采取删除、屏蔽、断开链接等必要措施。通知应当包括构成侵权的初步证据及权利人的真实身份信息。

网络服务提供者接到通知后,应当及时将该通知转送相关网络用户,并根据构成侵权的初步证据和服务类型采取必要措施;未及时采取必要措施的,对损害的扩大部分与该网络用户承担连带责任。

权利人因错误通知造成网络用户或者网络服务提供者损害的,应当承担侵权责任。法律另有规定的,依照其规定。

第一千一百九十七条 网络服务提供者知道或者应当知道网络用户利用其网络服务侵害他人民事权益,未采取必要措施的,与该网络用户承担连带责任。

《最高院关于审理侵害信息网络传播权民事纠纷的规定》

第九条 人民法院应当根据网络用户侵害信息网络传播权的具体事实是否明显,综合考虑以下因素,认定网络服务提供者是否构成应知:

(一)基于网络服务提供者提供服务的性质、方式及其引发侵权的可能性大小,应当具备的管理信息的能力;

(二)传播的作品、表演、录音录像制品的类型、知名度及侵权信息的明显程度;

(三)网络服务提供者是否主动对作品、表演、录音录像制品进行了选择、编辑、修改、推荐等;

(四)网络服务提供者是否积极采取了预防侵权的合理措施;

(五)网络服务提供者是否设置便捷程序接收侵权通知并及时对侵权通知作出合理的反应;

(六)网络服务提供者是否针对同一网络用户的重复侵权行为采取了相应的合理措施;

(七)其他相关因素。

律师建议

直播平台应采取综合性措施来规避侵权风险。这些措施包括严格管理内容、增强技术保护、积极开展合作与法律应对,以及加强用户教育和账号审核等,具体说明如下:

(1)严格管理内容是关键。直播平台应建立严格的版权审核机制,确保在直播内容上线前进行充分的版权检查。包括对用户上传的直播内容进行初步审核,以及定期审查已上线的直播内容,确保没有使用未经授权的素材。同时,对于发现的侵权行为,平台应迅速采取处理措施,如删除侵权内容、封禁侵权账号等。

(2)技术保护必不可少。直播平台可以利用技术手段来增强版权保护。例如,通过采用水印技术、加密技术等,确保直播内容在存储和传输过程中不被非法复制或盗用。此外,平台还可以利用大数据和人工智能技术,对直播内容进行实时监测和筛查,及时发现并处理潜在的侵权行为。

(3)合作与法律应对是重要的措施。直播平台应积极与版权方、行业协会等建立合作关系,共同打击侵权行为。通过购买授权或签订合作协议,确保直播内容的合法性和正当性。同时,对于严重的侵权行为,平台可以通过法律途径追究侵权者的法律责任。

(4)加强用户教育和账号审核也是预防侵权风险的重要手段。平台应定期发布关于版权保护的宣传资料,增强用户的版权意识和自我保护意识。同时,对申请直播的账号进行审核,确保用户没有以实施侵权行为为目的进行直播。

综上所述,通过采取这些措施,平台可以有效地降低侵权风险,维护自身的合法权益,也可为用户提供一个健康、有序的直播环境。

第三章　直播相关的税务法律问题

095　如何确定网络直播相关方的纳税义务?

答　网络直播通常涉及直播平台、直播机构、网络主播、打赏用户等多个参与方,需区分不同主体间的纳税义务:直播平台为增值税一般纳税人,如直播平台每年均营利,还应缴纳企业所得税;直播机构按照性质进行区分,若为有限责任公司,则可能是增值税一般纳税人或小额纳税人,若为个体工商户,则应缴纳个人所得税;根据网络主播的收入来源和性质,其有可能须缴个人所得税;为主播打赏礼物的用户,如年收入达到纳税标准亦须缴纳个人所得税。

法律依据

《企业所得税法》

第一条第一款　在中华人民共和国境内,企业和其他取得收入的组织(以下统称企业)为企业所得税的纳税人,依照本法的规定缴纳企业所得税。

第五条　企业每一纳税年度的收入总额,减除不征税收入、免税收入、各项扣除以及允许弥补的以前年度亏损后的余额,为应纳税所得额。

第六条　企业以货币形式和非货币形式从各种来源取得的收入,为收入总额。包括:

(一)销售货物收入;

(二)提供劳务收入;

(三)转让财产收入;

(四)股息、红利等权益性投资收益;

(五)利息收入;

(六)租金收入;

(七)特许权使用费收入;

(八)接受捐赠收入;

(九)其他收入。

《增值税暂行条例》

第一条 在中华人民共和国境内销售货物或者加工、修理修配劳务(以下简称劳务),销售服务、无形资产、不动产以及进口货物的单位和个人,为增值税的纳税人,应当依照本条例缴纳增值税。

《税收征收管理法》

第六十条 纳税人有下列行为之一的,由税务机关责令限期改正,可以处二千元以下的罚款;情节严重的,处二千元以上一万元以下的罚款:

(一)未按照规定的期限申报办理税务登记、变更或者注销登记的;

(二)未按照规定设置、保管帐簿或者保管记帐凭证和有关资料的;

(三)未按照规定将财务、会计制度或者财务、会计处理办法和会计核算软件报送税务机关备查的;

(四)未按照规定将其全部银行帐号向税务机关报告的;

(五)未按照规定安装、使用税控装置,或者损毁或者擅自改动税控装置的。

纳税人不办理税务登记的,由税务机关责令限期改正;逾期不改正的,经税务机关提请,由工商行政管理机关吊销其营业执照。

……

第六十八条 纳税人、扣缴义务人在规定期限内不缴或者少缴应纳或者应解缴的税款,经税务机关责令限期缴纳,逾期仍未缴纳的,税务机关除依照本法第四十条的规定采取强制执行措施追缴其不缴或者少缴的税款外,可以处不缴或者少缴的税款百分之五十以上五倍以下的罚款。

第七十七条第一款 纳税人、扣缴义务人有本法第六十三条、第六十五条、第六十六条、第六十七条、第七十一条规定的行为涉嫌犯罪的,税务机关应当依法移交司法机关追究刑事责任。

律师建议

网络直播相关方达到法律、法规规定的纳税条件的，应按照法律规定依法及时进行税务登记，履行纳税义务，否则会受到行政处罚；如情节严重，触犯刑法的，则要承担刑事责任。

096 网络直播平台或直播机构向主播直接发放网络直播收益时，是否需要履行代扣代缴义务？

答 需要。依据《税收征收管理法》第4条及《个人所得税法》第9条的规定可知，个人所得税的扣缴义务人为“支付所得的单位或个人”；根据《个人所得税法》第2条的规定，主播的网络直播收益属于个人所得，应缴纳个人所得税；而网络直播平台或直播机构作为直播收益的支付方，属于扣缴义务人，应履行代扣代缴义务。

法律依据

《个人所得税法》

第二条 下列各项个人所得，应当缴纳个人所得税：

（一）工资、薪金所得；

（二）劳务报酬所得；

（三）稿酬所得；

（四）特许权使用费所得；

（五）经营所得；

（六）利息、股息、红利所得；

（七）财产租赁所得；

（八）财产转让所得；

（九）偶然所得。

居民个人取得前款第一项至第四项所得(以下称综合所得),按纳税年度合并计算个人所得税;非居民个人取得前款第一项至第四项所得,按月或者按次分项计算个人所得税。纳税人取得前款第五项至第九项所得,依照本法规定分别计算个人所得税。

《税收征收管理法》

第四条 法律、行政法规规定负有纳税义务的单位和个人为纳税人。

法律、行政法规规定负有代扣代缴、代收代缴税款义务的单位和个人为扣缴义务人。

纳税人、扣缴义务人必须依照法律、行政法规的规定缴纳税款、代扣代缴、代收代缴税款。

第六条第二款 纳税人、扣缴义务人和其他有关单位应当按照国家有关规定如实向税务机关提供与纳税和代扣代缴、代收代缴税款有关的信息。

第六十条 纳税人有下列行为之一的,由税务机关责令限期改正,可以处二千元以下的罚款;情节严重的,处二千元以上一万元以下的罚款:

(一)未按照规定的期限申报办理税务登记、变更或者注销登记的;

(二)未按照规定设置、保管帐簿或者保管记帐凭证和有关资料的;

(三)未按照规定将财务、会计制度或者财务、会计处理办法和会计核算软件报送税务机关备查的;

(四)未按照规定将其全部银行帐号向税务机关报告的;

(五)未按照规定安装、使用税控装置,或者损毁或者擅自改动税控装置的。

纳税人不办理税务登记的,由税务机关责令限期改正;逾期不改正的,经税务机关提请,由工商行政管理机关吊销其营业执照。

……

第六十八条 纳税人、扣缴义务人在规定期限内不缴或者少缴应纳或者应解缴的税款,经税务机关责令限期缴纳,逾期仍未缴纳的,税务机关除依照本法第四十条的规定采取强制执行措施追缴其不缴或者少缴的税款外,可以处不缴或者少缴的税款百分之五十以上五倍以下的罚款。

第七十七条第一款 纳税人、扣缴义务人有本法第六十三条、第六十五条、第六十六条、第六十七条、第七十一条规定的行为涉嫌犯罪的,税务机关应当依法移交司法机关追究刑事责任。

《关于进一步规范网络直播营利行为促进行业健康发展的意见》

四、规范税收管理,促进纳税遵从

(一)依法履行代扣代缴义务。网络直播平台、网络直播服务机构应当明确区分和界定网络直播发布者各类收入来源及性质,并依法履行个人所得税代扣代缴义务,不得通过成立网络直播发布者"公会"、借助第三方企业或者与网络直播发布者签订不履行个人所得税代扣代缴义务的免责协议等方式,转嫁或者逃避个人所得税代扣代缴义务;不得策划、帮助网络直播发布者实施逃避税。

(二)规范税收服务和征缴。各级税务部门要优化税费宣传辅导,促进网络直播平台、网络直播服务机构、网络直播发布者税法遵从,引导网络直播发布者规范纳税、依法享受税收优惠;网络直播发布者开办的企业和个人工作室,应按照国家有关规定设置账簿,对其原则上采用查账征收方式计征所得税;切实规范网络直播平台和相关第三方企业委托代征、代开发票等税收管理;进一步加强税收大数据分析,健全常态化监管机制。

(三)打击涉税违法犯罪行为。依法查处偷逃税等涉税违法犯罪行为,对情节严重、性质恶劣、社会反映强烈的典型案件进行公开曝光。对为网络直播发布者违法违规策划、帮助实施偷逃税行为的中介机构及相关人员依法严肃处理和公开曝光。

律师建议

直播平台或直播机构在直接向主播个人或其指定账户支付网络直播收益时,应履行代扣代缴义务,并做好相关税务登记。如直播平台或直播机构未履行代扣代缴义务,税务机关除要求其代缴主播应缴的个人所得税外,还可能会按照《税收征收管理法》第68条的规定,处少缴或未缴税款50%以上5倍以下的罚款;触犯刑法者,将承担刑事责任。

097 直播机构以其他主体在平台购买礼物的充值记录让直播平台开具增值税专用发票并抵扣的行为是否合法?

答 不合法。根据《增值税暂行条例》第 1 条及第 21 条的规定,直播机构购买的礼物充值记录不属于可以开具增值税专用发票的范围,不应开具增值税专用发票。根据《增值税暂行条例》第 1 条及第 8 条的规定,增值税专用发票为进项税额,可以抵扣销项税额,如直播机构并无购买平台礼物的实际支出,而用开具的增值税专用发票进行抵扣的,属于虚开行为,如金额较大则构成犯罪;如直播机构从第三方中介手中购买了平台礼物,但第三方无法提供等额发票而以购买的充值记录开具发票的,这种行为可能违反行政法规,将受到行政处罚。

法律依据

《增值税暂行条例》

第一条　在中华人民共和国境内销售货物或者加工、修理修配劳务(以下简称劳务),销售服务、无形资产、不动产以及进口货物的单位和个人,为增值税的纳税人,应当依照本条例缴纳增值税。

第八条　纳税人购进货物、劳务、服务、无形资产、不动产支付或者负担的增值税额,为进项税额。

下列进项税额准予从销项税额中抵扣:

(一)从销售方取得的增值税专用发票上注明的增值税额。

(二)从海关取得的海关进口增值税专用缴款书上注明的增值税额。

(三)购进农产品,除取得增值税专用发票或者海关进口增值税专用缴款书外,按照农产品收购发票或者销售发票上注明的农产品买价和 11% 的扣除率计算的进项税额,国务院另有规定的除外。进项税额计算公式:

进项税额 = 买价 × 扣除率

(四)自境外单位或者个人购进劳务、服务、无形资产或者境内的不动产,从税务机关或者扣缴义务人取得的代扣代缴税款的完税凭证上注明的增值税额。

准予抵扣的项目和扣除率的调整,由国务院决定。

第二十一条 纳税人发生应税销售行为,应当向索取增值税专用发票的购买方开具增值税专用发票,并在增值税专用发票上分别注明销售额和销项税额。

属于下列情形之一的,不得开具增值税专用发票:

(一)应税销售行为的购买方为消费者个人的;

(二)发生应税销售行为适用免税规定的。

《刑法》

第二百零五条 【虚开增值税专用发票、用于骗取出口退税、抵扣税款发票罪】虚开增值税专用发票或者虚开用于骗取出口退税、抵扣税款的其他发票的,处三年以下有期徒刑或者拘役,并处二万元以上二十万元以下罚金;虚开的税款数额较大或者有其他严重情节的,处三年以上十年以下有期徒刑,并处五万元以上五十万元以下罚金;虚开的税款数额巨大或者有其他特别严重情节的,处十年以上有期徒刑或者无期徒刑,并处五万元以上五十万元以下罚金或者没收财产。

单位犯本条规定之罪的,对单位判处罚金,并对其直接负责的主管人员和其他直接责任人员,处三年以下有期徒刑或者拘役;虚开的税款数额较大或者有其他严重情节的,处三年以上十年以下有期徒刑;虚开的税款数额巨大或者有其他特别严重情节的,处十年以上有期徒刑或者无期徒刑。

虚开增值税专用发票或者虚开用于骗取出口退税、抵扣税款的其他发票,是指有为他人虚开、为自己虚开、让他人为自己虚开、介绍他人虚开行为之一的。

第二百零五条之一 【虚开发票罪】虚开本法第二百零五条规定以外的其他发票,情节严重的,处二年以下有期徒刑、拘役或者管制,并处罚金;情节特别严重的,处二年以上七年以下有期徒刑,并处罚金。

单位犯前款罪的,对单位判处罚金,并对其直接负责的主管人员和其他直接责任人员,依照前款的规定处罚。

《最高院、最高检关于办理危害税收征管刑事案件的解释》

第十条 具有下列情形之一的,应当认定为刑法第二百零五条第一款规定的"虚开增值税专用发票或者虚开用于骗取出口退税、抵扣税款的其他发票":

（一）没有实际业务，开具增值税专用发票、用于骗取出口退税、抵扣税款的其他发票的；

（二）有实际应抵扣业务，但开具超过实际应抵扣业务对应税款的增值税专用发票、用于骗取出口退税、抵扣税款的其他发票的；

（三）对依法不能抵扣税款的业务，通过虚构交易主体开具增值税专用发票、用于骗取出口退税、抵扣税款的其他发票的；

（四）非法篡改增值税专用发票或者用于骗取出口退税、抵扣税款的其他发票相关电子信息的；

（五）违反规定以其他手段虚开的。

为虚增业绩、融资、贷款等不以骗抵税款为目的，没有因抵扣造成税款被骗损失的，不以本罪论处，构成其他犯罪的，依法以其他犯罪追究刑事责任。

律师建议

直播机构在直播活动中应尽量通过正规渠道充值并购买平台礼物，若向第三方中介购买，应提前了解后者是否具备开具增值税专用发票的能力；否则直播机构不仅不能就购买直播礼物的行为进行销项抵税，还可能会受到行政处罚，如购买增值税发票金额较大，还将承担相关刑事责任。

098 直播平台或直播机构通过第三方支付平台向网络主播支付直播收益后，直播平台或直播机构是否还有代扣代缴义务？

答 有代扣代缴义务。实务中，要先确认第三方支付中的民事法律关系，具体说明如下。

（1）委托代理关系。以某第三方支付平台为例，付款人与收款人分别与其签署了服务协议，其中明确表示第三方支付平台提供代为收取客户支付的各类款项，并将代收代管的客户款项支付给其他指定第三方的业务，即明确了委托非银行支付机构进行代收、代付服务。

《民法典》第 162 条规定:“代理人在代理权限内,以被代理人名义实施的民事法律行为,对被代理人发生效力。”在民法上,代理又分为民事代理和商事代理两种。第三方支付平台在整个代理行为中,并未进行任何意思表示,只是依据给付方与受领方的明确指令(包括具体金额、指向)进行代收、代付的操作,这类似于传达人角色。从民法意义上讲,传达是指传达人忠实传达委托人已经确定的意思表示,在传达行为中自己不作出任何意思表示,也不得以自己的意思改变委托人的意志。然而,在民事代理关系中,要求代理人向第三人直接、独立地作出意思表示,以自己的意志决定意思表示的内容和民事行为是否生效。故上述委托代理关系不属于民事代理。而在商事代理关系中,代理人在代理行为中严格尊重被代理人意志,有的会进行意思表示,有的则不进行任何意思表示仅充当传达人的角色,如代理商标注册、代理企业登记等。由此,给付方与受领方与非银行支付机构之间的委托代理关系是商事代理关系。又由于第三方支付与给付方和受领方同时存在委托代理关系,已经明显构成了双方代理的法律关系,即非银行支付机构一方面代理给付方付款,另一方面代理受领方收款。

(2)保管合同关系。在实际网络交易过程中,由于有大量的用户同时进行网络交易,用户均将自有资金通过“充值”方式置入第三方支付平台的账户中。在给付方,即买家确认收到货物且按约无误的过程中,该账户中积聚并沉淀了数额巨大的资金(通常称为“沉淀资金”,即目前相关法律定义的客户备付金)。依据《民法典》第 888 条第 1 款的规定:“保管合同是保管人保管寄存人交付的保管物,并返还该物的合同。”某第三方支付平台服务协议第 1 条规定:“中介服务:即本公司向您提供的货款代收、代付的中介服务,其中包含 1、代管:您可以使用本服务指定的方式向您的账户充值,并委托本公司代为保管。”可见,第三方支付平台在履行支付义务的同时,还具有备付金保管人的身份,因此付款人与第三方平台形成保管合同关系。

(3)担保法律关系。这是一种保证担保,是以第三方支付平台作为保证主体,以保证基础合同履行瑕疵或发生纠纷导致债务返还为内容的担保方式。当付款方确认给付后,对基础买卖合同提出疑问的,第三方支付平台向付款方保证在核实合同履行的瑕疵责任归属后,将给付的金额部分或全部退还,给予买方来自第三方支付平台的保证担保,因此买卖双方与第三方支付平台还存在担保的法律关系。

综上，直播平台或直播机构与第三方支付平台的法律关系为代理及保管的关系。第三方支付平台并非税法中的"直接支付方"，真正的"直接支付方"应为直播平台或直播机构，所以它们仍应履行相应的代扣代缴义务。

法律依据

《民法典》

第一百六十二条 代理人在代理权限内，以被代理人名义实施的民事法律行为，对被代理人发生效力。

第八百八十八条第一款 保管合同是保管人保管寄存人交付的保管物，并返还该物的合同。

《个人所得税法》

第二条 下列各项个人所得，应当缴纳个人所得税：

（一）工资、薪金所得；

（二）劳务报酬所得；

（三）稿酬所得；

（四）特许权使用费所得；

（五）经营所得；

（六）利息、股息、红利所得；

（七）财产租赁所得；

（八）财产转让所得；

（九）偶然所得。

居民个人取得前款第一项至第四项所得（以下称综合所得），按纳税年度合并计算个人所得税；非居民个人取得前款第一项至第四项所得，按月或者按次分项计算个人所得税。纳税人取得前款第五项至第九项所得，依照本法规定分别计算个人所得税。

《税收征收管理法》

第四条 法律、行政法规规定负有纳税义务的单位和个人为纳税人。

法律、行政法规规定负有代扣代缴、代收代缴税款义务的单位和个人为扣缴义务人。

纳税人、扣缴义务人必须依照法律、行政法规的规定缴纳税款、代扣代缴、代收代缴税款。

第六条第二款 纳税人、扣缴义务人和其他有关单位应当按照国家有关规定如实向税务机关提供与纳税和代扣代缴、代收代缴税款有关的信息。

律师建议

直播平台或直播机构为网络主播直播收益的扣缴义务人，不能通过第三方支付逃避扣缴义务，否则将承担相应的行政处罚。情节严重，构成犯罪的，将承担相应的刑事责任。

099 直播机构通过法人设立直播账号，并将该账号交予不同的主播共同进行直播，所产生的直播收益是否需要全部由直播机构法人缴纳个人所得税？

答 视具体情况而定。若直播机构法人的个人账户无法区分账户中的主播收入、直播机构收入与个人收入，则直播机构法人须就其账户的全部收入缴纳个人所得税；反之，直播机构法人须就其个人收入部分缴纳个人所得税。但因直播机构法人为税法中主播收益的“直接支付方”，故直播机构法人在支付收益给主播时应履行代扣、代缴的义务。

法律依据

《个人所得税法》

第二条 下列各项个人所得，应当缴纳个人所得税：

（一）工资、薪金所得；

（二）劳务报酬所得；

（三）稿酬所得；

(四)特许权使用费所得;

(五)经营所得;

(六)利息、股息、红利所得;

(七)财产租赁所得;

(八)财产转让所得;

(九)偶然所得。

居民个人取得前款第一项至第四项所得(以下称综合所得),按纳税年度合并计算个人所得税;非居民个人取得前款第一项至第四项所得,按月或者按次分项计算个人所得税。纳税人取得前款第五项至第九项所得,依照本法规定分别计算个人所得税。

《税收征收管理法》

第四条　法律、行政法规规定负有纳税义务的单位和个人为纳税人。

法律、行政法规规定负有代扣代缴、代收代缴税款义务的单位和个人为扣缴义务人。

纳税人、扣缴义务人必须依照法律、行政法规的规定缴纳税款、代扣代缴、代收代缴税款。

第六条第二款　纳税人、扣缴义务人和其他有关单位应当按照国家有关规定如实向税务机关提供与纳税和代扣代缴、代收代缴税款有关的信息。

律师建议

直播机构及网络主播的收入最好由其直接收取。如直播机构法人以其个人账户收取前述收入,则可能存在如下风险:(1)个人账户收入过高,须缴纳高额个人所得税;(2)通过个人账户收取直播机构收入逃避应缴纳的企业税费(包括但不限于企业所得税等),构成逃税行为,可能会受到行政及刑事处罚;(3)个人代收了主播个人收益,应履行代扣代缴义务,如未履行该义务,可能面临罚款等行政处罚;情节严重的,构成犯罪,将承担刑事责任。

100 网络主播设立个体工商户或有限责任公司收取网络直播收益的行为是否合法？

答 不合法。就行业实际情况而言，网络主播与直播机构或平台签署的网络直播经纪合约中的主体均为主播个人与直播机构或平台（直播机构及平台均要求主播保证人身权属的独家性）。因此，在此情况下，网络主播设立的个人工商户或有限责任公司均没有实际业务，主要业务是代收主播收益以逃避个人所得税。如果主播也不主动申报个人所得税，就是属于利用设立个体户或公司代收款的偷税漏税行为。

法律依据

《个人所得税法》

第二条 下列各项个人所得，应当缴纳个人所得税：

（一）工资、薪金所得；

（二）劳务报酬所得；

（三）稿酬所得；

（四）特许权使用费所得；

（五）经营所得；

（六）利息、股息、红利所得；

（七）财产租赁所得；

（八）财产转让所得；

（九）偶然所得。

居民个人取得前款第一项至第四项所得（以下称综合所得），按纳税年度合并计算个人所得税；非居民个人取得前款第一项至第四项所得，按月或者按次分项计算个人所得税。纳税人取得前款第五项至第九项所得，依照本法规定分别计算个人所得税。

《税收征收管理法》

第四条 法律、行政法规规定负有纳税义务的单位和个人为纳税人。

法律、行政法规规定负有代扣代缴、代收代缴税款义务的单位和个人为扣缴义务人。

纳税人、扣缴义务人必须依照法律、行政法规的规定缴纳税款、代扣代缴、代收代缴税款。

第六条第二款 纳税人、扣缴义务人和其他有关单位应当按照国家有关规定如实向税务机关提供与纳税和代扣代缴、代收代缴税款有关的信息。

第六十条 纳税人有下列行为之一的,由税务机关责令限期改正,可以处二千元以下的罚款;情节严重的,处二千元以上一万元以下的罚款:

(一)未按照规定的期限申报办理税务登记、变更或者注销登记的;

(二)未按照规定设置、保管帐簿或者保管记帐凭证和有关资料的;

(三)未按照规定将财务、会计制度或者财务、会计处理办法和会计核算软件报送税务机关备查的;

(四)未按照规定将其全部银行帐号向税务机关报告的;

(五)未按照规定安装、使用税控装置,或者损毁或者擅自改动税控装置的。

纳税人不办理税务登记的,由税务机关责令限期改正;逾期不改正的,经税务机关提请,由工商行政管理机关吊销其营业执照。

……

第六十八条 纳税人、扣缴义务人在规定期限内不缴或者少缴应纳或者应解缴的税款,经税务机关责令限期缴纳,逾期仍未缴纳的,税务机关除依照本法第四十条的规定采取强制执行措施追缴其不缴或者少缴的税款外,可以处不缴或者少缴的税款百分之五十以上五倍以下的罚款。

第七十七条第一款 纳税人、扣缴义务人有本法第六十三条、第六十五条、第六十六条、第六十七条、第七十一条规定的行为涉嫌犯罪的,税务机关应当依法移交司法机关追究刑事责任。

《规范网络直播促进健康发展的意见》

四、规范税收管理,促进纳税遵从

(一)依法履行代扣代缴义务。网络直播平台、网络直播服务机构应当明确区分和界定网络直播发布者各类收入来源及性质,并依法履行个人所得税代扣代缴义务,不得通过成立网络直播发布者"公会"、借助第三方企业或者与网络直播发布者签订不履行个人所得税代扣代缴义务的免责协议等方式,转嫁或者逃避个人所得税代扣代缴义务;不得策划、帮助网络直播发布者实施逃避税。

（二）规范税收服务和征缴。各级税务部门要优化税费宣传辅导，促进网络直播平台、网络直播服务机构、网络直播发布者税法遵从，引导网络直播发布者规范纳税、依法享受税收优惠；网络直播发布者开办的企业和个人工作室，应按照国家有关规定设置账簿，对其原则上采用查账征收方式计征所得税；切实规范网络直播平台和相关第三方企业委托代征、代开发票等税收管理；进一步加强税收大数据分析，健全常态化监管机制。

（三）打击涉税违法犯罪行为。依法查处偷逃税等涉税违法犯罪行为，对情节严重、性质恶劣、社会反映强烈的典型案件进行公开曝光。对为网络直播发布者违法违规策划、帮助实施偷逃税行为的中介机构及相关人员依法严肃处理和公开曝光。

律师建议

网络主播若设立个体户或公司开展收款业务，应以设立个体户或公司为主体，与直播平台或直播机构签署相关协议进行合法合作；或让设立的个体户或公司代扣代缴个人所得税；抑或主动申报个人所得税。其直播所产生的收益在扣除其他分成后，均为主播的个人收益，属于法律规定的应缴纳个人所得税的范围。而主播以“过桥”形式收取的个人收益，会被认定为偷税漏税，可能面临罚款等行政处罚；情节严重构成犯罪的，可能会承担相应的刑事责任。

第四章　网络游戏直播中的刑事风险

101　网络游戏直播中的哪些行为构成犯罪？

答 在直播中有以下行为的，可能涉嫌犯罪。

1. 涉黄直播

为获取流量，直播平台主播涉黄涉低俗的行为层出不穷，这些违法行为可能触犯传播淫秽物品罪。有些主播在向观众索取礼物后进行涉黄涉低俗的网络直播行为，则涉嫌触犯传播淫秽物品牟利罪，直播平台也应当承担相应的刑事责任。

传播淫秽物品牟利罪与传播淫秽物品罪在传播淫秽物品这一客观行为的表现上基本相同，仅在是否具有牟利的目的上存在差异。但在刑事处罚方面传播淫秽物品牟利罪较传播淫秽物品罪更为严厉。

2. 涉赌直播

具体又包括以下两种行为：(1)以整个平台为单位的赌博行为。平台推出抽奖活动，奖品包含送给主播的礼物，用户在平台上充值资金参与抽奖，存在概率以较少的花费抽到价值较高的礼物。当用户把这些抽到的礼物赠送给主播时，主播不仅能获得相应的收益，直播的人气、热度等关键数据也会随之提升。凭借这些提升的数值，主播在直播列表中的排名会更为靠前，从而吸引更多观众进入直播间，因此礼物对主播及其粉丝很重要。

值得注意的是，用户抽到的礼物会存放在个人背包里，而且具有很强的灵活性。用户可以在任意直播间参与抽奖，抽奖所得的礼物也能自由选择送给不同的主播。这种情况催生了“背包贩子”这一特殊行当，背包贩子会在网络上与用户接触，以礼物实际价值六到七折的价格收购礼物。具体操作流程是，他们让用户把礼物送给指定的主播，待完成赠送后，再将对应的现金转给用户。

从整体来看,这就形成了一个类似赌博模式的闭环体系。直播平台如同赌博中的庄家,为用户(相当于赌客)提供充值兑换,就像为赌客提供筹码;直播间则好似赌桌,用户在这里进行抽奖,如同参与赌博活动;而主播们就扮演着荷官的角色,负责接收礼物并推动整个直播流程的进行。

(2)单独主播利用拉群形式自行开设赌场的行为。例如,有的主播利用游戏《梦幻西游》的打怪过程进行类似赛马或猜大小的赌博,这些直播间玩法大致可分为两类:一类是通过竞猜游戏人物砍怪物伤害数值的尾数进行下注;另一类是五个属性一致的游戏人物依次打怪,一号位为参考位,二至四号位为参与位,参与的玩家可任选位置,通过打怪后的伤害值尾数与一号位的伤害值尾数比较大小,从而判断输赢。这种行为不仅可能涉赌,还有可能涉嫌诈骗。例如,观众实际赢了钱但是主播不进行结算。因为支付都是通过私下加联系方式拉群,单次投注的金额也不算高,很多被骗观众也只能自认倒霉。

3. 网络洗钱

司法实践中暂时未有以网络洗钱罪之名起诉、判决的案例,不过依据《刑法》第191条对传统洗钱罪的规定以及通说,犯罪分子通过电子银行、电汇系统、网络赌博等网络载体或行为,将所得非法收益合法化的犯罪活动(如在直播中通过刷礼物的方式洗钱)可能构成洗钱罪。

法律依据

《刑法》

第一百九十一条　【洗钱罪】为掩饰、隐瞒毒品犯罪、黑社会性质的组织犯罪、恐怖活动犯罪、走私犯罪、贪污贿赂犯罪、破坏金融管理秩序犯罪、金融诈骗犯罪的所得及其产生的收益的来源和性质,有下列行为之一的,没收实施以上犯罪的所得及其产生的收益,处五年以下有期徒刑或者拘役,并处或者单处罚金;情节严重的,处五年以上十年以下有期徒刑,并处罚金:

(一)提供资金帐户的;

(二)将财产转换为现金、金融票据、有价证券的;

(三)通过转帐或者其他支付结算方式转移资金的;

(四)跨境转移资产的;

(五)以其他方法掩饰、隐瞒犯罪所得及其收益的来源和性质的。

单位犯前款罪的,对单位判处罚金,并对其直接负责的主管人员和其他直接责任人员,依照前款的规定处罚。

第三百零三条 【赌博罪】以营利为目的,聚众赌博或者以赌博为业的,处三年以下有期徒刑、拘役或者管制,并处罚金。

【开设赌场罪】开设赌场的,处五年以下有期徒刑、拘役或者管制,并处罚金;情节严重的,处五年以上十年以下有期徒刑,并处罚金。

……

《最高院、最高检关于办理赌博刑事案件的解释》

第二条 以营利为目的,在计算机网络上建立赌博网站,或者为赌博网站担任代理,接受投注的,属于刑法第三百零三条规定的"开设赌场"。

律师建议

直播平台及 MCN 机构都需要严格规范、审查主播直播内容,对于存在风险的直播方式提前制止,避免借助游戏机制、游戏内容在直播中涉黄、涉赌,直播平台应严格审查大额充值的资金来源。

102 网络直播中通过"付费办卡""刷虚拟礼物"等方式参与抽奖是否涉嫌开设赌场罪?

答 在当今的数字时代,网络直播已成为人们日常生活的一部分,为观众提供了娱乐、学习和社交的新渠道,直播平台上的抽奖活动也因其刺激性和互动性吸引了大量用户的关注。然而,这种看似无害的互动有时却因涉嫌赌博而引发争议。虽然网络直播并未禁止抽奖行为,但如果直播观众以付费办卡、刷虚拟礼物等方式参与抽奖,网络主播或单位则可能涉嫌开设赌场罪。

例如，成都法院2022年十大典型案例之二——付某龙等人网络直播开设赌场案〔1〕，付某龙等人为斗鱼直播平台“乡乡九户外”账号直播成员，于2017年3月至2020年9月利用直播平台“粉丝福利社”抽奖模块，提前设置抽奖中奖金额及份数，组织直播间粉丝进行抽奖。付某龙等人在直播抽奖活动中通过“一个办卡五万带回家”“搏一搏单车变摩托”等大量煽动性语言鼓动直播间观众参与抽奖，并通过平台、微信群等方式向其他未参与直播观看的人员推送抽奖时间及金额等信息，导致大量人员在直播抽奖时段进入直播间采用付费“办卡”、刷虚拟礼物等方式参与抽奖。待抽奖结束后，其再向中奖人员发放中奖现金。至被查获时，付某龙等人共计组织抽奖4267场（次），有442万余人次参与，参赌资金近1.2亿元。四川省都江堰市人民法院经审理认为，付某龙等人利用平台直播间以抽奖方式组织赌博活动，情节严重，其行为均构成开设赌场罪。综合考量付某龙等人在共同犯罪中的作用和坦白、自首等情节，分别判处3~6年有期徒刑不等，并处罚金。宣判后，被告人均未提起上诉，检察机关亦未抗诉，判决已发生法律效力。

上述案例中，第一，付某龙等人的行为符合开设赌场罪中“以营利为目的”的构成要件。付某龙等人通过斗鱼直播平台的“乡乡九户外”账号开展的所谓“抽奖”活动，实际上是一种变相的赌博活动。他们以直播的形式，通过设置抽奖环节和吸引观众支付费用“办卡”或刷虚拟礼物参与抽奖，从而获得经济利益。这种行为超出了普通的商业促销或互动娱乐的范畴，其本质目的是通过聚集人们参与有支付要求的活动来实现非法牟利。

此外，付某龙等人通过使用“一个办卡五万带回家”“搏一搏单车变摩托”等煽动性语言，不仅增强了参与者的支付意愿，而且放大了赌博行为的吸引力。且他们的营利行为并非以提供任何真实的商品或服务作为对价，而是通过制造一种“以小博大”的错觉，促使观众进行赌博式的支付。这种基于欺骗和煽动的营利行为，符合开设赌场罪中“以营利为目的”的要件。

第二，付某龙等人采取的付费抽奖模式本质上将观众的参与转化成了赌博行为。在本案中，通过网络直播平台聚集人们进行的不只是一种简单的互动或娱乐活动，而是一种实质的赌博行为。首先，付某龙等人通过直播

〔1〕 参见研究室：《成都法院2022年十大典型案例》，载微信公众号“成都市中级人民法院”2023年2月15日，https://mp.weixin.qq.com/s/8ylmPvdrvpzIwm_ovGNsPw。

平台聚集了大量观众，并通过设置抽奖机制吸引观众参与。这种抽奖不同于免费参与的普通抽奖，观众必须通过支付一定的费用，即“办卡”或购买虚拟礼物来获得参与资格。这种设定本质上将观众的参与转化为了一种赌博行为，因为参与者需要投入资金，而结果却是不确定的，具有射幸性质。其次，抽奖的结果具有随机性，而参与者支付的资金则被用作赌注。这种通过支付获取可能获利的行为，符合赌博的基本特征。虽然表面上看起来是抽奖，但实质上，每位参与者都是在用自己的钱赌博，希望能够赢得更多的回报。

所以，本案中付某龙等人以营利为目的，通过直播聚集观众并吸引其支付一定费用办卡或购买虚拟礼物参与抽奖，符合《刑法》第 303 条第 2 款规定的开设赌场罪的犯罪构成。

法律依据

《刑法》

第三百零三条　【赌博罪】以营利为目的，聚众赌博或者以赌博为业的，处三年以下有期徒刑、拘役或者管制，并处罚金。

【开设赌场罪】开设赌场的，处五年以下有期徒刑、拘役或者管制，并处罚金；情节严重的，处五年以上十年以下有期徒刑，并处罚金。

……

律师建议

（1）网络直播中的抽奖应当设置为免费参与。网络直播的抽奖活动应确保所有用户都能在没有金钱负担的情况下平等参与，即对于用户参与抽奖不应要求直接支付现金、购买商品或服务，包括直接的现金支付、虚拟货币购买，以及任何形式的“办卡”或“升级会员”等。从而避免将抽奖活动变成以资金投入为基础的赌博活动。要确保抽奖的参与方式简单、公平，例如通过观看直播、参与互动问答、完成游戏或挑战来获得抽奖机会。即便以使用虚拟货币或积分作为参与抽奖的方式，这些虚拟资产也应通过观看直播、参与互动等非付费方式获得。

(2)避免将现金或等价物作为抽奖的奖励。抽奖活动的奖品应当避免直接使用现金或等价物,如充值卡、红包等,因为这可能会构成赌博的关联行为。可把奖品改为提供实物、虚拟物品、服务体验或其他非现金形式,如限定版商品、专属徽章、免费服务体验等。这些奖品与金钱的直接联系较少,可以避免成为赌博的诱因。

103 游戏主播通过直播平台将自己玩游戏的过程进行直播,会构成犯罪吗?

答 游戏主播在未获得授权的情况下,将自己玩游戏的过程进行直播的行为,除构成民事侵权外,在一定条件下可能涉嫌侵犯著作权罪。根据《刑法》的规定,以营利为目的,实施侵犯著作权行为的,若违法所得数额较大或存在其他严重情节,将面临最高 3 年的有期徒刑,同时可能并处或单独处以罚金。要是违法所得数额巨大或有其他特别严重情节的,处 3 年以上 10 年以下有期徒刑,并处罚金。

侵犯著作权罪的立案及入罪标准看似容易达到,特别是在游戏直播这一新兴领域,未获游戏版权授权的直播活动似乎潜藏着显著的刑事风险。然而,在司法实践中,一般情形下追究游戏直播侵权行为的刑事责任案例很少。这一现象可反映出,目前司法实践中对于直播领域著作权侵权行为的违法认定持谨慎态度,受到如证据收集、定罪标准的应用及行为人主观意图的评估等多重复杂因素影响。

法律依据

《刑法》

第二百一十七条　【侵犯著作权罪】以营利为目的,有下列侵犯著作权或者与著作权有关的权利的情形之一,违法所得数额较大或者有其他严重情节的,处三年以下有期徒刑,并处或者单处罚金;违法所得数额巨大或者有其他特别严重情节的,处三年以上十年以下有期徒刑,并处罚金:

（一）未经著作权人许可，复制发行、通过信息网络向公众传播其文字作品、音乐、美术、视听作品、计算机软件及法律、行政法规规定的其他作品的；

（二）出版他人享有专有出版权的图书的；

（三）未经录音录像制作者许可，复制发行、通过信息网络向公众传播其制作的录音录像的；

（四）未经表演者许可，复制发行录有其表演的录音录像制品，或者通过信息网络向公众传播其表演的；

（五）制作、出售假冒他人署名的美术作品的；

（六）未经著作权人或者与著作权有关的权利人许可，故意避开或者破坏权利人为其作品、录音录像制品等采取的保护著作权或者与著作权有关的权利的技术措施的。

律师建议

游戏主播通过直播平台将自己玩游戏的过程进行直播，在未获得游戏著作权人授权的情形下，从理论上讲，确实存在构成侵犯著作权罪的风险。这不仅涉及对游戏著作权的保护，也关系到游戏直播生态的健康发展。因此，对于游戏主播和直播平台来说，尊重和保护知识产权，通过合法途径获取游戏内容的授权，是避免法律风险的必要举措。

104　网络主播代开实体卡包、虚拟卡包是否涉嫌犯罪？

答 在直播平台，卡包开包活动因具有丰富的娱乐性和互动性而获得迅速普及。该活动通常是指主播在直播过程中为观众开启预购的实体或虚拟卡包，如集换式卡牌、游戏卡包等，这种形式虽然增强了观众的参与感，但也带来了一系列法律风险，如可能包含具有赌博性质的随机抽取元素。代开行为不仅涉及未成年人保护、消费者权益保护、刑法等多方面的法律问题，还可能涉及知识产权侵权问题，如未经授权使用商标或著作权的情况，以及存在不正当竞争风险。

1. 网络主播代开卡包的类型

网络主播代开卡包的类型包括实体卡包和虚拟卡包。实体卡包，指的是具有物理形态的包装卡牌，如扑克牌、集换式卡片游戏（TCG）等，通常通过快递送达主播手中。虚拟卡包，则指的是数字形式的卡牌，如电子游戏内的卡包，可通过软件界面展示和开启。随着网络文化的多元化发展，代开卡包活动因其新颖性和刺激性成为直播平台上的热门内容。这种形式的直播不仅吸引了大量年轻观众的关注，也带动了相关产品的销售，特别是某些热门游戏或IP，如《CS：GO》《炉石传说》《宝可梦》等游戏相关的卡牌，观众的参与热度极高。

2. 代开卡包的流程与方式

（1）预购与支付。观众通过平台或第三方支付方式购买卡包，授权主播在直播中为其开包。

（2）直播开包。主播在直播过程中实时开启卡包，展示卡牌内容，这一过程通常伴随着高互动性和娱乐性。

（3）卡牌归属。卡牌按照事先约定的规则归属于购买者，实体卡牌需邮寄给购买者，虚拟卡牌则通过数字账户转移。

3. 网络直播代开卡包可能涉嫌违法或犯罪

（1）侵犯著作权。若网络主播在未经授权的情况下直播游戏内的虚拟卡包开启过程，使用了游戏公司的卡牌图像和设计，就可能违反了著作权法，因为游戏内容（包括图像和设计）通常受到《著作权法》的保护。根据《著作权法》的规定，著作权人享有对其作品的复制权、发行权和展览权。

（2）涉嫌诈骗罪。例如，在楚某诈骗罪案[1]中，2022年5月26日，家住湘潭市岳塘区的《CS：GO》游戏玩家谭某在游戏直播平台上刷到出售游戏装备的楚某，于是添加楚某的QQ与其取得联系，花费1349.96元向楚某购买了100个游戏内的道具箱。谭某将游戏账号交给楚某登录，第一次没有开出心仪的物品。楚某称可以赠送谭某价值3000元的道具，但先要支付3000元押金作为过账流水并承诺会全额返还。谭某信以为真，支付了押金，之后开箱开出了6000元的道具，楚某称谭某要补齐差价，谭某补齐差价之后再次开箱，竟然开出了价值1.2万元的道具，谭某十分惊喜，当即又补齐了差价。没

[1] 参见湖南省湘潭市岳塘区人民法院刑事判决书，（2022）湘0304刑初445号。

想到，下一秒谭某就被楚某拉黑了。无法继续与楚某取得联系后，谭某自己登上账号，发现并未获得开箱的道具，这才恍然大悟，所谓的“开箱”都是幻影，不过是楚某布下的“迷魂阵”。谭某向警方报案后，警方抓获了运营这个直播账号的楚某。经查，楚某从2021年5月就开始在直播平台诈骗，以出售道具收款后拉黑买家的手段实施诈骗。2022年11月3日，楚某涉嫌诈骗罪案宣判，楚某被判处有期徒刑1年8个月，并处罚金1万元。在此案例中，网络主播利用虚假承诺诱骗谭某支付大额金钱，而事实上并未提供相应的道具的行为，构成了典型的诈骗行为。根据《刑法》，利用虚构事实或隐瞒真相的方式，骗取公私财物，数额较大的，构成诈骗罪。

（3）涉嫌开设赌场罪。网络主播在直播开卡的过程中，通过拆低价卡命中稀有卡等方式持续引诱消费者购买，直到中大奖，此类行为涉嫌构成开设赌场罪。如果网络主播在直播过程中，并未将消费者出资购买的卡片邮寄返还，而是以不同价格进行收购，同样涉嫌开设赌场罪。

网络赌博的定义涉及三个核心要素：①投入法定货币或其他形式的财产；②游戏结果具有随机性，存在用较小的投入换取更大回报的机制；③获得的奖励或物品可以兑换成法定货币或其他财物。这三个要素构成了赌博的完整链条。

在直播平台上，若卡包购买和开启只停留在用户购买后主播帮忙打开，并将开包结果直接邮寄给消费者的阶段，则通常不具备完整的赌博特征，因为它不满足可以将所获得的虚拟或实体物品转换为法定货币或其他财物的条件。然而，如果平台或主播提供了一种机制，允许用户将抽取到的虚拟物品或其他奖励兑换成法定货币或实际财物，那么就可能构成赌博。特别是当平台提供了从虚拟到现实的财物转换途径时，就可能触犯法律，涉嫌开设赌场罪。这种模式下，平台的行为可能会因为满足赌博的构成要件而面临法律风险并承担相应的法律责任。

法律依据

《刑法》

第二百六十六条　【诈骗罪】诈骗公私财物，数额较大的，处三年以下有期徒刑、拘役或者管制，并处或者单处罚金；数额巨大或者有其他严重情节的，处三年以上十年以下有期徒刑，并处罚金；数额特别巨大或者有其他特别严重情节的，处十年以上有期徒刑或者无期徒刑，并处罚金或者没收财产。本法另有规定的，依照规定。

第三百零三条第二款　【开设赌场罪】开设赌场的，处五年以下有期徒刑、拘役或者管制，并处罚金；情节严重的，处五年以上十年以下有期徒刑，并处罚金。

《最高院、最高检、公安部关于办理网络赌博犯罪案件的意见》

一、关于网上开设赌场犯罪的定罪量刑标准

利用互联网、移动通讯终端等传输赌博视频、数据，组织赌博活动，具有下列情形之一的，属于刑法第三百零三条第二款规定的“开设赌场”行为：

（一）建立赌博网站并接受投注的；

（二）建立赌博网站并提供给他人组织赌博的；

（三）为赌博网站担任代理并接受投注的；

（四）参与赌博网站利润分成的。

实施前款规定的行为，具有下列情形之一的，应当认定为刑法第三百零三条第二款规定的“情节严重”：

（一）抽头渔利数额累计达到 3 万元以上的；

（二）赌资数额累计达到 30 万元以上的；

（三）参赌人数累计达到 120 人以上的；

（四）建立赌博网站后通过提供给他人组织赌博，违法所得数额在 3 万元以上的；

（五）参与赌博网站利润分成，违法所得数额在 3 万元以上的；

（六）为赌博网站招募下级代理，由下级代理接受投注的；

（七）招揽未成年人参与网络赌博的；

（八）其他情节严重的情形。

律师建议

鉴于直播拆卡活动存在的法律风险及其对消费者权益的潜在影响，笔

者提供以下几项建议,旨在帮助直播平台和主播遵守法律规定,同时保护消费者的合法权益:

(1)网络直播平台应当加强对网络主播的法律培训。直播平台应定期为主播提供法律培训,特别是《消费者权益保护法》以及《刑法》等法律法规中与赌博罪等相关的法律知识。提高主播对法律风险的认识,以有效预防违法行为的发生。

例如,2024 年 3 月,抖音直播平台在抖音电商学习中心发布了《关于直播间拆卡涉赌专项治理公示》,指出:“平台发现部分达人在直播间拆卡存在涉赌行为,具体表现为通过拆低价卡命中稀有卡或者拼图卡(行业术语‘上楼’),诱导消费者可以继续加包(行业术语:‘加菜’‘欧包奖励’),继续拆卡,直至命中高等级卡奖励或者完成拼图得大赏,使拆卡行为成为赌博套利方式,既侵犯了消费者权益,也严重违背法律法规要求,干扰了平台正常经营秩序,给平台经营带来重大风险。基于此,平台将对‘直播间拆卡玩法’作专项升级治理。”上述抖音的公示中对涉赌的行为予以明确,并对直播间拆卡玩法作了专项升级治理。

因此,在此也建议平台还应通过开设研讨会、在线课程和工作坊等多种方式,提高主播对商业诚信和消费者权益的认识。

(2)明确活动规则并建立快速响应机制。平台和主播应明确活动规则,并通过透明公开的方式,确保所有推广活动和互动玩法容易为消费者所理解。此外,平台应加强对直播内容的监控和审核,对可能涉及赌博行为的活动进行严格管控,对违规行为应立即采取措施进行处理。此外,建立有效的消费者投诉和纠纷处理机制也极为重要。这不仅有助于保护消费者权益,也能提升平台的信誉度和用户满意度。

(3)增设监控和审核机制。直播平台和主播应积极配合并响应监管机构的调查和要求,并通过加强与消费者的沟通来提升透明度和公开性。定期发布活动规则更新、法律合规举措和用户保护措施等相关信息,确保所有操作都公开透明,接受有效监督。这些策略的实施将有助于直播平台和主播在竞争激烈的市场中维持业务的合法性和可持续性,同时为消费者创造一个更安全、更公平的消费环境。

第四编

其他衍生行业

105 电竞酒店的法律性质如何界定？经营电竞酒店有哪些法律风险？[1]

答 随着电子竞技产业的高速发展，电竞酒店也成为一个新兴的细分市场。电竞酒店是专门为电竞玩家和电竞爱好者提供住宿、训练、娱乐等综合性服务的特色酒店。但目前对电竞酒店的法律性质认定还存在一定争议，也导致电竞酒店在经营活动中可能会面临各种法律风险和一系列法律问题。

1. 电竞酒店的法律性质界定

对于电竞酒店的法律性质界定问题，目前学界和实践中存在不同观点：

(1)综合服务型酒店。主流观点认为，电竞酒店应当被视为一种综合服务型酒店。它不仅提供住宿服务，还提供电竞训练、比赛直播、周边商品销售等多种服务。因此，电竞酒店的法律性质应当与传统的综合性酒店无异，须遵守相关的酒店管理法规。

(2)电竞产业链组成部分。有观点认为，电竞酒店作为电竞产业链上的一个重要环节，其法律属性应当与电竞行业本身密切相关。电竞酒店不仅提供住宿，还是电竞训练、比赛等活动的重要载体，因此其法律性质的界定应当与电竞产业相适应。

(3)新兴业态。也有观点认为，电竞酒店作为一种新兴业态，其法律性质还有待进一步明确。不同的电竞酒店在经营模式、服务内容等方面存在差异，其法律属性可能也存在一定差异。因此，需要结合具体情况和行业实际，对电竞酒店的法律性质进行深入分析和界定。

2. 电竞酒店面临的主要法律风险

(1)经营资质合规风险。电竞酒店作为一种新兴的酒店业态，其经营资

---

[1] 中国电竞酒店发展始于2017年前后，随着行业爆发式增长，2024年迎来行业深度调整期。电竞酒店行业的发展引发许多具有广泛代表性的问题，不仅涉及游戏与电竞赋能产业升级，还涉及立法与行政、跨行业合作之风险防控，消费者权益保护、未成年人监管等法律问题。为此，本编以电竞酒店作为代表，归纳游戏衍生行业发展过程所遇到的问题，并给出相应解答。

质的合规性问题值得关注。首先,电竞酒店在设立过程中,需要取得工商登记、旅游经营、消防安全等多方面的审批、许可和检查。如果相关手续不完备,可能会面临责令整改、停业等处罚。其次,电竞酒店在开展电竞训练、比赛等业务时,还可能需要取得文化、体育等方面的许可。如果未能按规定办理相关手续,同样可能会受到处罚。因此,电竞酒店在开展各项业务时,必须严格遵守相关法律法规,确保各项经营资质合法合规。

(2)安全责任与风险。电竞酒店作为人员密集场所,在安全管理方面面临较大风险。首先,电竞酒店应当严格落实消防、治安等方面的安全管理措施,确保住店人员的人身安全。一旦发生火灾、暴力事件等,酒店可能需要承担相应的责任。其次,电竞酒店为住店人员提供了各种服务,如果服务质量不达标,也可能造成人身伤害或财产损失。这种情况下,酒店可能需要承担侵权责任。此外,电竞酒店可能还需要对住店人员在训练、比赛等活动中发生的伤害事故负责。因此,电竞酒店必须高度重视各类安全隐患,落实必要的安全防范措施。

(3)知识产权风险。电竞酒店在经营过程中,可能会涉及对电竞游戏、战队 IP、赞助商商标等的使用。如果使用不当,可能会侵犯相关知识产权。例如,酒店未经授权擅自使用电竞游戏的画面、音乐等内容进行装饰或宣传,可能会构成侵犯著作权的行为。又如,酒店未经同意使用电竞战队的商标和 LOGO,可能会被认定为不正当竞争。因此,电竞酒店在使用各类知识产权时,必须严格遵守相关法律规定,主动取得权利人的授权许可,避免产生法律风险。

(4)数据和隐私泄露风险。电竞酒店在为住店人员提供各种服务的同时,也可能涉及大量个人信息的收集和处理工作。如果酒店在信息收集、存储、使用等环节没有采取有效的保护措施,可能会导致住店人员的隐私信息泄露,从而产生法律纠纷。此外,酒店还可能收集和利用住店人员的游戏数据、训练数据等,如果没有事先征得当事人同意,也可能会侵犯个人信息相关权利。因此,电竞酒店必须高度重视个人信息保护问题,建立健全数据安全管理机制,确保住店人员的隐私权得到有效保护。

综上所述,电竞酒店作为一种新兴的酒店业态,在经营过程中可能会面临来自多方面的法律风险,包括经营资质合规、安全责任、知识产权、数据隐私等。酒店经营者需要高度重视这些风险,采取有针对性的应对措施。

法律依据

《关于加强电竞酒店管理中未成年人保护工作的通知》

（三）明确业态属性。本通知所称的电竞酒店是指通过设置电竞房向消费者提供电子竞技娱乐服务的新型住宿业态，包括所有客房均为电竞房的专业电竞酒店和利用部分客房开设电竞房区域的非专业电竞酒店。电竞酒店每间电竞房的床位数不得超过6张，计算机数量和入住人员不得超过床位数。

律师建议

为了促进电竞酒店行业的健康有序发展，相关主体应采取以下措施进行规范：

1. 政府部门应健全相关法规

（1）明确电竞酒店的法律定位。相关部门应当出台针对性的法规，明确电竞酒店的法律定位和监管要求，如是将其定位为特殊类型的综合性酒店，还是将其纳入电竞产业的管理范畴等。这将为电竞酒店的合规经营提供明确的法律依据，降低经营者的法律风险。

（2）建立健全监管机制。政府部门应当建立健全电竞酒店的监管机制，明确各相关部门的监管职责。同时，还要制定配套的行政许可、安全生产、消费者权益保护等方面的具体规定，为行业发展提供制度保障。

（3）保证执法力度，营造良好环境。监管部门应当加大对电竞酒店违法违规行为的查处力度，对于发现的各类问题依法处罚。同时，还要大力宣传相关法律法规，引导行业规范发展，为电竞酒店营造良好的法治环境。

2. 行业协会应发挥自律作用

（1）制定行业自律公约。电竞酒店行业协会应当积极发挥作用，结合行业实际，制定切实可行的自律公约，明确经营者应当遵守的各项规范性要求，为电竞酒店的规范发展提供行业标准。

（2）加强行业信用体系建设。协会还应当建立行业信用体系，进行经营者信用评估，并将评估结果向社会公开。这不仅有利于消费者选择优质酒店,也能促进经营者自觉提高服务水平。

(3)提供法律咨询与培训。协会应当为电竞酒店经营者提供专业的法律咨询服务,帮助他们深入了解相关法律法规,增强合规经营意识。同时,还要组织开展各类法律培训,增强从业人员的法治意识。

3. 酒店经营者应履行主体责任

(1)完善内部管理制度。电竞酒店经营者应当结合自身特点,健全内部管理制度。如在经营资质取得、安全生产、知识产权保护、个人信息保护等方面制定明确规定,确保各项工作规范有序开展。

(2)强化合规经营意识。经营者要增强合规经营意识,主动学习相关法律法规,了解自身应尽的义务和责任。同时,还要加强对员工的培训和管理,确保全员参与合规建设。

(3)积极配合监管部门。电竞酒店经营者要主动配合监管部门的各项监管工作,积极接受检查指导,主动披露经营信息。对于发现的问题,要及时整改,以实际行动展现社会责任担当。

总之,电竞酒店作为一种新兴业态,其合规发展需要各方共同努力。政府部门要健全相关法规,行业协会要发挥自律作用,酒店经营者要履行主体责任。只有这样,才能实现电竞酒店的规范有序发展,为广大消费者提供安全、优质的服务。

106 电竞酒店的消费者权益保护措施有哪些?

答 电竞酒店在消费者权益保护方面需要采取以下几方面的措施:

(1)明确服务内容和收费标准。电竞酒店应当在营业场所或官方网站清晰地披露各类服务项目的具体内容和对应的收费标准,包括住宿、餐饮、电竞设备使用、培训课程等各项服务的详细情况。这样可以确保消费者在下单前对服务有全面了解,避免产生价格歧视现象或其他争议。同时,也有利于消费者根据预算合理选择适合自己的服务。

(2)建立健全退款机制。电竞酒店应当制定明确的退款规则,如消费者因特殊原因无法继续使用已预订的服务,酒店应当及时、无条件地为消费者办理退款。同时，还应当针对一些特殊情况，如设备故障、网络中断等，制定相应的补偿方案，保障消费者的合法权益。

(3)提供优质的产品和服务。电竞酒店在为消费者提供服务时，应当严格把控服务质量，确保所有设备性能可靠，网络环境流畅稳定，各项配套服务到位。一旦发现服务质量未能达到承诺标准，应当主动向消费者致歉并作出补偿，切实维护消费者的利益。

(4)建立健全投诉处理机制。电竞酒店应当设置便捷的投诉渠道，如热线电话、在线反馈等，及时受理并妥善处理消费者的各类投诉和反馈。同时，酒店还应当建立完善的投诉处理流程，确保投诉得到及时、公正的处理。对于确实存在的问题，应当主动向消费者提出解决和赔偿方案。

(5)加强员工服务意识培训。电竞酒店应当重视员工的服务意识培训，使他们充分了解消费者权益保护的重要性。并将服务态度、问题解决等纳入员工考核体系，确保一线员工能够以专业、热情的态度为消费者提供服务。

(6)接受第三方评估监督。电竞酒店可以主动邀请消费者协会、行业协会等第三方机构对自身的消费者权益保护工作进行评估和监督。这不仅有利于发现存在的问题，及时整改完善，也能够提升酒店的服务质量和社会信誉，提高消费者的信任度。

法律依据

《关于加强电竞酒店管理中未成年人保护工作的通知》

(十一)建立协同监管机制。地方各级文化和旅游行政部门、公安机关应当会同相关部门，建立电竞酒店未成年人保护协同监管机制，加强信息通报、线索移送、执法联动等工作，引导督促经营者严格落实实名登记、设置未成年人禁入标志、禁止违规接待未成年人等要求，依法查处违规经营行为。公安机关在工作中发现电竞酒店经营者违规接待未成年人的，及时通报文化和旅游行政部门依法查处；文化和旅游行政部门在工作中发现电竞酒店经营者未落实实名登记及“五必须”规定的，及时通报公安机关依法查处。

律师建议

电竞酒店作为新兴行业，需要在消费者权益保护方面给予高度重视。只有切实保障好消费者的合法权益，电竞酒店才能健康良性发展。

107 目前规范电竞酒店行业的法律、法规有哪些？

答 电竞酒店作为一种新兴的商业模式，通过设置电竞房向消费者提供电子竞技娱乐服务，包括所有客房均为电竞房的专业电竞酒店和利用部分客房开设电竞房区域的非专业电竞酒店。电竞酒店不仅可以给用户提供类似网吧的服务，还能满足用户的住宿需求。2003年11月18日，国家体育总局正式批准将电子竞技列为中国第99个体育项目，自此电子竞技开始规模化发展，近些年在我国的一二线城市逐渐扩大。由于电竞酒店在近些年才得以发展，2023年之前对于电竞酒店的管理并无特别有针对性酒店的专门法律法规予以规范。

2023年8月3日，针对电竞酒店存在违规接待未成年人等问题，文化和旅游部、公安部联合发布了《关于加强电竞酒店管理中未成年人保护工作的通知》，明确要求：专业电竞酒店经营者应当在酒店入口处的显著位置悬挂未成年人禁入标志；非专业电竞酒店经营者应当在相近楼层集中设置电竞房并划定电竞房区域，在电竞房区域入口处的显著位置悬挂未成年人禁入标志。电竞酒店经营者应当在前台显著位置和客房管理系统明示电竞房区域分布图。鼓励非专业电竞酒店经营者对电竞房区域进行物理隔离、电梯控制。发现有未成年人违规进入、未实名登记擅自进入等违法行为的，应当立即制止并分别向所在地县级文化和旅游行政部门、公安机关报告。文化和旅游行政部门、公安机关等有关部门有权依法对辖区内电竞酒店的电竞房实施监督检查，电竞酒店经营者应当配合不得拒绝、阻挠。

法律依据

《关于加强电竞酒店管理中未成年人保护工作的通知》

（四）严禁电竞酒店违规接待未成年人。专业电竞酒店和非专业电竞酒店的电竞房区域，属于不适宜未成年人活动的场所。电竞酒店经营者应当遵守《中华人民共和国未成年人保护法》等有关法律法规，不得允许未成年人进入专业电竞酒店和非专业电竞酒店的电竞房区域。

（五）设置禁入标志。专业电竞酒店经营者应当在酒店入口处的显著位置悬挂未成年人禁入标志；非专业电竞酒店经营者应当在相近楼层集中设置电竞房并划定电竞房区域，在电竞房区域入口处的显著位置悬挂未成年人禁入标志。电竞酒店经营者应当在前台显著位置和客房管理系统明示电竞房区域分布图。鼓励非专业电竞酒店经营者对电竞房区域进行物理隔离、电梯控制，防止未成年人擅自进入。

律师建议

尽管《关于加强电竞酒店管理中未成年人保护工作的通知》对电竞酒店管理中的未成年人保护工作进行了规范，但是，随着电子竞技这种新兴事物的不断发展壮大，建议相关部门对于电子竞技行业以及电子竞技的周边产业，如电竞酒店行业，进行专门立法予以规范，为电子竞技行业的健康、规范发展提供依据。

108 目前电竞酒店是否可以接待未成年人入住？相关的法律责任有哪些？

答 由于电竞酒店兼具电子竞技服务以及常规的住宿服务，根据文化和旅游部、公安部《关于加强电竞酒店管理中未成年人保护工作的通知》的规定，电竞酒店并不完全禁止未成年人入住，但是仅限于电竞酒店的非电竞区域,并且需要履行查验、询问未成年人父母等程序。主要包括:(1)必须查验入住未成年人身份并如实登记;(2)必须询问未成年人父母或者其他监护人的联系方式并记录备案;(3)必须询问同住人员身份关系等情况并记录备案;(4)必须加强安全巡查和访客管理,预防对未成年人的不法侵害;(5)必须立即向公安机关报告可疑情况,并及时联系未成年人的父母或者其他监护人,同时采取相应安全保护措施。例如,在济宁市文化和旅游局查处的全国首例电竞酒店违规接待未成年人行政处罚案[1]中,2023年8月23日,济宁市文化和旅游局执法人员依法对某电竞酒店进行执法检查。经现场勘验发现该酒店为专业电竞酒店,通过查看济宁市旅馆业治安管理信息系统,发现2名未成年人未通过前台登记就进入了电竞房间。该酒店允许未成年人进入,其行为涉嫌违反《未成年人保护法》第58条之规定。执法人员当场制作了《现场检查(勘验)笔录》,依法取证后,责令该酒店停止违法经营行为。后向该酒店下达了《行政处罚决定书》,依照《未成年人保护法》第123条对该酒店给予警告,没收违法所得290元,并处罚款5000元。

也就是说,如果电竞酒店违反《关于加强电竞酒店管理中未成年人保护工作的通知》的相关规定,文化和旅游行政部门以及公安部门有权按照《未成年保护法》的规定对违法行为予以处罚。主要包括:电竞酒店经营者违规接待未成年人或者未设置未成年人禁入标志的,由文化和旅游行政部门依照《未成年人保护法》第123条的规定予以处罚,由文化和旅游、市场监督管理、烟草专卖、公安等部门按照职责分工责令限期改正,给予警告,没收违法所得,可以并处5万元以下罚款;拒不改正或者情节严重的,责令停业整顿或者吊销营业执照、吊销相关许可证,可以并处5万元以上50万元以下罚款。

电竞酒店非电竞房区域接待未成年人入住,或者接待未成年人和成年人共同入住时,未询问父母或者其他监护人的联系方式、入住人员的身份关系等有关情况的,由公安机关依照《未成年人保护法》第122条的规定予以处罚,场所运营单位违反该法第56条第2款规定、住宿经营者违反该法第57条规定的,由市场监督管理、应急管理、公安等部门按照职责分工责令限

---

〔1〕 参见济宁市司法局执法监督科、济宁市文化和旅游局:《济宁市文化和旅游局查处全国首例电竞酒店违规接待未成年人案》,载微信公众号“法治济宁”2024年4月18日,https://mp.weixin.qq.com/s/b-S5MYYbZ2I0EIe6Gtw8Xg。

期改正,给予警告;拒不改正或者造成严重后果的,责令停业整顿或者吊销营业执照、吊销相关许可证,并处1万元以上10万元以下罚款。

电竞酒店未取得特种行业许可证,擅自经营旅馆业的,由公安机关依照《治安管理处罚法》第54条予以处罚,并对非法经营行为予以取缔。

法律依据

《关于加强电竞酒店管理中未成年人保护工作的通知》

(四)严禁电竞酒店违规接待未成年人。专业电竞酒店和非专业电竞酒店的电竞房区域,属于不适宜未成年人活动的场所。电竞酒店经营者应当遵守《中华人民共和国未成年人保护法》等有关法律法规,不得允许未成年人进入专业电竞酒店和非专业电竞酒店的电竞房区域。

《未成年人保护法》

第五十八条 学校、幼儿园周边不得设置营业性娱乐场所、酒吧、互联网上网服务营业场所等不适宜未成年人活动的场所。营业性歌舞娱乐场所、酒吧、互联网上网服务营业场所等不适宜未成年人活动场所的经营者,不得允许未成年人进入;游艺娱乐场所设置的电子游戏设备,除国家法定节假日外,不得向未成年人提供。经营者应当在显著位置设置未成年人禁入、限入标志;对难以判明是否是未成年人的,应当要求其出示身份证件。

第一百二十二条 场所运营单位违反本法第五十六条第二款规定、住宿经营者违反本法第五十七条规定的,由市场监督管理、应急管理、公安等部门按照职责分工责令限期改正,给予警告;拒不改正或者造成严重后果的,责令停业整顿或者吊销营业执照、吊销相关许可证,并处一万元以上十万元以下罚款。

第一百二十三条 相关经营者违反本法第五十八条、第五十九条第一款、第六十条规定的,由文化和旅游、市场监督管理、烟草专卖、公安等部门按照职责分工责令限期改正,给予警告,没收违法所得,可以并处五万元以下罚款;拒不改正或者情节严重的,责令停业整顿或者吊销营业执照、吊销相关许可证,可以并处五万元以上五十万元以下罚款。

《治安管理处罚法》

第五十四条 有下列行为之一的，处十日以上十五日以下拘留，并处五百元以上一千元以下罚款；情节较轻的，处五日以下拘留或者五百元以下罚款：

（一）违反国家规定，未经注册登记，以社会团体名义进行活动，被取缔后，仍进行活动的；

（二）被依法撤销登记的社会团体，仍以社会团体名义进行活动的；

（三）未经许可，擅自经营按照国家规定需要由公安机关许可的行业的。

有前款第三项行为的，予以取缔。

取得公安机关许可的经营者，违反国家有关管理规定，情节严重的，公安机关可以吊销许可证。

第五十六条 旅馆业的工作人员对住宿的旅客不按规定登记姓名、身份证件种类和号码的，或者明知住宿的旅客将危险物质带入旅馆，不予制止的，处二百元以上五百元以下罚款。

旅馆业的工作人员明知住宿的旅客是犯罪嫌疑人员或者被公安机关通缉的人员，不向公安机关报告的，处二百元以上五百元以下罚款；情节严重的，处五日以下拘留，可以并处五百元以下罚款。

第五十七条 房屋出租人将房屋出租给无身份证件的人居住的，或者不按规定登记承租人姓名、身份证件种类和号码的，处二百元以上五百元以下罚款。

房屋出租人明知承租人利用出租房屋进行犯罪活动，不向公安机关报告的，处二百元以上五百元以下罚款；情节严重的，处五日以下拘留，可以并处五百元以下罚款。

律师建议

如果发现电竞酒店出现违规接待未成年人的情况，作为普通的民众，可以向文化和旅游管理部门、市场监督管理部门投诉和举报。

109 除了行政处罚，电竞酒店出现接待未成年人的违法情况时，是否可以通过诉讼追究其法律责任？

答 可以。检察院可以对违法的电竞酒店提起民事公益诉讼。

民事公益诉讼，是指法律规定的机关和有关组织对污染环境、侵害众多消费者合法权益等损害社会公共利益的行为，向法院提起的诉讼。检察院在履行职责中发现破坏生态环境和资源保护、食品药品安全领域侵害众多消费者合法权益，侵害英雄烈士等的姓名、肖像、名誉、荣誉等损害社会公共利益的，在没有上述机关和组织或者上述机关和组织不提起诉讼的情况下，可以向法院提起诉讼。实践中，已经有检察院通过公益诉讼起诉违法经营的酒店的相关案例。

例如，江苏省高级人民法院发布的2022年度十大典型案例之五：电竞酒店向未成年人提供上网服务民事公益诉讼案[1]。2021年3月27日，宿迁市众享酒店开始从事"电竞主题酒店"经营，并接纳未成年人入住。酒店共有20个房间，全部为电竞房间，每个房间均配备2~5台电脑，提供互联网上网服务，电脑的软硬件配置与网吧基本相同。根据房间电脑等设施配备的条件不同，分别收取数十元至数百元不等的费用。截至2021年6月24日，该酒店住宿系统显示未成年人入住记录387人次。2022年3月4日，宿迁市公安局宿城分局、宿迁市人民检察院联合对众享酒店进行检查，发现该酒店存在接纳未成年人住宿情况。

宿迁市人民检察院认为，众享酒店的行为侵害不特定未成年人的合法权益，损害社会公共利益，遂提起公益诉讼，要求众享酒店停止向未成年人提供互联网上网服务，并在国家级媒体赔礼道歉。

宿迁市中级人民法院认为，从众享酒店提供的设施配备、消费模式、招揽手段和收费模式等综合判断，众享酒店兼具提供互联网上网服务和住宿餐饮服务的功能，实质上以提供互联网上网服务作为主营业务和主要招揽手段，故其性质属于互联网上网服务营业场所。《未成年人保护法》规定，互联网上网服务营业场所不得允许未成年人进入。众享酒店为达到营利目

---

〔1〕 参见江苏省宿迁市中级人民法院民事判决书，(2022)苏13民初342号。

的，没有履行相应的身份核实义务，为未成年人提供互联网上网服务，违反了上述法律规定，侵害了未成年人合法权益，损害了国家和社会公共利益。据此，宿迁市中级人民法院判决众享酒店立即停止向未成年人提供互联网上网服务，在国家级媒体赔礼道歉。

电竞酒店是“网吧”与“酒店”跨界的衍生品。在满足群众需求、扩大消费的同时，也给未成年人保护工作带来了挑战。首先，部分不规范的电竞酒店存在违规接待未成年人、入住登记不完善、一房多人及他人代开、男女混住等问题，未成年人入住电竞酒店，容易产生违法犯罪行为。其次，电竞酒店的高昂费用对于经常出入且无经济来源的未成年人来说是不小的负担，容易引发未成年人为凑足入住款而实施盗窃、诈骗、抢劫等犯罪行为的情况。最后，由于电竞酒店在未成年人保护方面存在较大监管漏洞，很可能成为新的违法犯罪行为滋生地，例如，入住人员彼此之间容易传染恶习，可能衍生出团伙盗窃聚众赌博、贩毒吸毒等违法甚至犯罪行为，而男女混住情况也更容易导致性侵等案件的发生。

法律依据

《人民检察院公益诉讼办案规则》

第八十五条 人民检察院经过对民事公益诉讼线索进行评估，认为同时存在以下情形的，应当立案：

（一）社会公共利益受到损害；

（二）可能存在破坏生态环境和资源保护，食品药品安全领域侵害众多消费者合法权益，侵犯未成年人合法权益，侵害英雄烈士等的姓名、肖像、名誉、荣誉等损害社会公共利益的违法行为。

律师建议

针对电竞酒店大量违规接待未成年的情况，检察机关通过提起公益诉讼，能够有力地保护未成年人的权益，并且达到节约司法成本、取得良好社会效应的目的。

110 电竞酒店与游戏厂商合作中的用户隐私保护措施有哪些?

答 随着电竞酒店行业的快速发展,用户隐私保护问题日益受到关注。在电竞酒店与游戏厂商的合作中,如何切实保护广大电竞玩家的个人隐私信息,成为一个重要的法律和实践问题。

1. 涉及的用户隐私问题

电竞酒店与游戏厂商合作中涉及的用户隐私问题主要包括以下四个方面:

(1)个人信息收集和使用风险。电竞酒店在为玩家提供住宿、训练、比赛等各种服务时,会收集大量玩家的个人信息,包括姓名、联系方式、游戏账号等。如果缺乏有效的隐私保护措施,这些信息很容易被泄露或滥用。

(2)玩家行为数据监控风险。电竞酒店为提升服务质量,可能会对玩家在游戏、训练等环节的行为数据进行收集和分析。这些涉及玩家隐私的行为数据,如果管理不善,也可能产生泄露或滥用的风险。

(3)用户信息共享风险。电竞酒店与游戏厂商之间存在密切的合作关系,双方可能会出于服务需求而共享玩家的个人信息。如果缺乏充分的用户授权和安全保障措施,也可能引发隐私泄露问题。

(4)隐私保护意识薄弱。电竞行业整体上对用户隐私保护的重视程度还不够,既存在相关法规缺失的问题,也存在从业者自身意识的问题。这使得用户隐私风险难以得到有效管控。

2. 相关保护措施

为切实保护电竞玩家的个人隐私,电竞酒店与游戏厂商应采取以下保护措施:

(1)健全内部隐私保护制度。电竞酒店应当建立健全内部隐私保护制度,明确个人信息收集、存储、使用、共享等各环节的管理要求。同时,还要定期对员工进行隐私保护培训,增强合规意识。

(2)完善用户授权和同意机制。在收集玩家个人信息时,电竞酒店和游戏厂商应当充分告知用户相关信息的使用目的、范围等,并取得用户的明确同意。进行敏感信息的收集时,要特别注意获得用户授权。

(3)采取有效的技术防护措施。双方应当投入必要的技术资源,建立健全信息安全防护体系。包括加强账号密码管理、数据加密存储、访问权限控制等措施,确保用户信息的安全性。

(4)建立用户信息泄露应急机制。一旦发生用户信息泄露事件,电竞酒店和游戏厂商应当迅速启动应急预案。包括及时通知用户、配合调查取证、采取补救措施等,尽可能降低泄露造成的损害。

(5)强化与监管部门的沟通。电竞酒店和游戏厂商应当保持与相关监管部门的密切沟通,及时了解最新的隐私保护法规动态。同时,也要积极配合监管检查,接受外部评估,持续优化隐私保护措施。

(6)建立用户投诉处理机制。双方应当为用户提供便捷的隐私投诉渠道,及时受理和处理各类问题。对于合理的投诉,要积极作出赔偿或补救,以提高用户的信任度。

法律依据

《个人信息保护法》

第十条 任何组织、个人不得非法收集、使用、加工、传输他人个人信息,不得非法买卖、提供或者公开他人个人信息;不得从事危害国家安全、公共利益的个人信息处理活动。

律师建议

在电竞酒店与游戏厂商的合作中,切实保护好用户隐私信息,是双方义不容辞的责任。只有通过健全制度、强化技术、加强沟通等多方举措,才能最大限度地降低隐私泄露风险,维护好广大电竞玩家的合法权益。这不仅是法律要求,也是电竞产业发展的基础所在。只有用户的隐私得到有效保护,电竞相关产业才能赢得用户的广泛认可和信任,进而推动电竞行业的健康持续发展。

111 电竞酒店与游戏厂商在知识产权合作中主要存在哪些法律问题和风险？如何防控？

答 电竞酒店作为电竞产业链的重要组成部分，与游戏厂商之间的知识产权合作是其经营中的一大焦点。下文将对双方的合作关系及其潜在的法律风险进行详细分析解答。

1. 电竞酒店与游戏厂商的知识产权合作模式

电竞酒店与游戏厂商在知识产权方面的合作，主要体现在以下几个方面：

(1)游戏授权。游戏厂商授权电竞酒店使用自身的游戏知识产权，包括游戏画面、音乐、IP 形象等。这为酒店营造电竞氛围提供了合法的素材来源。

(2)场地赞助。一些知名电竞游戏的运营商，会对具备相应条件的电竞酒店提供场地赞助。这可以为酒店带来一定的经营收益。

(3)培训合作。部分电竞游戏厂商会与电竞酒店开展专业培训合作，为酒店提供专业教练及教学资源。这有助于酒店打造更优质的电竞培训服务。

(4)比赛合作。某些电竞游戏的官方比赛组织方，会选择在具备相应条件的电竞酒店举办比赛活动。这不仅为酒店带来流量，也能提升其在玩家中的品牌影响力。

2. 电竞酒店知识产权合作中的法律风险

尽管游戏厂商与电竞酒店之间的合作关系可以带来协同效应，但在具体执行中也可能存在一些法律风险，需要双方共同防范。

(1)知识产权权属争议。在使用游戏知识产权时，如果双方对相关权利的范围和界限没有明确约定，可能会产生争议。电竞酒店擅自超越授权范围使用知识产权，很可能会被认定为侵权行为。

(2)商标使用纠纷。电竞酒店如果未经许可擅自使用游戏商标特别是一些知名大型游戏 IP，可能会被认定为存在不正当竞争行为。

(3)游戏内容使用风险。在使用游戏画面、音乐等内容时，电竞酒店也需要谨慎。如果使用不当，可能会侵犯游戏公司的著作权。此外，游戏中的暴力、色情等不当内容如果出现在酒店，也可能引发争议。

(4)用户隐私泄露风险。电竞酒店在提供培训、比赛等服务时，可能会收集大量玩家个人信息。如果缺乏有效的隐私保护措施，很容易导致玩家隐私泄露。

(5)安全责任风险。在进行游戏培训或比赛活动时，如果发生选手受伤等安全事故，电竞酒店可能需要承担相应的法律责任。这需要游戏厂商和酒店双方事先明确责任划分。

3. 电竞酒店防控知识产权合作风险的对策

针对上述电竞酒店与游戏厂商合作中的法律风险，双方应采取以下应对措施：

(1)规范合作关系，明确权利边界。双方应当签订详细的合作协议，明确游戏知识产权的授权范围、商标使用规则、用户信息保护标准等。严格界定各自的权利义务，避免日后产生争议。

(2)加强内部管理制度建设。电竞酒店应当建立健全内部管理制度，规范员工对游戏知识产权的使用行为。同时，还应当加强员工的合规意识培训，确保员工了解相关法律法规。

(3)落实安全防控措施。在组织游戏培训、比赛等活动时，电竞酒店应当制定详细的安全预案，明确可能产生的风险点及应对措施。同时，还需要与游戏厂商就安全责任进行充分沟通，防范纠纷发生。

(4)建立投诉处理机制。电竞酒店应当设立便捷的投诉渠道，及时受理并妥善处理玩家的各类投诉。同时，也可以邀请第三方消费者组织参与监督，进一步提升经营透明度。

(5)加强与监管部门的沟通。电竞酒店应当主动与相关监管部门保持沟通，了解最新的法律法规动态。同时，也可以就具体合作中的法律问题，主动咨询指导，确保行为合法合规。

(6)游戏厂商提供指引支持。作为知识产权的权利人，游戏厂商也应当对电竞酒店提供必要的指引和支持。如就知识产权使用规则、安全管理标准等方面，给予电竞酒店专业化的建议和帮助。

法律依据

《著作权法》

第十条　著作权包括下列人身权和财产权：

（一）发表权，即决定作品是否公之于众的权利；

（二）署名权，即表明作者身份，在作品上署名的权利；

（三）修改权，即修改或者授权他人修改作品的权利；

（四）保护作品完整权，即保护作品不受歪曲、篡改的权利；

（五）复制权，即以印刷、复印、拓印、录音、录像、翻录、翻拍、数字化等方式将作品制作一份或者多份的权利；

（六）发行权，即以出售或者赠与方式向公众提供作品的原件或者复制件的权利；

（七）出租权，即有偿许可他人临时使用视听作品、计算机软件的原件或者复制件的权利，计算机软件不是出租的主要标的的除外；

（八）展览权，即公开陈列美术作品、摄影作品的原件或者复制件的权利；

（九）表演权，即公开表演作品，以及用各种手段公开播送作品的表演的权利；

（十）放映权，即通过放映机、幻灯机等技术设备公开再现美术、摄影、视听作品等的权利；

（十一）广播权，即以有线或者无线方式公开传播或者转播作品，以及通过扩音器或者其他传送符号、声音、图像的类似工具向公众传播广播的作品的权利，但不包括本款第十二项规定的权利；

（十二）信息网络传播权，即以有线或者无线方式向公众提供，使公众可以在其选定的时间和地点获得作品的权利；

（十三）摄制权，即以摄制视听作品的方法将作品固定在载体上的权利；

（十四）改编权，即改变作品，创作出具有独创性的新作品的权利；

（十五）翻译权，即将作品从一种语言文字转换成另一种语言文字的权利；

（十六）汇编权，即将作品或者作品的片段通过选择或者编排，汇集成新作品的权利；

（十七）应当由著作权人享有的其他权利。

著作权人可以许可他人行使前款第五项至第十七项规定的权利，并依照约定或者本法有关规定获得报酬。

著作权人可以全部或者部分转让本条第一款第五项至第十七项规定的权利，并依照约定或者本法有关规定获得报酬。

《计算机软件保护条例》

第八条 软件著作权人享有下列各项权利：

（一）发表权，即决定软件是否公之于众的权利；

（二）署名权，即表明开发者身份，在软件上署名的权利；

（三）修改权，即对软件进行增补、删节，或者改变指令、语句顺序的权利；

（四）复制权，即将软件制作一份或者多份的权利；

（五）发行权，即以出售或者赠与方式向公众提供软件的原件或者复制件的权利；

（六）出租权，即有偿许可他人临时使用软件的权利，但是软件不是出租的主要标的的除外；

（七）信息网络传播权，即以有线或者无线方式向公众提供软件，使公众可以在其个人选定的时间和地点获得软件的权利；

（八）翻译权，即将原软件从一种自然语言文字转换成另一种自然语言文字的权利；

（九）应当由软件著作权人享有的其他权利。

软件著作权人可以许可他人行使其软件著作权，并有权获得报酬。

软件著作权人可以全部或者部分转让其软件著作权，并有权获得报酬。

律师建议

只有电竞酒店和游戏厂商双方共同努力，建立健全风险防控机制，才能维护好各方的合法权益，确保合作关系的稳定有序。这不仅对电竞产业的发展至关重要，也关乎整个社会公平正义的实现。

编写说明

随着网络游戏行业的迅猛发展,相关的法律风险日益凸显,成为制约行业健康、有序发展的瓶颈之一。为解决行业内外对于电子竞技与网络游戏法律实务的疑惑与需求,深圳市律师协会电子竞技与网络游戏法律专业委员会(以下简称电竞网游委)组织全体成员,凭借深厚的法律专业知识与丰富的实践经验,共同编写了《电子竞技与网络游戏法律实务 111 问》。本书旨在通过问答的形式,为游戏厂商、电竞俱乐部、直播平台、游戏玩家等网络游戏产业链中的各方主体,提供简明扼要、通俗易懂的法律实务解答,帮助大家更好地了解并遵守相关法律法规,降低法律风险,促进电子竞技与网络游戏行业的健康发展。

本书采用问答的形式,将网络游戏及衍生的电子竞技、游戏直播行业中的常见法律问题分为若干类别,每个类别下包含若干具体问题,并给出相应的解答。问题设置具有针对性和实用性,答案内容简明扼要、通俗易懂,方便读者快速查找和理解。

本书由电竞网游委全体成员共同编写,具体分工如下:

第一编　网络游戏

作者	问题序号
马　娟	001、002、003、004
朱刘飞	005、006、007、008、009、010、011、012、013
徐　秦	005、006、007、008、009、010、011、012、013
肖力超	014、016、023、024、028、029、039、063、064
黄雅丽	023、043、054

续表

作者	问题序号
刘孝璇	025、026、027、031
于　恒	015、017、032、037、061
熊　姿	019、020、021、022
林泳欣	018、019、030、050、051、052、053、065
李　南	041、042
方　挺	038
郭　宇	040、044、062
姚茂渊	033、034、035、036
郝雨峰	043、058
吴智浩	045、047、048、049、054、055
何豪华	046
黄　琳	056、057、058、059、060

第二编　电子竞技

作者	问题序号
师建杰	066、070、071、072、074
程　春	067、068、069、073、080
谷　琛	075、076、077、078、079
汤鹏飞	081、082、083、084、085

第三编　游戏直播

作者	问题序号
姜　诚	086、087、088
高记源	089、091、092、101
骆　彦	090、093、094
於思嘉	095、096、097、098、099、100
桑　洋	089、102、103、104

第四编　其他衍生行业

作者	问题序号
李　聪	105、106、107、108、109、110、111

审核、校对、编纂

郭碧雪、王智超、吴发良

统稿、审核

林泳欣

《电子竞技与网络游戏法律实务111问》是电竞网游委全体成员共同努力的成果，希望通过本书的编写和出版，为电子竞技与网络游戏行业的健康发展贡献一份力量。同时，我们也期待与各位读者共同探讨和交流电子竞技与网络游戏行业的法律实务问题，共同推动电子竞技与网络游戏行业的繁荣发展。

深圳市律师协会电子竞技与网络游戏法律专业委员会

2025年6月22日